跨文化交际视野下汉语国际教育教学实践研究

李维　著

延边大学出版社

图书在版编目（CIP）数据

跨文化交际视野下汉语国际教育教学实践研究 / 李维著. -- 延吉 : 延边大学出版社, 2018.10

ISBN 978-7-5688-6226-4

Ⅰ. ①跨… Ⅱ. ①李… Ⅲ. ①汉语－对外汉语教学－教学研究 Ⅳ. ①H195.3

中国版本图书馆 CIP 数据核字(2018)第 256158 号

跨文化交际视野下汉语国际教育教学实践研究

著　　者：李　维
责任编辑：于衍来
封面设计：刊　易
出版发行：延边大学出版社
社　　址：吉林省延吉市公园路 977 号　　　邮　　编：133002
网　　址：http：//www.ydcbs.com　　　E-mail：ydcbs@ydcbs.com
电　　话：0433-2732435　　传真：0433-2732434
制　　作：山东延大兴业文化传媒有限责任公司
印　　刷：延边延大兴业数码印务有限责任公司
开　　本：787×1092 毫米 1/16
印　　张：15.25
字　　数：210 千字
版　　次：2019 年 6 月第 1 版
印　　次：2019 年 6 月第 1 次
书　　号：ISBN 978-7-5688-6226-4

定价：68.00 元

前　言

国际汉语教学中汉语作为第二语言，跨地区跨语言的文化差异以及语法、逻辑思维、理解能力和发音等是汉语教师教学的一大障碍，会出现语言和非语言方面不同程度的交流问题，不仅是中西方文化、历史、社会环境等方面的相互碰撞，更是不同地区、地域和国家之间人民的文化交际，也是一种文化融合、融入，互相认识、共同进步和发展的桥梁媒介。因此国际汉语教育不仅要求教师具有完备的语言交流能力、丰富的语言知识储备、灵活的教育教学方式，还需要熟悉相应国家的历史文化知识、流行元素、时尚元素、经典语言、经济社会发展状态、语言习惯、生活习惯。

跨文化教学主要是不同文化历史背景下的人们之间进行语言交流和语言学习。由于相互之间的历史文化差异、社会差异、时尚元素差异和地域自然环境差异等，因此在实际对外汉语教学中会出现交际障碍、语言理解偏差、教学效率低等现象。汉语作为第二语言跨文化教学的对象是母语非汉语的学生，既可能是外国人，也可以是华人华侨，或者是第一语言非汉语的少数民族。汉语作为第二语言跨文化教学的目的在于文化传播和交流，教授母语非汉语的人们准确地使用汉语，熟悉汉语文化内涵，了解相互之间的交流差异，正确表达自己的意愿。并掌握运用一定数量的汉语词汇的音、义、形。

汉语作为第二语言跨文化教学的难点有很多。首先，汉字属于表意文字，属于与大多数国家和民族使用文字根本不同的文字系统，按照造字法分为六书：象形字，指事字，会意字，形声字，转注字，假借字。其次，汉字的表音功能较弱，形体变化多，一字多义，词组繁多的现象十分普遍。具体来说，其一，委婉词语。中国汉字深受儒家和佛家思想影响，用词含沙射影，委婉和谐，力求儒雅含蓄，不张狂不直白，“中庸”讲的是为人处世过犹不及，强调低调做人和智慧的艺术，受其影响汉字语言有很多的禁忌和避讳，中国古代过分强调阶级性差异、性别差异以及伦理纲常。受封建等级观念的影响，中国人社会关系的称谓偏好职务等身份，只有注重文化交流汉语教学才能顺利地完成跨文化教学。其二，谐音词语。对于零基础的外国人，谐音字会让他晕头转向不知所措，很难激发和引导他们的学习兴趣。在口语教学之初，需要形象生动地传播词汇中的文化，激发学生的兴趣，需要利用汉语词语之间同音或近音特点，通过关联法和串联法，举一反三，将汉语词语深深刻入学生的记忆之中，并由一个词语联想到另外一个词语。谐音取义是汉语的一种修辞方式，也是汉语民俗文化的一大特点。谐音取义不仅出现在日常生活中，也出现在社会生活中，所以对于谐音词语的教学，也要根据学生的汉语水平分阶段进行。

此外，汉语国际教育中应高度重视文化教学，只有真正地将文化因素融入汉语国际教育教学中去，才能使留学生真正懂得理解和运用汉语。比如，利用文化因素对留学生解释中国人谦卑的表达方式，避免留学生错误运用这样的表达方式闹出笑话，也避免留学生错误地认为中国人虚伪。只有在汉语国际教育教学中融入文化因素，才能够让留学生们更加了解中国人的表达方式和思维习惯，帮助留学生克服许多交际上的障碍，使他们做到对汉语的活学活用，帮助他们更好地进行跨文化交际。

本书共计 12 章，合计 21 万字。由延安大学的李维撰写，由于时间比较仓促，加上作者水平有限，在撰写的过程中难免出现纰漏之处，敬请读者谅解。

目　录

第一章　跨文化交际与汉语国际教育的基本概述

第一节　跨文化研究概况

中国的汉语作为第二语言教学的文化传播研究，并非自我生发而来，也不像“交际文化”和“跨文化交际”研究那样受到了外文学科的影响。本学科“文化传播”研究主要受到国家汉语文化推广政策的影响和促动，尤其是以各国孔子学院为平台的汉语文化教学与传播研究，与国家文化振兴和发展战略关系密切。它作为一项国家民族的事业，已不单纯是作为学科的第二语言文化教学研究，而成为中国文化国际传播研究的重要组成部分，兼具中外民间文化交流传播的重任。

此外，还有一股强大的研究热潮出现在汉语国际教育与传播领域。汉语学界迄今发表的汉语文化推广传播及有关孔子学院的文章已近500篇，远超对外汉语文化教学研究。吴应辉教授在《云南师范大学学报》上已主持10期“汉语国际传播笔谈”和“汉语国际传播研究专栏”，国内外50多位著名专家、学者发表了汉语国际传播方面的见解。同年，张西平、张晓慧主编的《国际汉语教学动态与研究》成为汉语国际传播研究的园地。汉语国际传播研究以汉语和中华文化走向世界相关的理论和实践问题研究为己任，已经成为一个以语言教学为基础，多种学科交叉的新兴研究领域。伴随着中国国力的快速提升和汉语走向世界步伐的加快，汉语国际传播研究作为人文社会科学领域的一个新生事物，展示出了强大的生命力。越来越多的专家、学者，尤其是中青年学者投身其中；越来越多的研究成果不断涌现。

总体来看，汉语国际教育学科的中国文化传播研究，很大程度上受到国家文化发展策略的影响。一方面，很多学者认为“汉语国际传播工作，作为中国国际战略中的一部分，是传播中国语言弘扬中华优秀文化、推动中华文化走向世界，树立我国良好国际形象的基础工程；同时也是扩大我国对外开放、提高中国软实力和实现和平发展，维护世界文明多样性、构建和谐世界的战略举措”。

因此，汉语国际教育文化传播与中国国家文化发展关系及传播策略成为研究的一大主题。另一方面，作为学科专业的国际汉语跨文化传播研究也在不断发展。研究方法从文献研究、定性研究逐步走向实证调查、定性与定量结合的研究。研究对象除了对外汉语教师外，海外志愿者教师和汉语教学成为研究的另一大主题。随着研究的深入，不仅涌现出大量的汉语国际教育专业硕士论文，还出现了不少其他学科，如教育学科、外语学科、心理学科和文化学科，研究海外汉语文化教学传播的硕士论文。汉语文化国际教育教学与传播研究方兴未艾，必将随着中国国际政治、经济文化交流的发展而不断发展。

第二节　跨文化交际及文化观念转型

一、汉语国际教育是一项空前巨大的文化事业

汉语国际传播旨在把汉语与中华文化一起推向世界。如果说过去的对外汉语教学主要是把留学生“请进来”，那么现在的汉语国际传播是既“请进来”，也“走出去”；如果说过去相当长的一段时间主要是把对外汉语教学作为纯粹的语言教学，那么现在的汉语国际传播则是让外国的汉语学习者在习得汉语的同时，更多地了解中国文化，包括中国的历史与现实、中国的社会与生活、中国的经济与政治、中国的文学与艺术等。这不仅是外国学生的普遍要求，也是中国教师的一致愿望。这就使得汉语国际传播不单单是一个语言技能的传授问题，更是一个文化传播问题。实际上，从世界历史，特别是语言文化史来看，语言的跨境流传与习得，往往以战争为基本背景，没有文化背景的语言传播是不可能的。第二次世界大战之前，一种民族语言向外民族的流布，常常是殖民主义、文化帝国主义的产物，是一种强制性的语言侵略行为。因此，那时的殖民主义者，基本上可以不考虑，甚至不必尊重对象国的文化，而是通过强制措施，将自己的语言文化强加于人。而今天，汉语国际传播则与过去的文化帝国主义语言推广模式截然不同。在国际和平条件下，本着“有求必教、有教无类”的原则推广汉语，这在世界历史，特别是语言文化史上都是没有先例的。汉语学习完全是建立在外国人了解中国的强烈需求之上的。我们推广汉语首先是为了满足外国人的迫切需要，而不是我们自己的一厢情愿。这就需要我们在汉语国际传播中，建立国际文化观念和跨文化交流意识，尊重对象国及学习者的文化背景，研究对象国与学习者的文化心理，从而使汉语教师成为沟通异国文化

的媒介与桥梁。因此，任何妨碍异文化沟通，影响异文化理解的文化观念、教育教学观念，都应该认真地加以检讨。然而，由于种种原因，文化问题“是对外汉语教学界多年来一直着力解决而又一直没有很好解决的问题。虽然我们一直说要重视文化问题，但无论是在课堂教学、教材编写，还是在学术研究、学科建设上，我们对文化问题的重视程度都远远不够。要想处理好语言与文化之间的关系，就需要我们首先解决这样几个问题：什么是文化？语言与文化之间究竟存在着一种什么关系？在对外汉语教学中究竟应该介绍哪些文化内容？如何介绍？对于这些问题我们目前仍然没有讨论清楚，但是必须要讨论清楚”。为达到这样的目的，应该对对外汉语教学与汉语国际教育中长期流行的一些文化观念加以检讨。我们将这些观念概括为“三论”，即“交际文化”论、“文化定型”论和“文化依附”论。对“三论”的检讨，将有助于对外汉语教学与汉语国际教育文化观念的转型。

二、“交际文化”论与汉语国际教育的文化定位

关于对外汉语教学的文化定位，存在以下四个值得商榷的问题。

第一，把对外汉语教学中的“文化”等同于语言中的交际文化因素，界定过窄，限制了对外汉语文化研究的范围和视野。

第二，把对外汉语教学中的“文化”看成是语言的下位概念，将研究重点放在了“文化词语”和语用文化或国俗语义词上，却忽视了对留学生在跨文化交际中因观念文化的差异而造成的跨文化理解和沟通障碍；没能把不同文化背景的留学生作为跨文化交际的主体加以研究，而只是围绕语言要素做文章。

第三，把培养学生的跨文化交际能力等同于掌握语言的交际文化知识，对在课堂上能促成跨文化交际的多元文化互动理论重视不够，因而对课堂双向文化互动开展不够。

第四，由于普遍采取分技能教学模式，在教学中重视的是语言的知识性和系统性；编写教材时先制订词汇和语法大纲，相对忽略教材课文内容的互动性和所承载的观念文化意义，不能有效地利用教材把语言和文化教学有机地结合起来。教材或多或少存在视角单一、内容枯燥、思维简单、不对学生口味等问题，学生觉得汉语教材没意思，因而不利于课堂上跨文化交流互动的开展。

将对外汉语教学中的文化问题仅仅限定于“交际文化”，即称为“交际文化”论。它使得对外汉语文化教学和研究的重点集中于容易引起交际障碍的词语和语用文化或国俗语义词上，但这些词语是否真能引起跨文化交际障碍，要靠经验判断而非客观验证。而教学中大量存在的跨文化问题，如留学生在跨文

化交际中实际遇到的语言文化问题，第二语言文化学习中的障碍，以及他们头脑中固有的一些误解、成见和偏见对汉语学习和社会适应的影响等更为直接的文化问题也就被忽略了。这种狭窄的文化观和文化研究与汉语教学实际严重脱节，特别是在中美联合办学中，当涉及中美文化观念冲突和文化主权、立场之争时，当面对外国学生中普遍存在的“严重的文化上的不妥行为”和所用教材对中国传统和现当代社会历史文化持全盘否定和批判态度时，我们的“文化”完全失语，我们的文化研究几近无用，我们的汉语教师虽个个义愤填膺，但却因缺乏相应的文化知识和理论而束手无策。更何况文化词语在教学中也难以展开，因为词语中所蕴含的文化因素大多属语义范畴，脱离课文单纯从词语的角度谈文化观念，对将要在 45 分钟练会四五十个生词的教学量来说是很不现实的。因此，这种文化研究虽也强调文化对比，虽也注重揭示中华民族的价值观念、社会习俗、思维方式、审美情趣等文化因素，却苦于隐藏在词语背后难见天日。

众所周知，文化和语言的关系是相互依存、相互制约的。语言本身是一种文化，作为思想和观念的文化也制约着语言，离开了语言的思想和离开了思想的语言都是不适用的。语言文化贯通式教学正是借助了语言和文化这种不可分割性，在有限的时间内，将“结构功能——文化”统一于有意义的话语中。话语所承载的是具有深刻文化内涵的思想，学生在理解课文和操练句子中便掌握了文章的思想意义。当课文中的观点与学生自身的文化价值观发生矛盾和冲突时，学生就会提出质疑，课堂上始终进行着多元文化的协商与沟通。学生是学习的主体，但这并不意味着可以放弃教师的教学主导作用，任由缺少社会文化背景知识的外国学生随意解说目的语文化，教师仍要担当传道解惑的责任，需尽最大可能去化解学生的困惑和误读。教师需对中外文化差异和外国学生跨文化交际问题有清楚的了解和认识，并通过文化提问、文化讨论、文化协商和沟通等方式使学生自觉地融入目的语文化。我们的教学不仅仅是培养学生的跨文化语言交际能力，还要起到沟通中外文化，增进相互理解、相互认同的作用。外国学生通过对汉语文化的学习，不仅可以了解中国的社会文化、拓宽文化视野，还能增长学识、发展思维心智。因此，对外汉语教学中的文化与人类学和文化学意义上的文化并无太大不同。在语言教学中我们完全可以，也应该就诸如政治经济、历史文化、价值观念、生活方式、教育制度等一切有差异的问题展开文化讨论或辩论，甚至在文化冲突中寻求协商、和解之策。我们用到的文化不只是隐含在词语中的交际文化因素，而常常是那些可以对社会现象和行为本质做出解答的观念文化。只有从总体上把握了中外深层观念文化的异同规律，一切表层和中层文化现象，以及代表这些文化的词语才可融会贯通；文化大纲的制订也会纲举目张；各种文化形态、现象和因素才能得以解答，也才能各归其类。

如果以第二语言为英语的文化教学研究为参照，就会发现汉语学界对文化的认识和定位还与英美等国家存在一定的差距。因此，为了使我们的文化研究早日与国际接轨，为了编写出适合欧美国家使用的汉语教材，也为了使汉语的国际传播卓有成效，我们应该借鉴国外语言文化研究的最新成果和经验。陈申教授在回顾和总结西方语言文化教学的演变与进展后指出："就文化定义而言，演进过程始终呈现出一种扩大的趋势：文化教学的范围，从大写的 C 的文化扩展到小写的 c 的文化，从外民族文化扩展到本民族文化，又从外民族和本民族的双向文化中，从实体部分引申到想象部分；从对文化性质的解释来看，文化被视为'知识'，又被认作'行为'，并由'意义'将两者相连，又通过'话语'来反映，也是逐步地从片面朝完整的方向发展。过去和现在有 4 种教学模式，兼并、融合、综合、互动，都是设法通过教学手段将语言文化有机地、有效地结合起来所做的不懈努力。"目前最值得借鉴的是前全美应用语言学协会女会长克拉姆契（Kramsch）的"多元文化互动理论"和文化教学模式。

三、"定型"观念不是要建立而是要突破

近年来，随着跨文化交际理论研究的兴起，各种学术杂志发表的相关文章数以万计，但研究内容的重复、方法的简单，特别是举例的雷同化现象令人担忧，而"建立定型观念"的说法更是令人瞠目。笔者曾参加一位学生的硕士论文答辩，他在题为《文化定型与对外汉语教学》的论文中，大谈文化定型对跨文化交际和对外汉语教学的作用，最后竟提出："对待文化定型的两种积极态度：承认文化定型，在实践中建立和完善文化定型；把文化定型的不断更新和不断趋于合理看作推进对外汉语教学的重要手段。"这种观点受到在场四位答辩教师的质疑和反驳。道理很简单，我们只需把"文化定型"还原为英文原词，或是换成等义词"成见"或"刻板印象"，上述的结论尽显荒谬，不攻自破。但该生以外语界的相关研究成果作为理论支撑，坚持不改变"建立和完善定型"的论点，甚至还持有把教材中带有文化定型的文章一律删除的极端的想法。因此，有必要就这一问题展开论辩。

"定型""文化定型""定型观念"皆译自英文"stereotype"一词。从词源学来看，"stereotype"是一个合成词，前后两部分都源自古希腊文。"stereo"指固定、僵化，"typ"指形体、状态、印刷字模等。"stereotype"一词曾是印刷专业术语，指排版印刷时用的凸模字板，现指僵化、固定的看法，"成见"

和“刻板印象”应是最贴近的汉译词。最早将该词引入社会、政治语境的是美国新闻记者华尔特·李普曼。他在《公共舆论》一书中首次使用这一术语，使它成为社会学和社会心理学中的重要概念。李普曼最初是将定型作为消极概念使用的，他认为定型是错误的、非理性的。从 20 世纪 30 年代起，社会心理学家在李普曼的基础上，从不同层面定义“定型观念”，其中有代表性的是弗雷德·英格利斯等人的观点。他们认为，定型观念是“对现实的某一方面，特别是某些个人或社会群体的相对僵化、过分简单或带有偏见的认识。20 世纪 50 年代至 80 年代末，心理学与跨文化交际学关于定型观念的解释出现多元包容趋势，但主要集中在两个方面：第一，定型观念是一种认识，这种认识带有类型化倾向。第二，定型观念是一种过度概括（overgene-ralization），呈简单化特征”。有些社会心理学家将定型作为一个中性概念，因为他们发现，定型是一种普遍的、不可避免的人类认知方式。在跨文化交际中，通常认为，由于交际对象之间的语言、社会政治、文化背景、个人受教育程度和成长过程等的区别，不能简单机械地用各种文化群体中的模式固见，对号入座地来理解对方的思维和行为。德国一些学者甚至提出，偏见模式固见，和歧视，是德国极右翼排外势力的温床。在很长的一段时间内，在跨文化交际学研究中，一个响亮的口号便是铲除文化偏见，取消模式固见。

1995 年，高一虹教授发表了《“文化定型”与“跨文化交际悖论”》一文，认为从事跨文化交际研究的学者或者语言教师面临一个矛盾：为了帮助不同文化的人们相互了解，就必须概括文化差异，必须要建立某种文化定型；然而这些定型对于差异的“过分概括”或“标签化”又可能人为地制造屏障，妨碍文化间的交流和理解。一面是架设桥梁，沟通文化的使命；另一面是构筑壁垒，隔绝文化的危险。她将这一“桥”与一“墙”、文化定型的打破与建立之间的矛盾，称为“跨文化交际悖论”。因此，她主张“承认定型、建立定型、向定型挑战”。高教授的观点不仅影响了外语学界，也对汉语学界产生了深远影响，从此以后，“建立定型”的说法开始盛行。

如果说高教授在“跨文化交际悖论”的前提下提出“建立定型和打破定型”的观点有其敏锐性、辩证性和洞察力，那么，此后脱离“悖论”的语境，一味主张“建立定型（刻板印象）”则是错误的、有害的。笔者认为，造成这一错误认识的原因主要有两点：一是由译词语义和色彩的变化而造成的词义的曲解；二是对人类认识事物、总结概括事物的过程性、渐进性和层级性认识不清。

首先，“stereotype”原本是贬义词，以前多译为“成见”“刻板印象”“定型视野”等，基本上符合原文的意思。但近十年来，开始译为“定型”“文化定型”“定型观念”这类中性概念，其对应的英文词就变成了“type”“culturaltype”或“typeviews”，不仅完全失掉了“固化”“成见”的意思，反而与“类型”“概括”“总结”成为同义词，实际上是把该词当成了“文化概括、评价或类型化”来使用。例如，上面提到的硕士论文中有这样的句子：

在此基础上，有人提出对外汉语教学需要对各种语言的主流文化，包括中华民族文化进行定型（“归纳总结”之义）；从事对外汉语教学的人对汉语文化必须有客观科学的定型（“评价”之义）；文化对比的前提就是文化定型。没有文化定型（“类型总结”之义），就谈不上文化对比。

这种含义的“定型”完全脱离了作为社会学术语的本义，充当了“归纳、总结、概括特点和规律”的普通名词，实际上曲解了论题的本义，有偷换概念之嫌。

此外，对文化类型、文化模式的概括归纳，即使是简单化、概括化的也不等于“文化定型”。文化定型是在文化模式的概括中出现的一种僵化现象。在文化人类学及比较文化研究中，为了研究某一论题，常常需要在比较中，对某一民族或某一族群的历史文化的某些特征加以概括，但这种概括是有前提的。第一，它是对“作为历史的文化特征”的概括，而不能无条件地延伸到“当下的现实”中；第二，它是在相对的、比较的意义上得来的概率，不是孤立的和绝对的。而“文化定型”则是把在某种意义上做出的某些结论加以固化，使其更成为一个先验概念，从而在看待异文化现象时，预先设定一种“文化成见”，甚至“文化偏见”。实际上，文化是一个复杂的动态过程。人类对历史文化的认识概括从来都没有完善过，始终处在不断发展补充与完善的过程之中。每一种文化观念相对于产生的时代来说有其合理性，人的认识正是在不断地由感性到理性、再由理性到感性的螺旋式循环中发展深入的。20世纪以来我国学者对文化的认识中，就出现了东方文化论、全盘西化论、中国本位文化论、西体中用论和综合创造论等多种观点。因此，我们不能把不同时期人类对文化的概括归纳视为一成不变的“定型观念”。譬如，“西方是个人主义，东方是集体主义”的概括，其中蕴含着合理的信息，但如果具体到个体，这种概括就极不准确，我们甚至会找出许多反例。如果我们不看具体情况，而把它作为准绳去机械地套在身边的西方人和东方人身上，这才是一种“定型观念”。因此，可以说“为了帮助不同文化的人们相互了解，就必须概括文化差异”，但却不能说“就必须建立某种文化定型”，因为“定型是一种普遍的、不可避免的人类认知方式”，是人在社会化的过程中通过接触社会、学校、媒体、阅读等，自觉不自觉、有意无意间形成的一些观念，它无须特别加以学习或建立便已自然获得。我们所能做的就是通过了解异文化，去突破和克服“定型观念”，从而培养跨文化理解与交际的能力。

结合对外汉语教学的实际来看，定型观念非但没有带来什么积极影响，反而造成了许多消极影响。以对外汉语教学界文化研究为例，有些教师喜欢从国民性出发来研究学生习得汉语的特点。在 1999 年举办的“对日汉语教学国际研讨会”上，“文化特性与民族性格影响下的日本学生汉语学习”的话题引起了中日学者的争论。日方学者对“民族性格”的说法颇为反感，认为日本学生“不会说或说不出来，是个人的问题，不是什么民族性格的弱点，不要把它扯到民族性格的问题上去”。而从民族性格和民族心理的角度来阐释日本人汉语学习的做法，是中国 20 世纪 80 年代以来文化研究中盛行的一种手法，由于这在日本学生者看来是一种“定型观念”而难以接受。这不仅表明中日学者在思想观念、思维方式和研究视角上的差异，也说明从固有观念出发进行个案研究会造成不良的影响。同样，外国留学生倘若带着他们在国内预先形成的“定型观念”来看待中国，也会出现偏差，导致对中国语言文化的误解。例如，听到有人打招呼的时候问：“你吃了吗？”就以为中国人因吃不饱饭才如此问候。有些外国人把中国女教师不戴首饰、小孩穿开裆裤当成是中国贫困的现象，把中国人饭后几个人争着付钱理解为虚伪、不诚实等，都是在同一种文化定型观念的主导下对中国的误读。更为有害的是由教材编写者的文化成见和意识形态偏见造成的教材的误导。

因此，在对外汉语教学中，为了教学与研究的方便，对中国历史文化、中国语言文化的某些规律的概括、抽象是必要的，但这种概括和抽象是有某种语境条件的，不是绝对的和一成不变的。概括和抽象不是为了给学生造成一种定型观念，否则面对当下中国的复杂语言文化现象，就难免方枘圆凿。对外汉语教学的实践表明，重要的不是要建立什么“定型观念”，而是要打破“定型观念”——为了让教师更好地教授学生，必须打破对外国人及外国学生的某些定型观念，即不要把学生看成某一类人，而是把他们当作一个个具体鲜活的“个体”，因材施教；为了使外国学生更好地理解中国语言文化，必须打破他们头脑中固有的关于中国的某些不切实际的定型观念，取而代之的是建立一种更加开放、更加包容、更加富于灵活变通性的文化胸怀。

四、“文化依附”应该让位于“文化融通”

20 世纪 90 年代以后，有一种文化观念在外语学界和对外汉语教学界的影响越来越大，这就是“文化依附矛盾”问题。目前，各类学术刊物中的相关文章已有几十篇，而且，还产出了一批硕士论文。“文化依附矛盾”的存在，不仅说明在第二语言教学和研究中存在着文化立场和文化认同的困惑，也表明学界的文化态度和视野尚待拓展。

“文化依附”本来是一个带有强烈批判色彩的社会学词语，这一说法最早用于语言学界是在1991年，由高一虹教授在《我国英语教师的文化依附矛盾》一文中首次提出。文章从美国语言教学专家罗立言的“框子法”教学是否适合我国的英语课堂谈起，进而提出了“文化依附”的问题。高教授主要论述了我国英语教师的文化依附矛盾，并将它提升到“教师在教授外语时究竟代表哪一类文化的问题。国内的英语教师是中国文化的一分子，但讲的、教的却代表了西方文化，依附矛盾便由此产生”。

“文化依附”这样一个颇具情感评价色彩的词语出现在20世纪90年代初的外语教学界其实是一种旧的思维模式和话语方式的延续。我们可以从20世纪80年代高等学校英语专业四年级教材选编说明上看到外语学界为防止“文化依附”所做的努力：“选文以具有社会主义、民主主义倾向的作品为主。”当时，英语教师一般不敢谈文化，更不敢讲英美“资产阶级文化”，否则就会有“文化依附”之嫌疑。

然而，这一说法被孟子敏引入了对外汉语教学界。他在《文化依附与对外汉语教学》一文中给出了这样的定义：“对外汉语教师在教学中和学生在学习中代表或体现什么样的文化，即所谓文化依附。”而“文化依附矛盾”是“教师因教学对象为异文化群体成员而进行文化选择时和留学生因学习内容为汉语言文化而进行文化选择时所表现出来的矛盾”。具体来说，“对外汉语教师作为汉语文化的化身，他体现自己文化的价值观念和文化准则等，并通过传授这些内容以及自己对母语文化的态度来影响、改变学习者的行为。但有时学习者对目的语文化的冷淡又会使教师面临窘境，陷入文化依附矛盾之中，甚至被迫去依附异文化以迁就学生。”孟教授认为：“作为汉语教师，无疑应该维护本民族的文化，留学生求‘学’于我，他们理应依附汉语文化。谁是主人谁是客人，这是显而易见的道理。为什么要放弃自己去适应他人呢？不少教师都可能有这种强烈的内在矛盾与冲突的体验。”尽管文化选择的矛盾在对外汉语教学中确实存在，但笔者并不赞同“文化依附”的说法，因为它与我们应有的文化态度和汉语国际传播的文化宗旨不相符合。然而，“文化依附”的观点在学界盛行已久，不仅成为硕士毕业论文的热门选题之一，其危害也殃及全国汉语国际教育专业硕士考试题。仅以北京师范大学汉语国际教育专业硕士的答卷为例，超过一半的考生在最后一道案例分析题中，照搬网上现成的说法，提出“必须选择正确的文化依附”云云，因此，有必要对此问题加以明辨。

首先，事实早已证明，以国家为界来确定单一民族文化的时代，在很多地区已不复存在。凡经过了近代化和现代化发展和转型的文化都是一种混合型或融合型文化。中国文化就是融合了传统文化、社会主义文化和西方现代文化等多种元素而构成的。而且，我国的文化主张是辩证的“综合创造论”，即“抛弃中西文化对立、体用二元的僵固思维模式，排除盲目的华夏中心论与欧洲中心论的干扰，在马克思主义普遍真理的指导下和社会主义原则的基础上，以开放的胸襟、兼容的态度，对古今中外的文化系统的组成要素和结构形式进行科学的分析和审慎的筛选，根据中国社会主义现代化建设的需要，发扬民族的主体意识，经过辩证的综合，创造出一种既具有民族特色，又充分体现时代精神的高度发达的社会主义新中国文化。”“文化依附说”体现的是一种中西文化对立、体用二元的僵化的思维模式，它不利于我们走中外文化融合创新、多元文化和谐发展之路。

其次，从第二语言学习者的角度来看，外国学生是在习得母语的同时获得母语文化的，学习汉语时借助于母语文化是一种学习策略，谈不上“依附”；外国学生的外语学习一般是在成人以后，是一种理性的学习，理解和获得目的语文化是一个渐进的自愿选择的过程，一般不会到“依附”的程度。中国人学外语亦如此，正如歌曲《我的中国心》所唱的那样，“洋装穿在身，洋话说在口”，但“无论走到哪里也改变不了我的中国心”。而且，不管外国留学生怎样了解适应中国的社会文化，都以本民族的文化为根基，以中国优秀文化为有益的补充，采取文化整合的跨文化适应策略。虽然许多人都把中国视为第二故乡或第二个家，但他们仍能清楚地意识到自己是外国人，也没有人愿意改变外国人的身份，特别是日本和韩国学生，他们大都有着强烈的民族自尊、国家意识和鲜明的民族文化立场。我们对北京师范大学中文系和中央民族大学的韩国本科生（汉韩双语者）进行的语言态度和语码转换调查显示：韩国双语者对本民族的语言文化持认同态度，对中华民族某些夸大的语料给以否定评价。

再次，从教学方法和理念来看，对外汉语课堂是由多国学生构成的，是一种多元文化语境，亦被称为“你中有我、我中有你”的“文化混融语境”。汉语作为第二语言的教学普遍采取最先进的外语教学理念和交际互动教学模式，高效率的小班语言操练法，拉近了教师和学生的距离，师生间完全是一种平等、信任、亲近的关系。为了降低学生课堂讲话情感过滤因素，教师不仅要彻底抛开师道尊严的传统教育理念，还要在课堂上即兴表演、出洋相、跟学生开玩笑，语言富有幽默感，有时课下还会和学生一起用餐。教师的一切努力都是为了保证学生多、快、好、省地习得汉语，了解中国的社会文化。国际汉语教师必须超越文化选择的困惑，以一种开放的文化观念和兼容并包的文化态度吸收新的教学模式，努力创立自己的教学模式、教学风格和品牌。如果只凭借母语的文化和教学理念，如果不是积极参与中外联合办学，如果不主动吸收外来先进的教学理念和方法，担心这样做是“文化依附”，那么，我们的教学就会止步不前，我们就难以创立先进高效的教学模式，我们在世界汉语教学中就会缺少竞争力。

最后，从文化研究的角度来看，“文化依附”这个带有贬义色彩的词不适合在第二语言教学研究中使用，因为它传递的是一种二元对立的偏狭的文化观念。用它来描写第二语言教学中的文化迁移现象有失客观公允。同理，用“中介文化”的说法来描写留学生的语用文化偏误亦有不妥，实质上是把第二语言习得和第二文化习得简单地画上等号。这就重蹈了美国 1921 年由人类学家帕克斯（Parks）和米勒（Miller）提出的文化适应的“单纬度模式”理论，即“文化适应中的个体总是位于从完全的原有文化到完全的主流文化这样一个连续体的某一点上，最后被主流文化所同化。”也就是说，文化适应采取的是一种文化同化策略，即学习第二语言就要归依第二文化。1974 年，加拿大心理学家约翰·贝瑞（John Berry）提出了文化适应两个维度理论。他认为文化融合有两个维度，一个是保持对自己本国文化的认同程度，另一个是与当地社会群体的关系。由此可以产生四种文化适应的态度或策略：整合策略（integration）、分离策略（separation）、同化策略（assimilation）和边缘化策略（marginalization）。这些策略取代了单纬度模式理论。即使第二语言学习者在文化适应上采取的是“同化策略”，留在目的语国家，甚至与当地人通婚生子，他仍可以保持对自己本国文化的认同和热爱，多采取“文化融通”，而非“文化依附”的态度。而在 21 世纪多元文化时代，对第二语言学习者做这样的苛求是不现实的。我们应当采用“文化选择”“文化取向”“文化移情”“文化迁移”等学科范围内的术语，以免给人留下语言偏激和有明显主观倾向性的印象。

因此，我们部分赞同前全美应用语言学协会女会长克拉姆契（Kramsch）以“后结构主义”为旗帜的“多元文化互动理论”。教师的任务既是“架桥”也是“划界”。指出文化的不同，在教学中让学生领悟到世界是多元的，培养学生的跨文化交际能力，克服单一狭窄观念的束缚。教学的目的不是期望学习者变得越来越“地道化”“外国化”，也不是要求学生放弃自己原有的文化价值去接受另一种文化价值，而是在多元文化的环境下创造出一种能沟通双方的新文化——一种“整合创新”的文化，又称“第三种文化”（a culture of a third kind），从而培养学生对母语和目的语文化的融合创新能力。陈申教授也指出：“我们并不企图通过教育的手段来同化这些留学生，而是希望他们通过语言文化的学习，成为名副其实的‘中国通’，既保留着他们自己的文化身份，又能设身处地地观察和解释中国社会的文化现象，成为两种文化的沟通者。”

为了培养学生的跨文化交际能力，汉语教师首先应具有文化自觉和跨文化意识——不仅对汉语文化有深刻的理解，对学生的母语文化也有相当深入的了解；要对于两种文化的异同及其在语言中的反映非常敏感，能自觉地将文化比较运用于教学中，并时刻保持“多元共生意识、平等对话意识和求同存异意识”。同时，我们主张在对外汉语教学中必须坚持国家民族立场，在关涉国家利益的大是大非问题上，如国家主权、领土完整、民族团结等问题上决不能含糊，要态度鲜明，立场坚定。这是跨文化交流互动的前提。正如伦敦经济学院亚洲研究中心客座研究员马丁·雅克（Martin Jacques）所说：“中国不同于西方，中国人看待国家与西方人有非常不同的视角，中国人最主要的价值观是团结统一，是经久不衰的中华文明。”这的确是中国乃至华夏民族坚守的核心价值观。

在以往的教学中为了避免矛盾和冲突，对外汉语教师大都会回避观念文化，特别是意识形态观念文化冲突的话题，容忍和原谅学生“严重的文化上的不妥行为”。然而，早在 1993 年克拉姆契（Kramsch）就提出利用文化冲突可以创造一种语言文化教学的新策略。文化冲突并不可怕，它是教师、学生和教材内容在教室里发生的文化价值的互动，有利于培养学生化解冲突和解决实际问题的综合能力。国外的汉语教学，特别是美国的汉语教学从来不回避文化冲突和文化批评，相反，还以此作为中、高年级汉语教材和教学的主要内容和观念。我们有意无意地回避实则意味着主动放弃话语权，客观上造成了“文化失语”和“文化沉默”。因此，为了适应汉语国际传播和文化传播的需要，我们的文化教学策略必须与当今汉语国际教学接轨，必须建立国际文化观念和跨文化交流意识。只有这样，才能坚持，而不是回避、放弃文化话语权和解释权。

值得一提的是，孟子敏对教师在教学中存在的两种文化态度做了准确的概括：“一是本民族文化优越论，特别是想到汉语文化的悠久历史时，更是对其他文化不屑一顾，进而在教学中处处表现出强烈的文化优越感；二是文化自卑，对本民族文化抱有虚无态度，教学中一味地去依附留学生的母语文化，对本民族文化的消极评价甚至超过了来自异文化的成员，这同样也不会得到学生的肯定和信任。”在中美联合办学中两种倾向不足取。汉语国际教学是中外师生以相互尊重、平等自主为前提的互动交流、协商沟通的活动。国际汉语教师作为民间文化交流的使者，应突破和超越“文化依附”观念，自觉采取“文化融通”策略，既要“送去”，也要“拿来”，而“拿来”是为了更好、更有效地“送去”。

第三节　汉语国际教育跨文化交际体系构建

一、“汉语国际教育跨文化交流学”体系的构建势在必行

我国国务院学位办已经正式批准设立“汉语国际教育硕士专业学位”。这意味着本学科已从“对外汉语教学”时代，进入“汉语国际教育与传播”时代。“中华文化传播”“跨文化交际”成为汉语国际教育硕士专业必修的基础课程。汉语国际教育专业的跨文化交际学课程，是一门教授如何以汉语为媒介进行跨文化人际交往的理论与实践课程。这门课程不是讲授汉语语言技能本身，而是讲解汉语跨文化交流中的一系列问题，是语言与文化交叉的课程，也是中国文化与外国文化相互交流的课程。其目的是解决以汉语为媒介的跨文化交际、教学中的一系列理论问题和文化问题。目前，各高校相关专业大都开设了此类课程，一般命名为“跨文化交流学”“跨文化交际学”等。但是，现有的“跨文化交流学”“跨文化交际学”之类的课程，在学科理念、学科宗旨、学科手段与方法等方面，很大程度上还依附于现有的“外国语言文学”这一学科，基本上是我国的外语学科专业相关课程的移植，与汉语国际教育专业的教学理念、教学目标未能完全吻合。事实上，以汉语为媒介的国际交流与交际，与其他语言、其他方式的国际交流，在许多方面有相当大的不同。因此，必须在汉语国际教育专业中建立起体现本学科专业特色与宗旨的新的“汉语国际教育跨文化交流学”的课程及其理论体系。

二、“汉语国际教育跨文化交流学”的学术积淀与学科命名

任何新的学科专业及课程的设立，都必须吸收、借鉴已有的成果与经验。在所提倡的“汉语国际教育跨文化交流学”之先，已有不少的研究成果与学术积淀，并且有着一定的国际学术背景。概言之，第二语言教学中的跨文化交际学、交流学，作为传播学的一个分支学科，兴起于20世纪六七十年代的欧美等西方国家。20世纪80年代初被引入我国，并有了迅速发展。1983年，何道宽

在他的《介绍一门新兴学科——跨文化的交际》一文中，率先将跨文化交际作为一门学科向国内学者进行介绍。国内学者在介绍这一学科时，用语不尽一致，有“跨文化（的）交际”“跨越文化的交际”“文化（之）间的交际”、“不同文化（之）间的交际”“多文化交际”“跨文化传通”等。胡文仲在编辑《跨文化交际学选读》时，与出版社编辑商讨书名的定夺，觉得可以在“跨文化交际”后加个“学”字，作为学科名称。目前，“跨文化交际”“跨文化交际研究”以及“跨文化交际学”的名称已被我国外语界普遍采用。关于学科的性质，林大津在《跨文化交际研究》一书中做了全面的论述：“跨文化交际学之所以是一门交叉学科，具有多学科性，是因为广义的文化无处不在，无所不包；跨文化交际学之所以可以成为一门相对独立的学科，是因为它在借鉴其他学科的研究成果时，有它自身的研究重点，即不同文化背景的人在交际中会是什么样，为什么会那样，如何避免出现消极不利的后果。跨文化交际学不是孤立地研究某一民族、某一群体的文化，而是专门研究文化接触、碰撞、摩擦、冲突、渗透及有效交际的策略。跨文化交际学从本质上讲是一门探讨文化与交际相辅相成之关系的学科。由于探讨文化与交际的关系主要是为了解决跨文化交际中的矛盾与问题，因而跨文化交际学在很大程度上又是一门应用学科。”由此可见，学者已经对这门学科的性质与宗旨有了系统全面的认识。目前国内至少已出版了六部跨文化交际学方面的著作：关世杰的《跨文化交流——提高涉外交流能力的学问》、林大津的《跨文化交际研究》、王宏印的《跨文化传通》、贾玉新的《跨文化交际学》、胡文仲的《跨文化交际学概论》和顾嘉祖的《跨文化交际——外国语言文学中的隐蔽文化》。这些著作在吸收和借鉴国内外相关领域以及相关学科研究成果的基础上，结合中国文化的特点，对跨文化交际学进行了系统的论述。内容各有侧重，有的重实用，例证丰富生动，普及性强；有的信息量大、理论性和学术性较强，论证严谨周密，分析透彻；还有的从隐蔽文化人手，多维度、多层面地探讨跨文化交际问题。这些著作的问世，标志着我国外语学界及国际文化交流专业的专家教授，对跨文化交际交流的研究正逐步深入，并已初步形成了一套跨文化交际学和交流学的内容体系。

外语教育学科的跨文化交际学研究为“汉语国际教育跨文化交流学”的建构提供了可资借鉴的学术理论与方法。但由于教学环境和对象不同，我国外语教学中的跨文化交流或交际类课程，与“汉语国际教育教学”中的“跨文化交流学”存在不小的差异。具体而言，我国外语教育中的“跨文化交际学”课程，其目的是让学习外语的中国学生了解外国社会文化、风俗习惯及思维观念，因此，中国人的主体立场在这门学科的结构中并不突出，外国社会文化与民族心理等才是主体，我们是努力向它接近的客体。此外，我国外语教学中的“跨文化交际学”大都是从外国引进的，有些甚至是编译、改编外国学者的相关著作，这是可以理解的，也是切实可行的。外语学界研究的出发点自然是以外国文化为旨归。由于受到外语教学和母语交际环境的限制，研究重点多集中在中外语言文化的对比方面。与此不同，“汉语国际教育跨文化交流学”中的跨文化交流具有自己的独特性。它是立足于汉语及中国文化的一种跨文化交流。汉语国际教育学科的对象——无论是外国留学生，还是向海外派出的汉语教师，大都身处异文化的真情实境中，他们随时都会遇到文化摩擦、文化冲突问题。而这些问题归根到底都会体现在汉语的国际教育教学之中。换言之，它是“汉语国际教育跨文化交流学”中的文化问题，而不是使用其他语言（对中国人而言的外国语）进行的国际交流中出现的问题。汉语国际交流首先是汉语施教方积极的行为，是汉语施教方主动发出的交流行为。其宗旨和目的是帮助和推动外国学生学习、接受、理解中国社会文化以及中国人的心理与情感。因此，交流的方式、途径、内容、效果等，在很大程度上可以由施教者预先设计、规划并具体实施。也正因为如此，“汉语国际教育跨文化交流学”这门课程最好是，也只能是由施教的中国教师、学者来设计和实施。一味借鉴和使用外语学界出版的专著和教材是行不通的。

在课程命名上，之所以要使用“汉语国际教育跨文化交流学”，而不使用通常的“跨文化交际学”之类的概念，有以下几点原因。

首先，这是由本学科的教学宗旨与培养目标所决定的。国务院学位办发布的《汉语国际教育硕士专业学位设置方案》中明确指出：“汉语国际教育硕士专业学位培养目标为适应汉语国际传播工作、胜任汉语作为第二语言教学任务的高层次、应用型、复合型专门人才。”“学位获得者应具有扎实的汉语言文化知识、熟练的汉语作为第二语言教学的技能和良好的跨文化交际能力。”关于硕士专业教学，该方案又指出：“以培养学生的汉语教学技能为主，同时注重培养外语能力和文化传播技能。”此处所强调的内容全部依托于“汉语”“汉语教学”“汉语技能”的跨文化交流，因此，“汉语国际教育跨文化交流学”不是一般的跨文化交际或交流。

其次，之所以使用“交流”这个关键词，而不使用“交际”来命名，是因为“交际”是社会学交往层面上的概念，具有瞬时性、偶然性、随机性、浅层性、社交性等特点，而“交流”则是一种深度交往，它具有目的性、自觉性、深层性、针对性、思想性等特点，具有一定的深度模式与深层意蕴。“交流”与“交际”一字之差，意义相去甚远。“汉语国际教育跨文化交流学”，意味着这个学科所培养的人才，不能只满足于一般的交际需要，而要具备深层交流的能力。这就必须具备系统全面而深入的中外语言与文化修养。研究者既要掌握文化人类学、社会心理学、教育学、社会语言学、跨文化语用学和传播学等学科的基础理论，又要研究和思考跨文化接触、碰撞、摩擦、冲突、渗透及有效交往的方式途径，研究汉语文化的对外传播和我国国际形象的跨文化传播问题；既要解决留学生跨文化交际中遇到的障碍与不适，也要为国际汉语教师在汉语教学中沟通和传播中外文化，提供理论指导、方法与策略。

最后，从受众心理角度来看，21 世纪是文化多元化的时代，各国文化都有权受到尊重，单方面地强调输出和推广本国的语言文化往往会遭到反感和抵制。“汉语国际教育跨文化交流学”一词强调的是“汉语文化”与异文化间的交流沟通与平等对话。它不仅包含“跨文化交际学”所关注的人际交往的行为以及言语和非言语层面的内容，还注重国际交流中思想意识、价值观念与思维心理等观念层面的沟通，并包含了文化传通与传播的内容，且没有“跨文化传播学”一词所带有的单方面输出、传播语言文化的强势色彩，可免于招致误解与反感。

三、“汉语国际教育跨文化交流学”内容体系的构建

“汉语国际教育跨文化交流学”作为汉语国际教育的一个分支学科，其理论框架及课程体系的建构可以从相关学科中寻求学理支持。它的理论基础，首先是传播学。语言交流是传播学研究的重要方面，传播学可以为汉语国际交流提供诸如传播材料、传播策略、传播方法、传播效果等方面的理论支撑。其次是在传播学基础上形成的“跨文化交流”理论。此处所说的“汉语国际教育跨文化交流”是汉语教育学科领域的“跨文化交流”，相关研究及其理论成果可以作为汉语国际交流的参照与借鉴。例如，跨文化言语交际理论、非语言交际理论、文化适应理论、文化误读理论、文化模式理论、文化定型与归因理论、文化冲突理论等。这些都与“汉语国际教育跨文化交流学”密切相关。此外，对比语言学、社会语言学、跨文化语用学也是汉语跨文化交流学必不可少的语言学基础。上述这些理论可以为“汉语国际教育跨文化交流学”提供若干基础理论，但却不能代为解决汉语国际交流中的一切理论问题，特别是具体的理论问题。

“汉语国际教育跨文化交流学”主要应在借鉴上述相关学科理论成果的基础上，侧重研究以“汉语”为媒介的“国际交流”的性质、特点、方式、途径、效果等。为此，我们需要回答和论述以下几个问题。

第一，自美国学者海姆斯提出“交际能力”的概念开始，第二语言的教学目的逐步由培养“语言能力”扩大到培养包括“社会文化能力”“语用能力”“交际策略能力”等在内的能力，进而又提出培养“跨文化交际能力”“跨文化能力”。那么，应该如何界定“跨文化意识”和“跨文化能力”？“跨文化能力”和“跨文化交际能力”有什么不同？外国留学生和汉语教师应具备哪些跨文化交际能力？如何培养和提高他们的跨文化意识和能力？这些理论问题都有待深入研究和探讨。

第二，要提高跨文化交际、交流意识和能力，必须了解世界各主要国家的文化模式和中外文化差异。现有各国社会历史文化的书籍文献资料虽然浩繁，却不能直接拿来用于跨文化交际课程，需要我们在比较文化差异的基础上将文化划分为四个层次并进行逐层介绍比较。各国文化模式与文化差异的概观虽然不属于跨文化交流学的学科领域，但却是跨文化交流学不可或缺的内容，作为基础工作一定要踏踏实实地做好。

第三，跨文化语用学为“跨文化语际交流”研究提供了新的理论视野。以往许多研究都是对西方语用学的运用，如只是谈对外汉语教学与语用的关系，或是把布朗（Brown）的“礼貌原则”和格赖斯（H.P.Grice）的“合作原则”抑或是列文森（Levinson）的“面子”理论运用到汉语语用分析上。但西方语用学理论是以英语为语料建立起来的，未必具有普遍性。正如雷柯夫（G. Lakoff）提醒的：“中国的学者要了解各种理论及其局限，发展自己的理论。”目前，最急需的是要研究汉语的“跨文化语用系统”和“社会文化规约系统”，尽力构建起汉语言行为的跨文化语用规则与文化规约；同时也要加强留学生跨文化语际语用的研究，探讨包括第二语言学习者语际语的语用特征、语用能力的发展、语用失误、教学对语用能力的影响以及语际语用学研究方法等一系列问题。

第四，以汉语交流为背景的“非言语交际研究”也是“汉语国际教育跨文化交流学”研究的重要课题之一。非言语交流作为人际交流的有效辅助手段，在语言不通畅的跨文化交流中发挥着更为重要的作用。跨文化非言语交际包括眼神、头势、手势、身姿、面部表情、服装打扮、体触、人际距离、讲话语调音量、沉默停顿、时间观念、空间布置等 24 种类别。但就目前学界发表的十几篇文章来看，研究主要集中在对体态语在对外汉语教学中的运用、意义和作用的描述性阶段，缺乏与汉语教学中非言语交际的实证性研究，特别是对留学生非言语交际问题，以及教师的非言语行为对教学影响的研究尚属空白。这需要通过课堂跟踪记录和问卷调查的方式，对外国留学生汉语特有体态语的理解程度，对师生体态语的得体性，以及汉语教师体态语、客体语（包括服饰）和副语言对教学的影响等问题做全面的调查研究，并用社会学调查 SPSS 统计方法做相关分析。

第五，汉语国际教学中存在着文化定型和心理定式的研究。任何交流都是从心理定式与期待视野出发的，汉语交流中的心理前提，对交流的效果将产生深刻的影响。这种定式主要表现为文化模式差异、文化定型观念、他者的眼光，甚至是文化误读和偏见及其对汉语国际交流之影响的研究。

第六，汉语国际教育中存在着“跨文化解读”研究。“文化误解”是汉语国际教育与传播中不容忽视的问题。外国留学生在阅读汉语文本或接触中国社会文化时，往往是通过母语文化的有色镜过滤过的，因而这种跨文化解读和接受必然伴随着他者的眼光和文化的误解。那么，外国人对中国的哪些交际文化产生误解？他们对哪些社会文化现象是误读地接受？“文化误解”如何产生，是基于学生头脑中的固有观念，还是出于好奇求新的理想化的解读？“浪漫的解读”是否能从正面意义上引发思想的开拓创新？这些都值得进行实证的调查与研究，并在研究的基础上建立汉语国际教育跨文化交流学的“文化解读”理论，以便掌握外国学生对汉语文化的解读特点和规律，促进汉语国际教学和师生间的跨文化交流和有效沟通。

第七，文化适应理论是第二语言习得和跨文化交流理论中一个重要的基础理论。文化适应论自提出起已经过了四种发展模式，即单维度模式、双维度模式、多维度模式、融合模式。借助西方学者的实证调查方法，我国的心理学界、教育学界已把社会文化适应和心理适应测量法运用于对外国留学生的调查研究中，但却缺少针对不同国别的留学生的调查研究，而在对外汉语教学界虽有针对不同国别留学生的调查研究，但却很少能展开由母语研究者对本国留学生的跟踪调查研究，并进行个别访谈。这不仅在研究深度上大打折扣，也难以在理论上有所突破。而引导对外汉语教学专业的各国研究生展开此项研究无疑是本专业的优势所在。以往汉语国际交流学的文化适应研究都是把现有的美国学者的理论，如文化人类学家奥伯格（Kalvero Oberg）的“文化休克”和美国学者利兹格德（Lysgard）的跨文化适应 U 曲线模型理论，直接拿来分析留学生的“文化休克”和跨文化适应的四个阶段，而不是根据不同国别的留学生跨文化适应的实际情况来验证和修改现有的理论。显然，套用美国的跨文化适应理论来分析其他国家留学生在中国社会文化适应情况并不十分合适。“汉语国际教育跨文化交流学”应当吸收现有的研究理论和方法，通过对来华各国留学生社会文化适应、心理适应开放式问卷调查以及个人深度访谈，建立起在华各国留学生的跨文化适应的模式理论，并在充分了解各国留学生所思、所感、所想基础上，对留学生来华社会文化适应、心理健康和教学管理工作提出建议和有效的指导。

从学科建设的角度看，“汉语国际教育跨文化交流学”应该成为汉语国际教育中的一门重要分支学科；从教育教学的角度看，“汉语国际教育跨文化交流学”应该成为汉语国际教育中的一门不可或缺的基础课程。有必要借鉴国内外跨文化交际研究的成果和经验，以“汉语国际教育与传播”的学科理念为出发点、立足点、归结点，来充实、改造、优化和重构跨文化交流学，并构架“汉语国际教育跨文化交流学”的理论框架与课程体系，使汉语国际教育教学本身，超越语言技能培训的层面，成为国际交流的一种重要方式与途径。

第二章 跨文化交际视野下汉语国际教育教学的学习者因素

第一节 汉语国际教育教学的学习者个体因素

刘珣把学习者的个体因素分为生理因素、认知因素和情感因素三类，将学习者的个体因素界定为“第二语言学习者个体在习得过程中表现出的、对第二语言习得产生一定影响的生理、认知、情感等方面的特点”。Ellis 则称之为学习者个体差异因素，不过在《二语习得研究》的第二版中，Ellis 认为学习者的年龄对二语习得具有极其重要的作用，因而将它单独拿出来放在全书的导论中讨论，而把其他认知和情感因素仍作为学习者个体差异合为一章论述。Ellis 将学习者个体差异因素分为四类：（1）学习者的能力，即与语言学习相关的认知能力，包括智力、工作记忆与语言学能；（2）学习者的倾向，即影响语言学习准备状态或方向的认知和情感特质，包括学习风格、性格、动机、焦虑和交际意愿；（3）学习者对二语学习的认识，即关于二语学习的观念或信念；（4）学习者的行为，主要是学习策略。不过，正如 Dornyei 所指出的，要决定哪一种个体差异因素构成了“能力”还是“倾向”并不总是容易的，甚至有人还认为学习策略算不上学习者个体差异因素。因此，本节的重点不在于如何给学习者的个体因素分类，而是分别讨论目前研究比较多、对二语学习影响比较大的学习者年龄、语言学能、学习动机、认知风格、情感焦虑、学习观念、学习策略等个体差异因素及其对二语学习的影响。

一、年龄

与语言习得有关的生理因素主要是年龄，不过学习者的年龄在二语习得中的作用一直是个有争论的问题。1967 年，Lenneberg 从动物行为研究中借用了“关键期”一词，并提出“关键期假设”，将它用于人类语言学习研究。

“关键期假说”中的关键期含有明确的起讫时间，强调只有在发展的特定阶段，个体的某种能力才能得到正常的发展，这也意味着学习能力在特定的年龄范围和成熟过程中逐渐丧失，并把造成这一结果的原因最终归结到生理因素上。低等生物具有的关键期由基因决定，不受环境因素的影响，时间往往是很短而精确的，在其突然关闭前的骤降期很短或者没有，而且不同个体之间很少甚至毫无差别。而敏感期是终身语言衰退过程中一段边界模糊的时间，是一个具有弹性的阶段，大体上有加减 2 年的弹性。在人类的语言学习过程中，儿童从出生就有区别自然语言中细微声音的敏感性，在最初几年，儿童对语言的敏感性处于平稳的高峰期，尔后逐年下降而不是突然中断。敏感期的结束对不同个体有快慢之分，从敏感期结束前直至去世，语言习得能力衰退的下降速度更慢，也不太明显。在语言学习的高度敏感期结束后，敏感性仍有残余和可塑性，并且存在个体的差异。敏感期结束后的二语学习效果与年龄因素只有弱相关关系，更多则是受到其他因素的影响，例如语言学能、认知和社会心理因素、语言接触度、第一和第二语言的使用比例等等，这些因素为后敏感期的语言学习起到平衡和补偿作用。敏感期理论的提出为进一步探索年龄因素与其他个体因素，特别是与语言学能的互动关系开启了新的研究思路。

根据语言学习敏感期理论，似乎意味着应该尽早开始外语学习，然而外语学习“越早越好”并不一定意味着“越早的教学越好”。很多国家规定在教育系统中很早就开始外语教学，但是除了真正的沉浸式教学项目，一般情况下，这些外语教学采用的是显性、形式化的教学方式，真正有意义的语言接触很少，使得大多数儿童不能发挥隐性学习的优势。Granena & Long 认为，起始年龄与最终二语习得水平之间呈现负相关关系，可能是由于跟年龄相关的处理隐性语言学习的大脑能力的衰退。这意味着隐性学习更有利于儿童，而显性学习对年龄较大的学习者起更大作用。对于语言学习敏感高峰期的儿童，二语教学应该着重提供有利于隐性学习的机会，例如，提供丰富的输入而减少形式化教学，或者为儿童早期二语学习发展出更加合适的教学方法，如沉浸式教学法等。对于正式的课堂外语教学来说，晚点开始教学可能并无坏处，例如，等到学习者年龄稍大一些可以更好地利用“聚焦于形式”（focus-on-form）教学的优势。

二、语言学能

根据常识，智力和一般认知能力对学习具有一定的作用，但二语教学中往往出现这样的情况，有的学生其他科目学得很好，而学外语却十分吃力。这说明第二语言习得需要一些特殊的潜质。这种学习第二语言所需要的特殊认知潜质叫作二语学习的能力倾向，也称为语言学能（language aptitude）。Robinson 把语言学能界定为“语言学习者能够顺利适应无论是正规的课堂教学还是其他非正式的语言学习环境，并能充分利用现有学习条件成功习得一门外语（或第二语言)的能力”。现代意义上的外语学能研究主要是由美国教育心理学家 Carroll 在 20 世纪五六十年代开启的。Carroll 通过大量实证测试与严谨的统计分析方法归纳出最能预测外语学习最终结果的四种基本能力：对输入语音进行编码的能力、对语法的敏感程度、对语言材料的归纳分析能力和关联记忆能力。以上四种能力构成了外语学能的四大要素，奠定了语言学能的理论基础。语言学能研究在 20 世纪五六十年代兴盛一时，随后经过七八十年代的研究停滞，学界在 20 世纪 90 年代重新认识到外语学能是二语学习者最重要的个体差异因素之一，能在不同的学习条件和环境中对二语学习产生重要影响。尤其是近年来，得益于认知心理学研究和二语习得研究所取得的新进展，语言学能研究出现了蓬勃复兴。

早期的语言学能测量主要采用 Carroll & Sapon 研制的现代语言学能量表（MLAT）和 Pimsleur 研制的语言学能测量表（PLAB），这些量表建立在当时对语言学能研究认识的基础之上。而本领域最近的研究进展则加深了语言学能成分说的看法，以及语言学能是由认知和感知等能力组合的学能复合体的观点。这些新的理论认识和语言学能研究的复兴增强了对学能测量方法的更高需求，一方面，测量方法需要易于实施，最好是基于计算机的，同时能够广泛获取；另一方面，新的测量方法需要反映语言学能研究的最新成果，特别是对语言学能组成部分的本质及这些部分之间内在联系的理解，以及对工作记忆、隐性与显性学习等重要因素的关注。为了回应上述要求，近年来学界开发了一些新的语言学能测量工具，LLAMA 语言学能测试和 Hi-LAB 高水平语言学能量表就是其中的代表。LLAMA 包括四项子测试：词汇学习测试、语音识别测试、声音一符号联结测试和语法推理测试，这是一种基于计算机的学能测试，可免费下载，每项子测试都是单独进行且自动评分的，操作起来极其方便。与已有语言学能测试主要用于预测语言学习早期阶段的学习速率不同，由马里兰大学高级语言研究中心设计的 Hi-LAB 高水平语言学能量表，使用创新的测量方法来识别高水平语言学习者，可以帮助选择、聘用和培训高级语言人才。

三、学习动机

动机（motivation）是激发、维持并使行为指向特定目的的一种心理力量，学习动机是直接推动学生进行学习的一种内部动力，是激励和指引学生进行学习的一种需要。外语学习动机研究始于 20 世纪 50 年代 Gardner 开始的系列研究，Gardner&Lambert 认为，外语学习者的目标就是学习某种语言，但如果要追问学习者为什么会有这种目标时，就会涉及学习者的动机取向（orientation）问题，它先于动机产生。Gardner 和 Lambert 把动机分为融入型（integrative）

和工具型（instrumental）两类。如果学习者学习某种语言的原因是为了与目的语族群的人进行交流，或者是为了更好地理解这些人，理解他们的文化或生活方式，甚至想进一步融入这种语言社团中成为其一员，那么就属于融入型动机；如果学习者是为了某种实用目的，如为了查阅资料、进行研究，为了得到一份好工作或者能够受到更好的教育，那么就属于工具型动机。融入型动机的主要目的是为了掌握语言自身的功能，即为了与目的语人群交流；而工具型动机注重的是掌握语言之后伴随的一些实际益处。

Gardner 的动机理论模型奠定了外语学习动机研究的理论基础，并对其后的研究者产生了巨大的影响。Gardner 的二语动机模型自提出以来，在相当长的时间内都在二语习得领域占据主导地位。直到 20 世纪 90 年代才不断有研究者对其模型提出批评和质疑，一些学者在 Gadner 的基础上借鉴认知心理学的理论开始提出新的动机模型。例如，Dornyei 的研究显示，Gardner 的动机模型可能不适用于简单的融入型动机和工具型动机取向的学习者。他调查了 134 名初级和中等水平的匈牙利英语学习者，发现除了 Gardner 说的那两种动机类型之外，还有成就需求和对过去失败的归因等因素在起作用。近年来，以 Larsen-Freeman 为首的一批学者提出的动态复杂系统认为，人类的语言和行为应该看成一个复杂的动态系统，系统内部的各个成分处于相互影响的动态变化之中，这个系统与各种环境因素也相互关联，各种相互关联的因素同时影响这个系统的行为。受到复杂系统理论的影响，Dornyei 等开始将学习动机置于动态发展的环境中进行研究，他们认为，传统上对外语学习动机的研究是建立在高度抽象化、孤立和静止的基础上的，而实际上个体因素是在不断的相互作用中发展变化的，动机行为内部各种因素的复杂性以及与环境作用的复杂性决定动机并非一种静态的心理状态，而是呈现非线性的、复杂的动态发展过程。

目前，汉语学习者群体构成越来越复杂，其学习需求也日益多样化。在学习者总体数量不断增加的情况下，如何使他们能够在汉语学习的动态发展过程中保持可持续的、积极的学习动机，做一名优秀的、高效的学习者，是我们需要重视的课题。对儿童来说，外语学习是与其认知能力的发展过程同步的。因此，外语教学本身，应该扮演一个帮助学习者认知周围世界，进行知识积累，提高认知能力，促进学习者个性发展的角色。换句话说，应更多地把汉语作为儿童认识世界的工具，这样才能使汉语学习的动机更多地表现为一种内在的认知驱动力，使未成年学习者在认知和个体动态发展过程中能够保持汉语学习的长期兴趣和动力。

四、认知风格

认知风格也称为认知方式（cognitive style），是指个体在认知过程中所表现出来的习惯化的行为模式，或者说学习个体在处理学习材料、与他人和与环境互动时所采用的个性化思维方式。认知风格大多是自幼养成的，在知觉、记忆、问题解决过程中的相对稳定的习惯性认知行为模式。Dornyei 和 Ellis 等将认知风格与学习风格进行了区分。认知风格指人们处理信息时稳定的、普遍的方式，它是在具体环境的行动中体现出来的，与其他情感的、心理的和行为的因素混合在一起。学习风格指个体倾向于解决问题的典型方式，是一个心理功能的整体，很难跟其他的个体差异因素，如个性、动机等区别开来。认知风格一般被视为相对固定的因素，而学习风格常被视为易变的因素，可根据经历和潜在的训练发生变化。

认知风格种类繁多，大都采用二分法成对儿地进行表述，如场独立型（fieldin dependence）和场依存型（field dependence）、思索型（reflective）和冲动型（impulsive）、整体型（global）和分析型（analytic）等等。在二语习得研究领域，最早引入且最受关注的是场独立型与场依存型的分类。所谓场，就是环境，心理学家把外界环境描述为一个场。通常用来评价场独立的工具是一种测试，这种测试看一个人在一个复杂的图形中如何快速地找出镶嵌图形。从这种复杂的图形中找出简单图形的能力越强，场独立性越强。场独立的人认识事物时，较多依赖自己内部的参照，不易受外来因素影响和干扰，独立对事物做出判断的称为场独立型，对各种事物和行为在非人格化、抽象化的方面表现出更大的兴趣和能力；而场依存的人的认知受环境和他人的影响较大，较多地依赖自己所处的周围环境的外在参照，尤其喜欢参照其他人的看法和行为。场独立型学习者集中注意的是整体中的一个部分，而场依存型的学习者更关注整个学习环境，包括社会关系、背景现象等。一般认为，场独立型外语学习者在处理语言信息时，能高效地分辨主次信息，进行成功的分析和归纳；而场依存型外语学习者则凭借对人际关系和语境的敏感性，能在语言交际中发挥自己的长处，更适宜在自然语境中学习外语。

与语言学能越高外语学习能力越强不同，认知风格对语言学习的作用是双向的，很难说哪种认知风格更有利于学习，更重要的是通过了解学习者的认知风格进行针对性的教学。每一种认知风格都是学习者心理机能的体现，都会表现出各自独特的长处和不足。教师应充分认识到学生的认知风格差异，通过了解学生的认知风格，教师在安排、组织教学时，能做到心中有数，兼顾学生的不同需求，因材施教，力争使每个学生都能从教育中得到最大的收获。对于学生来说，了解自己的认知风格，可以更加关注学习过程，利用自己的长处，或者注意向他人学习有用的学习方法，改进原有的认知风格，这样可以最大限度地发挥自己的学习潜能，提高学习效率。

五、学习焦虑

Krashen 的情感过滤假说强调了情感因素在外语学习中所起的重要作用。自 1973 年 Brown 在 Language Learning 发表“二语习得中的情感变量”一文以来，焦虑作为语言学习中最大的情感因素之一，长期成为国内外二语习得和教学研究的一个热点。在教育心理学领域，Alpert&Haber 曾把焦虑分为促进型焦虑和妨碍型焦虑两类；焦虑分为特质焦虑、状态焦虑和特定情境焦虑三类。Horwit 等认为外语学习焦虑属于特定情境焦虑，把外语学习焦虑界定为“学习者因外语学习过程的独特性而产生的一种与课堂外语学习相关的自我知觉、信念、情感和行为的情结”，由交际畏惧、考试焦虑和负面评价恐惧等方面构成。除了 Horwitzeta1 对外语学习焦虑的分类以外，影响比较大的还有 MacIntyre & Gardner 从认知加工的角度把外语焦虑分为输入焦虑、加工焦虑和输出焦虑。

Horwitzetal.总结了外语焦虑在三种不同层面的症状表现：（1）生理层面，如手心出汗、心跳和脉搏加快、声音异常、说话没有语调节奏、课堂上被叫起来回答问题时呆立不动或保持沉默等；（2）情绪层面，如不安、灰心、自我否定、忧虑和紧张等；（3）认知层面，如注意力不集中、记忆力减退、疏解压力的功能降低、社会功能减退或丧失等。早期的焦虑研究由于缺乏高信度和高效度的焦虑测量量表，不能有效考察焦虑与语言学习的明确关系。Horwit 等根据学生的自我报告、客观实验以及一系列相关测量方法的分析整理，设计出“外语课堂焦虑量表”，是使用最广、影响最大的外语焦虑测量工具，为学习焦虑的研究做出了巨大贡献。许多研究证明，该量表具有很好的信度和效度，稳定性和适切性很高。不过该量表针对的是普遍外语焦虑的测量，随着研究的深入，关于外语听说读写各项具体技能以及针对不同语言学习者的焦虑量表纷纷出现。

外语焦虑作为一种重要的情感变量，人们对尤其是课堂情境中的焦虑的来源取得了比较一致的看法，然而对于焦虑与语言学习的关系却还没有得出一致的结论。根据 Alpert&Haber（1960）对促进型焦虑和妨碍型焦虑的划分，通常人们认为焦虑与学习的关系呈现下图中的趋势，即适量的焦虑能使我们保持镇静和警觉，是学习中的积极因素，但焦虑过多或过少都可能会阻碍学习者成功学习。不过焦虑对于外语成绩的影响比较复杂，根据已有研究结果，外语学习焦虑和外语成绩往往呈相关性，但两者的因果关系目前尚不清楚。概括地说，已有关于焦虑与语言学习之间关系的研究主要有三方面不同的认识：（1）焦虑有利于语言学习；（2）焦虑对语言学习具有负面的影响；（3）焦虑是语言学习困难的结果而非其原因。针对研究中不一致的结论和发现，Ellis 总结道："已经有很清晰的证据证明焦虑是二语习得中的重要因素，不过焦虑最好不要视为成功二语学习的必要条件，而是对不同学习者产生不同影响的因素，产生影响的作用部分依赖于其他个体差异因素，例如动机和个性等。"

语言焦虑是外语学习中一个不可忽视的重要情感因素。根据焦虑可能给语言学习带来的负面影响，我们需要针对不同的学习者采取相应的措施降低其焦虑。作为国际汉语教师，在教学实践中要善于体察学习者各种情绪变化，关注学生行为表现背后的心理性反应，帮助学生变更调适其心理反应倾向和意识源的压力，减轻其焦虑程度。针对学生在汉语课堂上产生的情境式学习焦虑，要打消其汉语难学难写的顾虑，增强教学内容的吸引力和教学活动的趣味性，特别是增进师生之间的情感交流和相互理解，建构融洽的师生关系，和谐友好的课堂气氛，更是降低国际学生汉语学习焦虑的有效途径。

六、学习信念

学习观念（learning beliefs）或学习者观念是一个重要的个体差异因素，指的是学习者对自身、对影响学习的因素、对教与学的本质持有的一般认识，是学习者所掌握的关于学习的本质、学习的过程以及学习者本身情况的信念。信念这一概念最早起源于古希腊，自从柏拉图提出之后，信念研究不仅在哲学范畴内还在心理学领域被广泛研究。根据大英百科全书的定义：信念是一种接受或同意某一主张的心理态度，而不需要有充分的智力知识来保证这一主张的真实性。信念是认知、情感和意志的有机统一体，是人们在一定的认识基础上确立的对某种思想或事物坚信不疑并身体力行的心理态度和精神状态。学习信念是学生个体对知识和学习的一套认识论信念系统，它涉及人们对知识和学习的本质、过程等问题的认识。

学习观念在很大程度上影响着个体的学习动机、学习行为和学习效果，同时也受到个体已有经验、文化背景等因素的影响。

Wenden 指出，外语学习观念是学习者通过自身体验或别人影响所形成的一套有关语言过程的各种影响因素，以及如何掌握语言知识、语言技能和交际能力等的看法体系。最初，人们普遍认为，学习观念是一个稳定、不易变化的心理构念，但后来逐渐认识到，学习观念的形成受社会因素、文化因素、认知因素、情感因素、个人因素等诸多因素的影响，是通过与参与者、任务以及外部情境的相互作用而构建的，会随着学习环境的变化而动态发展变化。Horwitz是最早的外语学习信念的研究者之一，她设计的“语言学习观念量表”BALLI（Belief About Language Learning Inventory），从外语学能、语言学习难度、语言学习性质、学习与交流策略和动机等五个方面进行研究，是研究外语学习信念使用最广泛的量表。根据Ellis的总结，外语学习信念研究主要有四种方法：（1）使用像Horwitz设计的“语言学习信念问卷”那样的问卷调查法；（2）使用半结构式访谈与自陈报告研究语言学习的原认知方法；（3）通过收集大量不同类型的数据（如日记、观察等）研究学习者信念随情境而发生变化的情境法；（4）通过分析学习者描述学习的隐喻来研究学习信念的隐喻法。

学习信念研究的主要目的是想通过了解学习者关于外语学习的先入为主的观念，来预测和防止可能造成学生沮丧、焦虑、缺乏动机或者成绩不佳的原因。不过，Ellis指出，已有研究没有显示学习观念和学习成绩之间的很强的关系，可能它们之间的关系比较弱，因为学习者持有某种观念并不能保证会根据这一观念采取行动，而且如果跟别的观念、情境条件或个人原因相矛盾，就可能阻止该观念的实施。Ellis认为：“如果学习观念对学习产生影响，很可能是由于学习观念影响了学习者采取的学习策略而产生了间接的作用。”换句话说，外语学习信念影响学生选择和使用学习策略，而学习策略的使用又会最终影响学习效果。因此，教师应帮助学生树立正确的外语学习观念，摒弃阻碍外语学习的不正确的、消极的学习观念以此来影响学习策略的选择。同时，教师和学生也需要就外语学习信念进行必要的沟通和交流，如果教师信念与学习者信念不一致，就会容易造成教学各个方面的误差，影响学生学习兴趣和学习效果。因此国际汉语教师和学习者应当就汉语学习信念进行沟通，通过树立正确的学习和教学信念来采取合适的学习策略，这样既有助于学生选择合适的学习策略，也有助于教学活动顺利、有效地开展，使教学效益最大化。

七、学习策略

学习策略一般指学习者为有效学习所采取的方法，它们受到学习者关于如何进行最好学习的信念的直接影响，特别是受到学习者自我效能信念（self-efficacy beliefs）的管理，因为学习者倾向于选择自己感到舒服且能实施的方法，而避免采取认为超出自己能力的行动。大量的研究显示在自我效能信念和学习者的行为之间存在很强的联系。外语学习策略研究始于20世纪70年代中期，40多年来，国内外研究者在这一领域进行了广泛研究，取得了一大批研究成果。

关于外语学习策略的分类，比较有代表性的有以下三种。O'Malley Chamot 把学习策略分为三大类：元认知策略、认知策略和社会/情感策略。元认知策略指学习者在学习过程中自我管理、自我监控、自我调节、自我评价等一系列管理措施；认知策略指语言学习活动中的具体认知办法；社会/情感策略指学习者与其他学习者或本族语者的互动方式及调整自己的感情状态所采取的措施。Oxford 根据策略对外语学习的作用，将策略分为两大类：直接策略和间接策略。前者能对语言学习产生直接影响，包括记忆、认知和补偿策略（补偿策略用于交际时弥补知识的不足）三小类；而后者对语言学习只有间接作用，包括元认知、情感和社会策略三小类。文秋芳在总结、借鉴国外研究的基础上，将外语学习策略分为管理策略和语言学习策略两大类。

外语学习策略研究的目的是考察策略与外语水平之间的关系，即研究学习者所使用的策略是否能够提高外语水平或学习成绩，以及提高的程度究竟有多大。早期的外语学习策略研究主要集中在优秀外语学习者身上。研究者常常是先找出“语言学习成功者”，然后运用面谈、观察或问卷等方法，发现他们所使用的策略，然后归纳出其共同特点。80 年代以后，人们开始质疑对优秀外语学习者的研究，即单纯研究优秀外语学习者使用的策略，不足以证明这些策略只为优秀外语学习者所使用，也可能为非优秀外语学习者使用，因而开始把注意力转向从比较的角度考察成功的学习者与不成功的学习者在使用策略上的差异。哪些因素影响学习策略的选择也是策略研究的重要内容。影响策略选择的因素很多，归纳起来主要包括两个方面：学习者因素和环境/社会因素，前者包括学习信念、年龄、性别、学能、动机、学习风格、学习时间长短、学习经历等，后者包括目的语、语言环境、任务、文化背景、课程等。

Ellis 指出，学习策略研究被证明是一座研究的金矿，很多研究者蜂拥而至，不过研究的结果到目前为止仍有些令人失望。尽管如此，一般人还是相信，某些学习策略的确有助于学习水平的提高，而且也有不少学者提出在外语学习中策略训练的重要性和必要性。策略训练的目的主要有三个方面：（1）提高学习者的策略意识，增加策略选择范围；（2）教会学习者怎样、何时、为什么使用某项策略以提高学习效率；（3）促进学习者的自主学习、自我指导和自我管理能力。因此，国际汉语教学需要渗透对学习者汉语学习策略的培养，使学生认识到学习策略的重要性，帮助他们学习了解自己的策略使用情况，对自己的学习方法和行为进行监控和反思，并根据自己的学习风格调整学习策略，也可以组织学生交流学习策略的使用情况，为学生提供必要的指导和训练，从而提高汉语学习的效率。

第二节　汉语国际教育教学的学习者语言文化背景

一、国际汉语学习者的主要类型

根据汉语与学习者的文化关系以及语言习得的顺序，李宇明把汉语教学分为以下五种类型：（1）作为第一语言的母语教学，汉语是学习者的母语，而且也是学习者的第一语言。这种类型的学习主要发生在中国本土，在海外华人华侨家庭、华族社区也会存在。（2）作为第二语言的母语教学，由于某种原因，学习者的第一语言不是母语，或者同时掌握了包括母语在内的两种语言，但是母语不如另一种语言发育完备。这种情况多发生在海外华人华侨家庭。（3）少数民族的国家通用语言教学，汉语普通话是国家通用语言，我国在民族地区提倡双语教育，少数民族学生在掌握母语的同时，还要学好国家通用语言。（4）东亚型的第二语言教学，由于历史上的特殊关系，日本、韩国等国的汉语学习者，一般都有一定的汉字基础，许多汉语词汇似曾相识，文化习俗或同或通。（5）纯粹的第二语言教学，一般的外国人同汉语、汉文化没有特殊的文化关系，对他们来说，汉语学习属于纯粹的第二语言学习。

上述五类汉语教学中的（2）、（4）、（5）三类学习者是本书国际汉语教学讨论的对象。从上面的分类可以看出国际汉语学习者有两点非常重要的差别，第一是汉字和东亚文化圈的影响，其中第（5）类学习者与其他学习者，特别是与第（4）类学习者的区别在于完全没有汉字和东亚文化背景。因此，针对有无汉字和东亚文化背景的不同学习者，汉语教学应采取不同的设计。对于有汉字和东亚文化背景的学习者，汉语教学可以借助其已有的汉字基础，以及这些学习者母语文化与汉语文化的特殊关系展开，这样可以让学习者得到第一语言和第二语言的双重收获，得到语言与文化的双重收获。研究有无汉字和东亚文化背景的学习者的汉语教学之间的异同，长期以来一直是国际汉语教学研究的重要内容。这方面的研究，毫无疑问非常重要，不过从全世界范围的汉语教学来看，更重要的两类教学对象是华裔学习者和非华裔学习者。

近年来，随着中国综合国力和国际影响力的快速增长，“汉语热”持续升温，海外汉语学习人数不断增长，目前已达 5000 多万。在日益扩大的海外汉语学习者群体中既包括数量庞大的非华裔学习者，也包括数量同样众多的华裔学习者。华裔学生和非华裔学生的汉语学习存在很大差异，无论是家庭背景、学习动机，还是汉语基础、学习特点等方面都有所不同，如果对这些差异没有充分的观察、了解和思考，很难在海外汉语课堂上组织行之有效的教学。长期以来，针对非华裔学习者的汉语教学处于对外汉语教学研究的中心位置，而对于华裔学习者的汉语教学却未能得到相应的重视，尤其是对上述两类海外汉语学习者的共性特征和个性差异至今仍缺乏系统的比较分析和深入讨论。

二、“继承语”和“继承语学习者”

传统上我们将针对海外华裔学习者的汉语教学称为华文教学。近年来，对华文教学的研究引起了一些学者的关注，不过学界对于华文教学的性质、华文学习者的语言特征和学习特点，以及华文教学应采取的有效教学方式等重要问题仍缺乏比较一致的认识。例如，就华文教学的性质来说，传统上主要依据教学对象的血缘关系和族属意识来界定，然而从学科范畴来讲，华文教学到底是一种什么类型的语言教学？跟其他类型的语言教学具有怎样的区别和联系？到目前为止，学界的看法仍存在较大分歧。吕必松认为华文教学是一种第二语言教学，郭熙则认为华文教学是一种母语或民族语教学，李芳试图提出一种折中的定义，认为华文教学是一种含有母语基因的非母语教学，李宇明则将华文教学划分为两类：第一语言的母语教学和第二语言的母语教学。上述看法既存在较大分歧，也有一定程度的交集，对于帮助我们思考华文教学的性质和特点很有启发意义。

与针对海外华裔移民后代的华文教学相仿，国际上也存在着针对西班牙裔海外移民后代的西班牙语教学、针对法国裔海外移民后代的法语教学、针对日本裔海外移民后代的日语教学，等等。最近一二十年来，国际学术界逐渐认识到，这一类语言教学既不等同于第一语言母语教学，也跟一般的外语或二语教学存在着明显差异。为了解决这类教学面对的理论和实践问题，一种新的理论——“继承语”（heritage language）教学理论开始兴起。

“继承语”理论跳出了传统上从第一语言与第二语言，母语与外语这种二元角度划分语言教学的窠臼，提出了一套新的理论体系对“继承语”的性质、“继承语”学习者的特点和相关教学实践进行分析研究。

“继承语”的同义称谓很多，常用的有“社区语言”（community language）、“家庭语言”（home language）、“祖语”（ancestral language）等。Fishman把继承语定义为一种“与学习者有着某种特殊家庭联系的非英语语言”。Valdes

则依据说或者理解这种语言的能力来定义“继承语学习者”，认为“继承语学习者是在说非英语的家庭里长大，他们会说或者能听懂这门家庭语言，并且一定程度上具有英语和这门继承语的双语能力”。Polinsky & Kagan 提出可以从广义和狭义两个角度来定义继承语，她们认为 Fishman 对继承语的描述属于广义的定义。广义的继承语是家庭和文化传承的一部分，这门语言可能已不再在家里使用，继承语说话人也可能不会说，而要作为一个二语学习者来学习这门语言。狭义的继承语则是“由于个体转向另一门主体语言而没有完全习得的第一门语言”。狭义的定义着重于继承语学习者的语言能力，比较接近 Valdes 的定义。从语言教学的角度来看，广义的继承语定义对于激发学习动机和促进目的语文化学习等方面具有一定的积极作用，而根据学习者的语言能力所做出的狭义继承语定义对设计具体的语言教学更有针对性。

继承语的广义和狭义定义代表了界定继承语学习者的两种不同视角：

（1）族裔、历史和社会政治视角。“继承语学习者是对祖裔语言产生兴趣的人。”他们具有某种“传承动机”（heritage motivation），是在与某种语言具有很强文化联系的家庭中长大的。这一定义代表了一种族裔取向，追溯个体的语言文化之“根”，同时也有社会政治学方面的意义，即让学习者感受到可以于当下重习忘却的母语和重拾丢失的传统以再造历史的权利。（2）基于实际的语言能力和家庭语言环境视角，即主要根据语言知识来定义学习者。Valdes 的定义采用的就是这种视角，关注的是继承语学习者的语言能力及语言水平上的差异。

三、继承语学习者的语言特点

1.继承语学习者与外语学习者的差别

根据 Campbell＆Rosenthal 的研究，典型的继承语说话者具有如下语言特征：类似母语的发音和流利性，掌握大部分句法规则，词汇量丰富，熟悉与语言使用有关的基本隐性文化规范，但缺乏正式的、高级的语域知识，读写能力差，使用不标准的变异形式，以及不同继承语说话者在语言能力上存在很大的差异，等等：Polinsky & Kagan 指出继承语说话者的听力比其他方面的语言能力强，说话能力“构成一个连续统，一头是类似于本族语者的能力，另一头是仅能说一点日常家庭用语”。由于继承语学习者对目的语已经具备了一定基础，他们比一般的外语学习者更容易达到接近母语者的高级语言水平，因此，这是一种有待开发的语言资源。

2.继承语习得与一语习得和二语习得的异同

一般来说，继承语习得始于家中，而典型的二语学习则是从学校课堂中开始的。继承语学习者在语言发展阶段（语言习得关键期）由于转向另一门优势语言而中断了继承语的学习，因此，继承语习得是发生在双语而非单语环境下未完成的一语习得，同时又具有二语习得的很多特点，即具有一语习得和二语习得的双重特征，但又不同于常规的一语习得和二语习得。Montrul 对第一语言、第二语言和继承语三种语言习得的特征进行了比较。

显然，继承语学习者具有独特的特点，这些特点既不等同于一语学习者又不等同于二语学习者。因此，针对继承语学习者特点的教学既有别于作为第一语言的母语教学，也有别于外语或者第二语言教学。然而，目前在国内外正规教育系统中，大多数情况下都是把继承语学习者跟外语学习者放在一起采用外语教学模式进行教学。这样的教学方式使得继承语学习者的学习需求常常遭到忽视，甚至经常被视为有问题的一类，继承语教育理论的提出将可以为这些学生的语言学习开辟一个公平合理的发展空间。

四、汉语教学的新分类

由上述分析可知，汉语作为继承语的华文教学与汉语作为第一语言的母语教学、汉语作为第二语言的外语教学均存在明显的差异。根据学习者的特点和教学性质的特征，我们将汉语教学大致分为四种类型：汉语作为第一语言的母语教学、汉语作为第二语言的国家通用语言教学、汉语作为第二语言的外语教学、汉语作为继承语的华文教学。

（1）汉语作为第一语言的母语教学。主要是针对国内汉语为母语的学习者的语文教学，以及马来西亚和新加坡等国家部分华裔学习者的华文教学。在这些地区的国民教育体系中设有从小学到大学的正规华文教育学校，在这些学校里华语是作为教学媒介语使用的，所以即使是处于双语或多语的海外社会环境中，但这部分华文教学的性质基本上等同于中国汉语作为第一语言的语文教学。

（2）汉语作为第二语言的国家通用语言教学。主要针对国内汉语为非母语的少数民族学习者。汉语普通话是国家的通用语言，我国在民族地区提倡双语教育，对于母语非汉语的少数民族学生来说，在掌握母语的同时，还有学好国家通用语言的责任。

（3）汉语作为第二语言的外语教学。主要针对海外非华裔汉语学习者，对这些学习者来讲，汉语是一门外语。另外，因所在国家民族政策、语言政策等复杂因素的影响，或者由于族裔血统混合，有些华人移民的多代后裔已经发生民族身份融合或者民族身份转换。这部分人虽然在血统上还具有部分华人的基因，但无论是族属意识，还是家庭生活已经几乎没有跟中国语言文化联系的痕迹，对于这些具有部分华人基因的人来说，他们的汉语学习基本上应该等同于作为第二语言的教学。

（4）汉语作为继承语的华文教学。针对的是海外华裔学习者。如上文所述，继承语有广义和狭义之分，汉语作为狭义继承语的华文教学，其教学对象的特点是小时候接触过华语（包括方言），但在成长过程中由于转向另一门主体语言而没有完全习得华语，因而需要把华语作为继承语来学习。汉语作为广义继承语的华文教学，其教学对象范围更加宽广，是包括所有海外华裔学习者的汉语教学，因此，其范畴与汉语作为第一语言教学和第二语言教学中的针对华裔学习者的教学会产生部分重叠。也就是说，广义的华文教学是一个包括了从第一语言教学到继承语教学到第二语言教学的连续统。我们将华文教学的范畴用简图表示如下：

尽管广义的华文教学与汉语作为第一语言教学及汉语作为第二语言教学存在部分重叠，但从典型的华文教学——狭义的华文教学来看，很明显它既不同于第一语言教学，也不同于第二语言教学，需要针对学生的特点采用专门的教学方法才能满足他们的学习需求。目前，对外汉语教学界在教学实践中存在一种倾向：将华文教学等同于汉语作为第二语言的教学，这种处理方式显然忽视了华裔和非华裔两类学生学习汉语时存在的诸多差异，如：（1）开始学习时的汉语水平不同；（2）汉语各种语言技能和语言要素的发展程度不平衡；（3）对中国文化知识的背景不同；（4）学习动机和学习目的不同；（5）交际的需要及身份认知和认同的需要不同；（6）学习结果不同，和普通外语学习者相比，继承语学习者经过大学四年专业训练，可以成为高水平语言人才，达到前者难以企及的水平。鉴于这两类汉语学习者之间存在上述不同特点，因此需要分别采取针对性的教学路径和方法进行教学。

五、继承语与非继承语汉语教学的路径和方法比较

针对继承语与非继承语学习者的不同特点，我们借鉴 Kagan & Dillon 关于继承语教学宏观路径的观点，认为对于华文教学和汉语作为外语的教学应该分别采用两种不同的教学路径——宏观路径和微观路径。

在上述两种不同教学路径的基础上，华文教学和汉语作为外语的教学在下面一些具体教学方法和内容上也需要进行不同的处理。

此外，华文教学与汉语作为外语教学的目标也存在差异，对于非继承语学

习者来说，汉语学习只是学习一种“交际工具”，而对于继承语学习者来说，华语不但是一种交际工具，还是身份认知和族属认同的工具。何纬芸、苗瑞琴等研究显示，在继承语的学习中，除语言态度、学习动机等因素以外，学习者的族裔身份认同感也对继承语的学习起着关键作用，在继承语学习中对继承语所属文化和族群的积极认同态度将能促进该语言的学习。继承语学习者对待多语身份的积极态度对其继承语的发展也具有正面的影响。

因此，在海外华文教学中我们要注意选择合适的学习内容，采用以内容为依托的教学方式，让华裔学习者能够关注与自己族裔背景相关或者与华人社区相关的文化问题和社会问题，以此来促进华文教学中的身份认知和认同。这些问题既包括一般性的社会文化问题，例如移民、歧视、贫穷、种族隔离、代际关系、家庭语言、所在国语言文化政策以及双语制引起的社会、政治和教育问题、文化冲突等；也包括与华人历史文化相关的专门话题，例如，所在国华人移民的历史及学习者自己家庭移民的历史和原因，中国城的历史、现状和学习者自己在中国城的经历，华裔学生身份认知和身份建构的经历，华语语言和文化的多样性，华语媒体，华语流行音乐，华语电影，华语流行文化，所在国华裔文学，全球华文文学，华文互联网资源和华文学术研究资源等等。从继承语的理论视角来重新审视华文教学，将可以给海外华文教学带来新的启发和思路，同时也给未来的华文教学研究提出很多需要解决的新课题，这些课题包括：（1）汉语继承语学习者的语言特征；（2）汉语继承语习得的规律和特点；（3）汉语继承语教学的项目设计和课程设计；（4）汉语继承语学习者的个体因素，例如学习动机、心理认知方式、身份认知、语言文化认同等；（5）针对汉语继承语学习者的教材编写；（6）针对汉语继承语学习者的教学方法；（7）针对继承语学习者的教学内容；（8）继承语测试和评估等等。

近年来，随着继承语教学研究的不断深入和学界的积极推动，除了在理论上取得了许多基础性研究成果，使我们大大加深了对继承语教学的认识以外，在教学实践层面也取得了积极的进展，例如，美国一些大学中的西班牙语、汉语等教学项目，已经开始在初、中级教学阶段对继承语学习者和非继承语学习者尝试双轨教学。哈佛大学、耶鲁大学、普林斯顿大学、加州大学洛杉矶分校等著名高校的汉语项目已经开始在初级阶段分设“汉语常规班”和“继承语学习者班”。有的学校甚至实施三轨教学，例如，康奈尔大学根据学习者的背景将初级汉语教学分为三种类型：常规班、普通话背景的继承语班和粤语背景的继承语班。这是一个令人欣喜的开始，不过到目前为止，对外汉语教学界对于汉语分轨教学的理论认识还不够深入，真正实施类似教学改革措施的教学项目仍为数极少。因此，笔者抛砖引玉期待着对外汉语教学界关注继承语和非继承语学习者存在的客观差异，借鉴国际继承语教学研究的成果探讨如何创新汉语教学模式，采取相应的教学措施来应对这些差异，以满足不同类型学习者的学习需求，进一步推进国际汉语教学和研究的发展。

第三章　跨文化交际视野下汉语国际教育教学的教师因素

第一节　汉语国际教育教学的教师素质

一、有效教师的基本素质和特征

尽管研究教师课堂行为能够更直接揭示有效教师的特征，不过教师能否采取有效的教学行为，与是否具有某些比较稳定的基本素质具有较强的相关性，也可以说根据教师的某些基本素质能够在一定程度上预测其对教学行为的影响。有效教师应具有的特征或品质主要包括两个方面：一是教师的心理特征或个人品质，如个人魅力、有爱心、亲切、机智、热情、幽默等；二是与教学工作相关的特征或能力，如专业知识丰富、教学能力强、良好的职业态度等。一般来说，界定有效教师的标准主要有两个，一是从社会的要求来界定，一是从学生的自身发展来界定。从社会价值取向来说，衡量一名教师是不是有效教师关键在于在特定的历史时期中有没有达到社会群体所公认的要求；从个体价值取向来说，有效教师的标志是能够对学生的生活产生更大的、更积极的影响，更成功地帮助学生发展。

从与教学工作相关的特征和能力来看，Porter & Brophy 概括出有效教师具有以下特点：教学目标明确；熟悉教学内容和策略；使学生明白寄予他们的期望及原因；恰当运用现有的教学材料，以便将更多时间用于学生的练习，使之深刻理解教学内容；了解学生，满足学生需要，能预见他们知识中可能存在的误解；教给学生“元认知策略”，并创造机会让学生掌握；提出高低不同的认知目标；给予经常的、适当的反馈以检测学生的理解水平；使自己的教学与其他学科融合为一体；对学生成绩负责；反思自己的实践。周久磷认为有效教师具有六项特征：总是对教育工作充满热情；总是对学生充满积极的期待；总是关注学生的学习动机；总是追求自我的专业发展；总是探索课堂的有效教学；总是对教学进行深刻的反思。

詹姆士·斯庄总结了有效教师应具有六个方面的个性品质：（1）关心学生，

具体表现为：善于聆听，善于表达自己的感情，能了解每个学生的状况，展现对学生的耐心、诚意、信任和希望，能考虑学生的需要，善于运用体贴的语气，能关注每一个学生，善于运用学生易于接受的肢体语言，重视学生在解决问题时的参与和投入。（2）公正和尊重，尊重是课堂的基石，无论对待学生还是和学生家长交往，有效教师在方方面面都展示出对他人的尊重。（3）职业态度，有效教师在工作中散发出来的是一种自豪和成就感。那些对自己期望高的教师，他们的学生也会对自己有同样的高期待，因此，教师对职业的态度直接影响一个学校的风气，积极且有创造性的学校氛围能带来附加效益。（4）与学生之间的社会互动，无论是在课堂还是整个学校，师生之间的社会互动在营造积极的学习环境中起着重要的作用。（5）提高学习热情和动机，教师在课堂上的多重角色，能为学生提供多种形式的支持。（6）反思性实践，人们往往从反思中进行学习。对于有效教师来说，反思绝不仅是一个偶然间的发现或者灵光突现式的顿悟，它是一种审慎而缜密的思考，是职业实践的一部分。

从 20 世纪 60 年代开始，人本主义心理学逐渐形成气候。人本主义者库姆斯在《教师专业教育》一书中批判了那种按照科学原则设计的教师行为和教学评价。他认为，好教师的教学绝不是千篇一律地遵循着什么既定规则的，他们都有各自的个性，并在教学中体现出来；好教师在教学中会注重具体的、特定的情境，不可能以既定的方法行动。教师应当是艺术家。在教学中，专家的能力无法直接地传授给其他人，也就是说，在教学领域中，方法不是公共的；更重要的是，对一个教师是好的、有效的方法，对另一个教师而言未必同样是好的。在库姆斯看来，如果我们对教学持所谓的“科学”态度，必然会给教师规定出各种各样的能力或技能，而且这种技能清单可以无穷无尽地开列下去，实际却又难以保证教学的质量。因此，研究者越来越认识到这种只关注教师特征或品质研究的局限性，开始重视教师在课堂上的表现即课堂教学行为对教学效果的直接影响，进而由研究有效教师的特征或品质转向着重研究有效教师的教学行为。

二、优秀外语教师的特征和专业标准

1941 年，美国学者 Freeman 在《现代语言学刊》上发表“一个受过良好训练的现代语言教师应具备什么素质？”一文，正式提出外语教师的培养问题。在这篇文章中，Freeman 指出了一名优秀的语言教师要具备六个“要素”：（1）正确的语音和地道的语调，它是合格语言教师的基本素质；（2）熟练的口语；（3）掌握所教语言的语法和句法；（4）掌握大量词汇，系统学习词源学；（5）

对他国文化、文学作品的透彻领会；（6）语言教师的人格特征。这些“要素”强调外语教师应具备目标语语言的知识和能力，把握目标语文化和文学作品，同时具备良好的人格特点。半个世纪后，Brosh 做了另一项研究，该研究更加重视外语教师有效教学的特征，并根据调查结果总结出有效外语教师应具有如下特点：（1）精通所教语言；（2）具有较高的教学能力；（3）能够唤起并保持学生的学习兴趣和动机；（4）公平地对待每一位学生；（5）课外乐于帮助学生。

除了国外的相关研究以外，吴一安也对中国外语教师专业素质进行了研究，该研究认为优秀外语教师的专业素质框架由四个维度构成：（1）外语学科教学能力；（2）外语教师职业观与职业道德；（3）外语教学观；（4）外语教师学习与发展观。其中，优秀外语教师的外语学科教学能力包括如下 12 个方面：（1）具备熟练的外语口笔语运用能力、扎实的外语语言及其运用知识的能力、宽广的知识面；（2）善于营造能够激发学习兴趣和气氛和睦的课堂学习环境；（3）善于抓住时机因势利导和鼓励学生；（4）了解学生需求并善于根据学生需求衡量、确定和调整规定的教学内容；（5）有明确的教学目标并善于根据目标组织教学活动；（6）善于根据学生随时出现的需求及时调整教学；（7）善于挖掘教学内容的人文内涵；（8）善于以准确、流利为目标组织语言基本功训练；（9）善于在课堂上抓住契机为学生创造学习机会；（10）善于培养学生的学习能力和在学习方法上引导学生；（11）善于抓住机会增进学生对英语语言及其运用体系的了解；（12）明确自己的教学在整体课程中的位置。

在对优秀外语教师的特征进行研究的基础上，一些国家和组织开展了对优秀外语教师专业标准的研究和制订。其中，比较典型的有美国国家专业教学标准委员会于 2001 年出台的面向 3-18 岁及以上学生的外语教师专业标准。该标准包括三个维度，每个维度由若干领域的标准和具体指标构成。以下是标准的主要框架内容：

维度一，“为学生的学习做准备”，包括五个方面的内容：（1）了解学生。优秀外语教师重视作为个体的学生，积极培养学生作为个体语言学习者的能力和兴趣。（2）公平。优秀外语教师遵循公平、公开、公正的原则，为每一个语言学习者设定最高目标。（3）语言知识。优秀外语教师有能力在其语言教学实践中以高度成熟的水平来履行职责。（4）文化知识。优秀外语教师知道目的语和目的语文化之间是如何密切相连的。（5）语言习得知识。优秀外语教师理解各种方法论和语言学习、教学中常用的方法，懂得利用这些语言习得知识来设计适合其教学目标的教学策略。

维度二，“促进学生的学习”，包括五个方面的内容：（1）学习的多元渠道。优秀外语教师采用丰富的教学策略来帮助学生发展语言优秀运用能力、有效培养学生的判断力和创造性思维。（2）课程和教学的清晰度。优秀外语教师能有效促进学生语言运用水平逐年提高，确保语言进步的经验是可持续的。（3）学习环境。优秀外语教师善于创造一个有内涵的、充满关心的、富有挑战性的和有激励性的课堂环境。（4）教学资源。优秀外语教师善于选择、发现、创造和运用恰当的资源，以满足全体学生语言学习需要，并在此过程中培养学生的批判力和创造性思维。（5）评价。优秀外语教师善于使用适合课程、适合学习者的丰富的评价策略。

维度三，“支持学生的学习”，包括四个方面的内容：（1）作为专业提升的反思。优秀外语教师经常分析和评价自己的教学质量，促进学生的学习。（2）学校、家庭和社区。优秀外语教师应与其他学科的同事、学生家长、学校共同体成员及社区一起，密切协作，共同为学生的最大利益服务。（3）专业共同体。优秀外语教师为教学进步、知识进步和其他从事语言教学的同事的教学实践做出贡献。（4）拥护外语教育。优秀外语教师倡导运用校内外的一切资源，为全体学生的可持续学习服务，并为学生进行多语学习提供机会。

三、国际汉语有效教师的基本素质

自 20 世纪 80 年代以来，关于对外汉语教师和国际汉语教师的知识、能力和素养问题，一直是学界关心的重要课题。赵智超总结了教学效果好的汉语教师应具备的个人条件和专业能力，并提出了优秀外语教师所引导的课堂活动具有的一系列特征。其中，优秀汉语教师应具备的个人条件包括：有耐心，有敏锐的观察力，有热爱教学的使命感，有“不准备好课程，就不能教书”的态度，能不断地追求新知识、试用新方法；

应具备的专业能力包括：丰富的汉语知识和使用标准汉语的能力，掌握普通语言学、社会语言学、心理语言学以及以语言学习与习得的理论、方法、技巧。吕必松从能够胜任课堂教学到教学艺术高超、从教学到科学研究、能够受到特别欢迎和尊敬的教师等不同类型，系统地论述了汉语教师的知识结构和能力表现。例如，胜任课堂教学工作的教师应具有比较广博的专业知识和文化知识，具有一定的工作能力，具有一定的教学经验等条件。教学艺术高超的教师应充分了解自己的教学对象，在教学任务、教学目标、教学要求、教学内容上能以全局提挈局部，以局部服务全局，精通课堂教学的方法和要领等。卞觉非指出，21 世纪的对外汉语教师应具有如下素养：良好的师德、扎实的专业知识和广博的相关知识、较高的外语水平、较高的使用电脑的能力和较高的教学艺术等。李禄兴认为对外汉语教师应该具备的基本素质包括了（1）普通话水平应该过关；（2）具备相应的汉语知识；（3）掌握必要的中国文化知识和技能；（4）具备良好的沟通能力和必要的外语能力；（5）爱岗敬业、教学方法、人格魅力等相关要求。关于优秀国际汉语教师的相关研究综述可参考张和生、李泉等。

为了培养合格的国际汉语教师，国家汉办制订了一套《国际汉语教师标准》，对从事国际汉语教学工作的教师应该具备的知识、能力和素质进行了全面描述，旨在建立一套完善、科学、规范的国际汉语教师标准体系。2012 年该标准又根据实际情况做了进一步的修订，修订后的《国际汉语教师标准》由“汉语教学基础”“汉语教学方法”“教学组织与课堂管理”“中华文化与跨文化交际”和“职业道德与专业发展”等五部分组成，构建了国际汉语教师的知识、能力和素质的基本框架，基本内容如下：

（1）标准 1-汉语教学基础，包括四条下位标准：具备汉语交际能力；具备基本的汉语语言学知识和语言分析能力；了解第二语言学习基本原理；熟悉第二语言教学基本原则与方法。（2）标准 2-汉语教学方法，包括四条下位标准：掌握汉语教学的基本原则与方法；掌握汉语语音、词汇、语法和汉字教学的基本原则、方法与技巧，了解汉外语言主要异同，并能进行有针对性的教学；掌握汉语听、说、读、写教学的特点、目标、原则与方法，并能进行有效的教学；了解现代教育技术，并能应用于教学。（3）标准 3-教学组织与课堂管理，包括六条下位标准：熟悉汉语教学标准和大纲，并能进行合理的教学设计；能根据教学需要选择、加工和利用教材与其他教学资源；能设计课堂教学的任务与活动；能进行有效的课堂管理；能有效地组织课外活动；了解测试与评估的基本知识，能对学习者进行有效的测试与评估。（4）标准 4-中华文化与跨文化交际，包括四条下位标准：了解中华文化基本知识，具备文化阐释和传播的基本能力；了解中国基本国情，能客观、准确地介绍中国；具有跨文化意识；具有跨文化交际能力。（5）标准 5-职业道德与专业发展，包括以下三条下位标准：具备教师职业道德；具备良好的心理素质；具备教育研究能力和专业发展意识。

第二节　汉语国际教育教学的教师行为

一、有效教师行为

加里·鲍里奇指出，在过去的60年里，在如何定义好教师方面发生了一场革命。用社会的理想标准来定义好教师的方法，已被证明是不现实的，而且我们看到，教师的心理特征与他们在课堂上的实际所作所为之间没有多少相关，这使得研究者转而研究教师行为对学生的认知行为和情感行为的影响，因此，好教师这个词变成了“有效教师”，研究的焦点由原来专门指向教师，转向对教师行为的研究。教师行为，亦称教师表现，是教师内在素质的外在表现。一般有广义和狭义两种理解，广义的教师行为包括与教学活动有关的课内外及校内外的所有教育活动；狭义的教师行为仅指教师课堂教学中外显的、可观察的行为或活动。本书所讨论的为狭义的教师行为，即教师课堂教学行为，也就是教师在一定的教育理念指导下，在具体的课堂情境中，运用一定的教学方法和教学策略，促进学生全面发展的行为。教师课堂教学行为是课堂教学活动的实体部分，是教师综合素质的表现，体现了教师的个性特征、教学思维、教学能力和教学风格，教师课堂教学行为影响并决定着教学质量。

加里·鲍里奇详细讨论了有效教师促成有效教学的五种关键行为：（1）清晰授课：使要点易于理解；清晰地解释概念，使学生能按逻辑的顺序逐步理解；口齿清楚不含糊，没有分散学生注意力的特殊习惯。（2）多样化教学：使用吸引注意的技巧；通过变化目光接触、语音和手势来展示热情和活力；变化呈现方式；混合使用奖励和强化物；把学生的想法和参与纳入教学的某些方面；变化提问类型和试探性的问题。（3）任务导向：制定的单元和课时计划能反映课程指南或所选课文的最重要特征；有效率地处理行政事务性干扰，方法是提前预见到这些干扰并安排一些任务，把别的任务推迟到非教学时间；以最小的扰乱课堂的代价，制止或阻止不当行为；为教学目标选择最合适的教学模式。（4）引导学生投入学习过程：在教学刺激之后立即诱发理想行为；在一种非评价性的气氛中提供反馈机会；必要时使用个人活动和小组活动；使用有意义的口头表扬，引导学生积极投入学习过程并保持积极性；监督课堂作业，在独立练习期间频繁地检查进展情况。（5）确保学生成功率：所建立的单元和课时内容反映先前学习内容；在最初的回答之后立即给予纠正；把教学刺激划分为小块；应该以容易掌握的步骤安排向新材料的过渡；变换刺激的呈现节奏，并持续不断地为教学高潮或者关键事件做准备。

除了上述五种关键行为以外，有效教师还有以下五种辅助行为：（1）利用学生的思想和力量：包括认可、修改、应用、比较和总结学生的回答，从而促成课时目标，并鼓励学生参加。（2）组织结构：指教师用来组织将要呈现的内容，或者总结已经呈现的内容的语言。组织结构如果用在教学活动或问题之前，可起到教学上的脚手架作用；如果在教学活动和问题结束时应用，组织可以强化所学内容，并在这一内容和已教内容之间建立恰当的联系。（3）提问的艺术：教师的提问可分为内容问题和过程问题，内容问题通常是直接的、低层次的、聚合的、封闭的和事实的，过程问题通常是间接的、高层次的、发散的、开放的和概念的。（4）探询：指教师用来鼓励学生详细阐述自己或别人答案的陈述，如果诱导、探询和调整循环进行，学生就会取得最大成就。（5）教师情感：如果一个教师对所教学科感到兴奋，并且通过面部表情、声调的抑扬顿挫、手势以及整体的动作来展示这种兴奋，那么他比起那些没有展示这些行为的教师，更能吸引学生的注意。学生从这些行为的迹象中得到线索，相应地降低或提高对课堂教学的投入。

二、国际汉语教师的有效教学行为

如何成为一名有效的国际汉语教师？赵智超在《教学效果好的外语教师所应具备的主要条件》一文中提到，优秀的外语教师所引导的课堂活动具有下列32项特征：（1）在教学的双边活动中，教师和学生所使用的课堂语言都是正在学习的语言；（2）教师对所教的语言具有非常好的语言能力；（3）即使在初级的班级，也尽量减少学生母语的使用；（4）教师很少用习惯性的口头禅；（5）学生都使用所学习的语言发问；（6）课堂教学中，教师所说的话占的比例较少；（7）教师都尽量用手势或表情启发学生，而少用语言；（8）教师都极富于表情，活泼生动；（9）教师经常在课堂中走来走去；（10）在课题的口头或非口头的交际过程中，教师总是尽量设法鼓励或启发学生的参与活动；（11）教师都尽量按照学生所习得的结果给予即时的反馈；（12）课堂气氛亲切、融洽；（13）教师经常微笑、赞赏，并很风趣；（14）教师对学生的赞赏比较久而又多样化，并且常常伴以手势的赞赏；（15）课堂上经常发出会心的笑声；（16）教师对教材做适当的处理，使学生有“亲身感”，如临其境；（17）学生自觉主动地按照教师的启发活动，而不是漠不关心；（18）课堂中明显地表现出学生主动参与的积极性；（19）很少批评指责学生的言行；（20）在课堂中，默读与书写的活动较少；（21）教师的板书少而精；（22）课前课后，学生经常跟教师交谈；（23）教师进入课堂后，主动向学生问好；（24）课堂中有大量的导人正课的准备性的“提问”“复习”和“练习”，还有大量的“说话练习”；（25）每课都有大量的多样性练习；（26）课程进度通常都很快；（27）课堂练习活动的每个环节，节奏都很快；（28）教师对课堂的控制能力非常强；（29）教师很有耐心；（30）（必要时）教师很轻松地用目光提醒学生不要有不适当的行为；（31）教师纠正学生学习错误时，态度是亲切温和的；（32）学生时常帮助教师准备教具。

除了上面的32条优秀汉语教师的行为特征以外，笔者在参考相关资料①和总结自己教学经验的基础上，就如何上好一堂精致的汉语课，补充如下国际汉语教师有效教学行为：

（一）备课阶段

1.学生的需求分析是制定教学计划的首要出发点，因此，备课时要总是想到学习者的需求，你的学生为什么学习中文？在将来他们如何使用中文？他们需要学习什么？现在所教的内容跟他们的学习需求有何联系？

2.如果是几位教师一起合作教学，必须集体备课，上课的内容和步骤尽量统一。

3.备课时精心设计上课流程，把流程写下来，上课前背在脑子里。

4.对于语言点操练，一问一答的回应答案最好在备课材料上写下来，这样就知道问学生问题的时候答案能否出得来。

5.两个语言点之间的衔接要写出来，可以采用“主题式”的方法把几个语言点串起来，串的时候过渡要自然。

6.为了防止上课过度依赖讲稿，上课前需要做完善的准备，熟记课文和操练内容，熟到可以背下来的程度。

7.仔细选择符合学生学习需求的教材，不要过度依赖课本的内容和练习，要根据学习需求进行取舍、改编和增补，并补充必要的本地材料，例如，如果教学地点在南京，可以增加诸如《好一朵美丽的茉莉花》《乌衣巷》等本地的民歌和诗歌。《好一朵美丽的茉莉花》是最知名的江苏民歌，在简单优美的旋律中让学生体会本地文化特色；而《乌衣巷》是描写六朝古都——南京著名景点夫子庙地区的最有名的诗歌之一，学生学完这首诗以后，可以去夫子庙寻找朱雀桥、乌衣巷和王谢故居等景点，以加深对本地文化的认知。

8.对于新手汉语教师，应该详细写好课堂教学的每一个步骤及其所花的时间，每一个语法点讲解的要点和操练的例句和情境，以及这堂课需要什么图片，板书有什么计划，教师站在哪里，讲桌上放些什么，就像导演一样，需要把这些东西都写出来。对于刚刚人行的新手教师，一定要把每一步的教学环节、什么时候具体做什么很详细地写清楚，就像演戏，有了详细的脚本，演出起来就可避免慌乱。

9.提前熟记学生的名字，以便上课时能认脸叫出学生的名字。

10.了解不同学生的背景和文化，避免某些可能引起误会和尴尬的话题。

（二）上课前

1.最好上课前能提前 5-10 分钟到达教室，不要上课以后才慌慌忙忙地赶到教室，尽量避免在学生都到达以后才到，给学生敬业守时的好印象，对学生准时上课会有积极的影响。

2.提前到达教室时，要确定桌椅安排是否妥当，如果是小班操练课，最好能把学生的椅子排成一个小弧形或者 U 型。

3.在黑板上提前写好上课用的语言点、关键生词等，可以在黑板左边写语言点，右边写重要生词，并保留一块随时擦写的区域。如果需要图片或者 PPT 等教学工具，都要提前准备好。

4.跟已经到达的学生寒暄、暖身，初步认识，把先前背的名字跟学生的外貌匹配起来，初步了解学生的语言水平、个性等情况，并培养气氛。

（三）上课时

1.点名后把学生的名字和外貌都记住，记住学生的名字，既可显示老师的关心，也让学生无法遁形，具有重要的心理作用，这样教师就能更好地控制班级和赢得学生的尊敬。如果学生比较多不容易一下子记住，第一天上课时可以让每一名学生用纸折一个简单的名牌，上面写上各自的名鲁也可以带领学生互认互背下所有人的中文名字，同时让他们注意声调和发音，并规定以后在教室里只许使用中文名字，由此给学生强化创造一个目的语学习环境的意识。

2.建构课堂微观目的语环境。如果能像明德中文暑校那样由整个教学项目采取强制性规定，实施“语言誓约”的措施，要求所有学生在学校期间只能说中文，那是最为理想的。如果做不到整个语言项目实行“语言誓约”，教师至少可以做到，在自己的课堂上要求所有学生只使用汉语交流。

3.教师在课堂上不要说得太多，课堂教学要真正做到以学生为中心，而不是以教师为中心。根据内容不同，在汉语课堂上教师说话的比例，大约在 5%-30%之间，对于以语言产出为主的说话课或听力课，教师说话的比例不宜超过 15%。

4.对全体学生提出问题，问题提出之后，眼睛扫一眼所有的学生，可以保持几秒钟的“静默力量”，然后再指定学生回答。

5.与所有学生保持眼睛接触，观察学生的面部表情和反应，以判断他们对上课内容是否理解，是否有兴趣。

6.提前准备好的教学计划和备课材料并不总是有效，应根据学生的需求和反应，随时调整教学计划和内容。

（四）纠正错误时的要点

1.何时改：练习形式时多改，在教师和学生的一对一练习时多改，讨论、报告时有选择性地改，可以先把典型的错误记下来，任务完成后再来纠错。

2.怎么改：音位发音与声调的错误尽量区别清楚，可引导学生再说一次有错的地方。听到学生的错误时，不要做痛苦状，以免挫伤学生的积极性和自信心。改过之后，最好能引导学生再说一次。不要强调学生的错误，而应直接告诉学生什么是对的。

3.改什么：有代表性或有规律性的错误，严重妨碍沟通的错误，特别是发音及语法方面。

4.适时地鼓励：有时以眼神、手势代替口头鼓励效果更好并能节省时间。5.重复正确的说法：不但要个别学生重复正确的说法，适当时可要求

全班重复。

（五）准备例句时注意事项

1.人脑对处理信息的能力有限：设计时要注意如何凸现练习的重点。

准备例句时要有梯度，由浅入深。如果是练习生词，应先练单句，经过一个轮回后加长句子，或是加进简单的句型。

2.语言操练是一个从控制处理到自动化的过程，就像学习开车一样，开始要控制，要记住并思考动作要领，但熟练了以后，就可以达到自动处理。教学过程需要遵循从控制到半开放，再到开放的处理过程。

3.设计练习时不但要顾及例句好不好，更要考虑如何引导学生说出例句（把引子写在教稿上）。

4.抓住学生的实际情况提问操练，越是跟自己的经验有关的例子，学生处理起来就越容易。

（六）语言点讲解、操练技巧举例

1.语法点解释技巧：精练、清晰、格式化、图示分解例如：

Subj.+不但不……反而……

1234

Something should 不但不/没意外 Happened 反应反应

我打了他他应该生气不但不生气反而笑了

竟然/却不生气？竟然/却笑了

2.要避免无铺垫地直接让学生造句子，操练和讨论时要有铺垫，防止学生卡壳。

例如：操练语言点“辜负 sb.的期望”

木教师：你为什么辜负你父母的期望？（或者一开始就直接让学生用“辜负 sb.的期望”造句）

铺垫：父母希望你长大后做一名成功的医生，可是你长大后却做了一个流浪汉，你……

3.将语言点带出后，要固定语言点进行聚焦操练，节奏要快。例如：操练“准时”

齐唱：准时

分别用手势指 A、B、C，让学生重述师：你是一个准时的人吗？

生：是。

师：你是什么？

生：我是一个准时的人。

师：（转向另一学生）你呢？

生：我是一个不准时的人。，我也是一个准时的人。师：（转向别的学生）你们喜欢不准时的人吗？

生：不喜欢。

师：你不喜欢什么？

生：我不喜欢不准时的人。师：你呢？

生：我也不喜欢不准时的人。师：她说什么？

生：她说她不喜欢不准时的人。

4.一个问题多个答案

例 1：引起……关注

师：那两个部长的会谈有没有引起关注？（不好）师：中国的哪些问题常引起你的关注？（好）

例 2：鼓励

师：你遇到困难的时候，你的朋友鼓励你吗？（不好）

师：要想孩子有出息，父母应该鼓励孩子做什么？（好）

5.以旧带新，了解学生已经学过的词汇和语言点，并不断复现，有机融入新词语和语言点的练习之中。

6.用学生说出的例子做合唱，也可以让另一个学生或全体学生重复学生说出的句子。

7.少写，多用手势和口头语言，手势要清晰明确。

8.少解释，多操练，讲解要简洁清晰。

9.句型转换要有简到繁。

10.长的句子可以从后往前练。

11.设计的情景要清楚明确。

12.可以让学生互相提问。

13.词汇和语法练习要结合课文练习，从课文中跳进跳出。要注意多用刚学过的词汇和语言点。

14.把练习的语言点分成单元，注意单元内在的关系（运用主题式教学的理论）。

例如：语言点“与其……（倒）不如……”（两个选择都有不如人意之处，相比较而言，后者可接受性强一点）

师：我朋友的父亲要过生日，他要回家庆祝父亲的生日，他家在华盛顿DC，你觉得他应该开车回去还是坐飞机回去呢？开车很花时间；坐飞机比较贵。（给一个选择的理由）

生：…

师：他要送父亲一个礼物，那么是买礼物好呢，还是自己做一个礼物好？为什么？

生：…

师：生日那天，家里来了很多客人，是在家里做饭好还是请客人去饭馆吃饭比较好？为什么？

生：…

（过渡到下一个语言点“A和/跟B息息相关”）

师：现在经济不景气，去饭馆吃饭的人比以前少了，国家的经济好坏跟老百姓的生活有没有关系？国家的经济好坏跟老百姓的生活息息相关。

生：…

师：还有什么跟我们的生活息息相关？（比如说，石油的价格、房价的价

格、环境的好坏）

15.针对初级学生多问一些具体的事实问题，针对高年级的学生可以多问一些抽象的概念问题。

（七）如何维持学生的注意力

1.有策略地安排座椅，如果是连续上的两节小班课，可以让学生互换一下座椅，或者进行小组活动时，进行不同的配组。

2.练习时不固定顺序指定学生回答，不要老是从好的学生开始，或者从右边开始。

3.直接叫学生的名字，不要说“这位同学”“那位同学”。

4.手势清楚，不要用一根手指指点或者别的不恰当的方式冒犯学生。5.上课时，教师最好不要坐着，也不要固定站在一个地方。上课时要

不时走动，但不宜移动得太快，也不要离学生太近或太远。要跟所有学生保持接触，有时也要参与到小组中，与学生互动。

6.不要用拍黑板的方式唤起学生的注意。

7.声音要洪亮、音团要确保覆盖到所有学生，不过也不宜过大，可分别针对全班和学生个体，有策略地使用不同的音量来表达互动的关系：对全班大，对个人小。

8.用不同的话题和活动来吸引学生的兴趣，将常规语言活动转化为游戏和竞赛，尤其对年龄比较小的学习者更加有效。

（八）师生关系和课堂管理

1.准点上课非常重要，对迟到的学生口气适当地强调准点上课的原则。2.要随时让学生感受到你对他，她的注意，随时注视学生，要有眼神

的接触，避免在学生回答时看教稿。

3.不要只是宠爱某个学生，应该展现出对所有学生都平等的态度。在一个班级里肯定存在一定程度的差异，有学得快的，也有学得慢的学生，要关心和尊重所有学生，关心每个人的进步。

4.学生表现好时，要进行表扬，表达出现困难时，要适时鼓励他们。5.注意不同学生的优缺点，有针对性地适当鼓励。

6.明确规定何时可问问题，不要回避学生的问题，碰到不合时宜的问题，首先肯定提问动机，然后进行处理。

7.尽量让学生回答彼此的问题，对于学生的问题一时想不到合适的答案，可以下课再讨论或第二天再讲清楚。

8.明确上课的纪律要求，当学生的行为不利于学习时，采取恰当的办法制止。例如，上课时，发现两个学生在私下讲话，可以采取把目光停在他们身上一下，或者走到他们旁边停一下，或者提个问题让他们回答等办法。

9.平常的测试应该采用成就测试的方式，教什么就考什么，不要考没有教过的内容。

10.课堂气氛需要加点幽默“味精”调节，每堂课至少要让学生大笑一次。

（九）其他问题

1.热爱汉语教学，做这项工作不只是为了挣钱，如果不认同这一职业，最好换一份工作。

2.做一个教学反思者，要学会反思自己的教学，每堂课结束后要花点时间反思这堂课什么地方教得好，什么地方需要改进，以及如何改进。

3.要关注新的教材和教师培训材料以便跟上新的教学观念，多与同事和同行交流，并参加教学研讨工作坊和学术会议。

4.时刻注意，语言教学不是语言学知识教学，而是教学生学会综合运用汉语的能力。

5.PPT 的作用：大班课可以适当使用 PPT，一般小班操练课不宜使用。

6.每学期期中和结束前都要请学生进行教学评估，以便及时调整教学。

第三节　汉语国际教育教学的优秀教师培养

一、国外第二语言教师教育研究的发展过程

（一）“教师培训”“教师教育”和“教师发展”等教师培养观念的更迭

“教师培训”“教师教育”和“教师发展”等教师培养核心术语的更迭显示了第二语言教师培养观念的不断进步。刘润清、孙德坤等指出，第二语言教师培养的概念经历了几次重要的转变，这些转变可以分为三个不同的阶段：“教师培训”（Teacher Training）、“教师教育”（Teacher Education）和“教师发展”（Teacher Development）。“教师培训”基本上来自行为主义传统，注重微观教学技能的训练，培训被视为向受训者传授一套操作技能。这种培训类似某种技艺的训练，能够快速提高学习者的微观教学技巧，但缺点也显而易见，即忽视教师综合能力的培养。“教师教育”则是在对行为主义模式反思的基础上提出的，认为教师不仅要接受教学技能的训练，还应开展语言和语言教学理论课程的学习，以使教师从理论的高度来认识和把握语言教学活动，从而理解教学目的，提高教师的理论修养。但这种“教育”常常是一种去语境化的学习，容易忽视教学情境的多变性和复杂性，不能提供充分的教学实践，使得学习过程脱离实际。

“培训”和“教育”都指从外界施予学习者的教育，学习者被视为知识和技能的被动接纳者，他们自身的“发展”部分受到忽略，学习者本人内在的自觉性、自我进步意识等相比之下处于弱势地位，然而恰恰是教师的“自我”才能真正成为教师成长和发展的内在动力源，是促使“教师培训”和“教师教育”有效进行的发动机。因此，在强调“培训”和“教育”的基础上重视教师自我主动性的“教师发展”一词应运而生。最初的“教师发展”主要是指教师教学能力的发展，主张在提高知识和技能的基础上，培养教师的教学决策能力，鼓励教师从自身教学实践出发积极反思自己的教学，观察自己的课堂行为，评估自己的教学效果，并结合教学实践进行研究，从而在实践中形成自己的教学信念，获得持续的发展。随着研究的深入，现在的“教师发展”把价值观、道德观、职业观等更多的因素也纳入考虑的范围，是一个涵盖了教师的“知识准备”“素质养成”“专业技能”和“生涯规划”等多种要素的动态终生发展过程。

（二）“第二语言教师教育”作为专门学科术语的确立及其研究发展以Richards & Nunan 主编的《第二语言教师教育》一书为起点和标志，“第二语言教师教育”作为专门学科术语正式提出并逐渐得以确立。该书首次以“第二语言教师教育”作为专门的研究对象，对其研究基础和研究范围进行了广泛的探讨。因此，Freeman 等研究提出 20 世纪 90 年代是第二语言教师教育研究发展的重要分水岭。在这一阶段，第二语言教师教育作为专门的研究领域在以下几个方面取得了重要的进展：（1）“第二语言教师教育”的概念正式提出并得到界定，其学科范畴被初步确定下来；（2）“第二语言教师教育”自身独立的研究基础得到明确并逐步发展起来；（3）“第二语言教师教育”的范围可能包括哪些内容得到了广泛的讨论；（4）对教师教育的实践问题，即教师教育应该“怎么做”的问题十分关注，其中重点讨论了教师教育项目设计和活动开展的针对性及实践性问题。

在作为专门学科术语被提出及其特定的研究范围被界定后，第二语言教师教育的领域开始突破第二语言教师培养的传统框架，它不仅包括学习者需要学习“什么”，也越来越重视他们“怎么”学习这些内容。到了 90 年代中期，第二语言教师教育知识基础的本质也得到了深入的讨论，第二语言教师的职业学习过程得到了更加全面的阐述，在此基础上学者们逐步达成了共识：第二语言教师教育是一种基于专业学习的专门教育活动。

第二语言教师教育的发展既是学科本身逻辑发展的自然演进过程，同时也受到了当代认识论哲学转向的影响。随着传统认识论范式下的教师教育由实证主义向建构主义的转向，“知识不再被看作孤立、客观的实体，而被认为与识知者（knower）和识知过程（knowing）密不可分；知识是由主体自己建构，而非由外部输入”。在建构主义认识论的视角下，教师教育的作用不再是向学习者传输知识，而是为他们的建构性学习提供环境，教师学习是情景化的、互动式的合作学习，是一种特殊的社会化实践。这种特殊的社会化实践对受教育者的个体发展会产生什么影响？换句话说，第二语言教育活动如何塑造学习者的专业身份以及如何影响学习者的专业发展和职业生涯成为研究的重要内容。第二语言教师教育被视为专门的教育活动也凸现了第二语言教师专业学习的效果问题，即第二语言教师教育的哪些内容可以通过什么方式在什么时候得到最好的学习。因此，第二语言教师教育项目的设计及其开展的教育活动对学习者的影响和结果开始成为讨论的中心话题。

在 21 世纪的头十年中，“第二语言教师教育”研究在上述研究的基础上继续走向深入，学者们研究的视角主要表现为对以下问题的关注：（1）第二语言教师专业学习的效果问题，即第二语言教师教育的哪些内容可以通过什么方式在什么时间得到最好的学习？（2）第二语言教师教育的项目设计及其对学习者的影响和结果如何？（3）如何有效测定第二语言教师教育的项目设计及其对学习者今后的专业工作和职业生涯的持续影响和结果？（4）第二语言教师教育活动如何帮助学习者塑造专业身份及其职业认同？（5）有关第二语言教师教育本质上是一种社会实践的观点的讨论。

上述第二语言教师教育的简明发展历史为我们勾画了第二语言教师教育研究范围螺旋扩展的过程：知识传授和技能培训——教师的专业发展——第二语言教师教育概念的确立——第二语言教师教育过程中的学习者身份、学习环境及如何有效地学习等问题的讨论。第二语言教师教育领域的螺旋扩展过程反映了对第二语言教师教育的理解和研究不断向更广更深领域的推进，Freeman 用下面的螺旋图对此做了直观的概括：

对国际汉语教师培养的专门研究始于 20 世纪 80 年代后期。当时主要关注的是对外汉语教师素质问题的研究，即一个合格的对外汉语教师应该具备怎样的知识结构和能力结构。二十年多来，在研究对外汉语教师基本素质的基础上，围绕对外汉语师资培训和对外汉语教学专业人才培养目标，产生了一批重要的研究成果。“这些研究成果促进了我国对外汉语教师队伍综合素质的提升，加快了对外汉语教师培训与人才培养工作的进程，从而在整体上推动了对外汉语教学事业和学科的发展。”与过去的对外汉语教师培养相比，在国际汉语教育新形势下，现在更加强调适应海外汉语教学的教师或者海外本土汉语教师的培养问题。赵金铭指出汉语教师国际化问题包括两个方面。第一，汉语教师构成国际化。也就是说汉语作为外语教学的教师应该本土化，应该大量培养母语非汉语的本土汉语教师，并逐渐使其成为当地汉语教师的主体。第二，国际汉语教师知识结构的国际化。要求国际汉语教师不仅具备扎实的汉语和中国文化知识，还应该了解世界文化，拓展自己的国际视野。不但具有民族认同感，还应具有世界认同感，培养世界公民意识。要能将汉语置于多元语境与多元文化之中，真正使汉语作为第二语言教育具有国际化视野。要具有“他者视角”，了解他人，不仅有助于推动汉语学习，而且一旦学习者了解了我们的汉语和文化，言传身教，一通百通，会收到意想不到的效果。针对海外汉语教师培训，郭风岚认为，应以在短时间内通过优化的培训使学员获益最大化为目标，坚持适切、多维、实用的培训原则，以问题为导向，以任务型培训模式为核心，以学员为中心，通过学员间在完成任务过程中的互动合作，激发学员参与、体验的热情。崔建新则提出了海外汉语教师系统培训的具体模式，该模式包括的课程结构主要有：汉语作为外语教学的理论与实践总论，针对美国学生较有影响的汉语教学方法和技巧（观摩与讨论：美国本土学生需要什么样的教学方法），教学环节、教学技巧与教案，如何进行口语课，精读课/综合课/听力课教学，现代汉语语音及语音教学，现代汉语词汇及词汇教学，现代汉语语法及语法教学，汉字及汉字教学，中国文化摄要等。

全国汉语国际教育硕士专业学位研究生教育指导委员会制定的《全日制汉语国际教育硕士专业学位研究生指导性培养方案》将汉语国际教育硕士专业学位确定为与国际汉语教师职业相衔接的专业学位。其培养目标是具有熟练的汉语作为第二语言教学技能和良好的文化传播技能、跨文化交际能力，适应汉语国际推广工作，胜任多种教学任务的高层次、应用型、复合型、国际化专门人才。培养方式为采用课程学习与汉语国际教育实践相结合，汉语国际教育与中华文化传播相结合，校内导师指导与校内外导师联合培养相结合的方式。课程主要包括三类：（1）核心课程。除了政治和英语以外，包括汉语作为第二语言教学法、第二语言习得概论、汉语言学导论、国外汉语教学概论、中华文化与跨文化交际。（2）拓展课程。包括汉语语言要素教学、偏误分析、课堂教学设计、现代语言教育技术等汉语作为外语教学类课程，英汉语言对比、俄语国家国情概览、西班牙语国家国情概览、礼仪与国际关系等中华文化传播与跨文化交际类课程，外语教育心理学、国外中小学教育专题、汉语国际推广专题等教育与教学管理类课程。（3）训练课程。包括对外汉语课堂观察与实践、汉语作为第二语言教学测试与评估、中华文化才艺与展示等。

近年来，面临汉语国际推广和传播工作的新形势和新要求，汉语国际教育"三教"问题受到了广泛的关注，其核心问题之一的教师培养问题愈加受到重视。为了有效解决制约汉语国际教育发展的教师瓶颈问题，孙德坤、崔希亮等相继提出了国际汉语教师培养需要重视以人为中心的教师发展观念，认为教师发展问题必须从"教师的知识发展、素质发展、专业技能发展和职业生涯发展"等多方面进行研究并加以解决。如何让未来的教师在培养过程中得到全面的发展？这一新的理论视角和研究方向显然超越了以往只重视从知识和技能方面进行职前准备的范围。由于学习者不再被视为有待填充理论知识和教学技巧的空容器，而是进入教师教育项目的一个个具体的、有待发展的人，这就给国际汉语教师培养提出了许多新课题：我们不仅要研究学习者需要学习什么，也要研究他们如何学习，如何做好职业生涯规划，如何促进个体发展，以及教育活动对学习者今后的专业工作和职业生涯带来什么持续的影响等等。参考国外第二语言教师教育的发展过程并结合相关文献的研究，我们认为在国际汉语教师培养工作中，以下几个方面的问题值得引起我们的注意和重视：

1. 以专业知识学习和专业技能训练为基础，紧密结合汉语作为第二语言课堂教学的实际情况，加强"有效教学行为"的训练，重视"有效教师"的培养，提高有效教学活动的设计和实施能力。需要指出的是，第二语言教师教育研究的发展是在后者包含前者、吸纳前者的基础上螺旋扩展的过程，其不同阶段重点关注的教育内容彼此之间不是对立排斥关系，而是融合拓展关系。从 Freeman 所描述的第二语言教师教育领域螺旋扩展图中我们可以看出，知识传授和技能训练仍然是第二语言教师教育的核心部分，因此，它们也必然是国际汉语教师培养的核心内容。只有具备了扎实的知识基础和良好的教学技能，教师才有可能进一步发展，否则只能是空谈。在传授知识和训练技能的过程中，还应做到二者的平衡学习，坚持两条腿走路。没有一定的知识积累，技能训练永远上不了层次；只重视知识传授而缺少技能训练，培养出来的人将不适合汉语作为第二语言课堂教学的现实需要。因此，偏重其中任何一个方面而忽视另一个方面的做法都是不可取的，“应采取知识和方法并重的教学理念，即方案中的知识类课程和教学方法、教学技能训练类课程并重，具体课程的教学实施也要知识和方法并重”。另外，今后的知识学习和技能训练应该避免无的放矢，而应紧密结合国际汉语课堂教学实际进行有针对性的训练，这样培养出来的教师在面对真实课堂教学时才不会出现“所学非所用”“所用非所学”的窘境。因此，在进行知识学习和技能训练时，应该加强针对课堂教学实际情况进行“有效教学行为”和“有效教学方法”的训练，着力培养能够开展“有效课堂教学活动”的“高效能”的国际汉语教师。

2.重视教师的认知发展与专业发展，并对其教师身份建构和职业生涯规划给予充分的关注。推动教师专业知识学习和专业技能训练不断进步的内在动力是教师的认知发展、身份建构和职业生涯规划等内在因素。语言教师教育的重点应该是培养教师具有解决问题的能力以帮助他们持续自身的发展。孙德坤认为“教师培训和师资教育具有对受训者和准备入职的教师提供教学准备以便他们顺利进入职场的功能，因此对于教育行业的发展是一个必要的阶段。但是在‘培训’和‘教育’的过程中，发展的元素都应该有机地结合进去，从而提高教师的自主学习意识和自我反思的能力，以便使他们能从容面对不同的环境，解决特定的问题。”王添淼也论述了国际汉语教师应具备“反思的意识”的重要意义，阐释了反思的内涵，讨论了反思性实践与国际汉语教学的契合性，提出从“技术理性”到“反思理性”的国际汉语教师专业发展范式的转型，并探究了作为反思性实践者的国际汉语教师的成长路径。因此，语言教师教育应帮助教师发展认知技能，鼓励和引导教师反思他们的核心教学理念。帮助教师认识自己的核心理念及其成因有助于从认知层面提高教师的自我意识，从而提高他们的自主性，自觉地改进自己的教学实践。譬如，提供教学范例（课堂教学录音或录像、教学实习、书面教学报告等），或者录制自己的课堂实习（教学）实况，帮助教师分析在教学中运用的思维和信念体系，分析他们是怎样识别和确认教学中出现的问题，以及怎样运用自己的经验、信念和教学方法来处理这些问题。应该鼓励学习者参与解决教学问题的活动，讨论他们的教学实践与其知识结构的关系，提升对教学的理性认识。

在强调教师认知发展和专业发展的同时，也要重视教师的身份建构与职业生涯规划。教师的身份认知和建构是做好职业生涯规划和设计的前提。教师的身份建构或者身份认同的过程是不断地追问“我是谁”“我何以属于这个群体”等根本问题的过程，是试图将“作为‘人’的教师”和“作为‘教师’的人”

有机统一起来的过程，是促使教师内在的深度改变和个体发展的核心问题，“唯有得到教师内在的身份认同，教师个体的生命发展才能得到强调，教师个体的专业自主发展才能实现”。我们也要关注现职教师的生存状态和教师学习者对未来职业发展前景的信心，激发学习者对国际汉语教师职业的热爱和自我发展的意识，创造宽松、积极向上、良性互动的教学环境，通过专家教师典范的引导帮助学习者做好职业生涯设计。国家有关部门也要关注教师的生存和发展状态，有针对性地帮助教师解决专业发展和职业生涯中面临的实际问题，为国际汉语教师创造奋发有为、学有所用的大环境。

3. 重视教学环境和实践知识在国际汉语教师发展中的重要地位。由于传统教学思维的影响，当前国际汉语教师教育的普遍倾向是给学习者传授有关汉语作为第二语言教学的可以适用于普遍情境的一般性理论和方法。这些知识常常被过度简化、去情境化，被划分成不同的课程教学内容，并通过比较被动的教学方法，例如，阅读、讲授、测试和期末论文等进行传授。我们认为通过这种方式获得的知识与课堂教学实际缺少联系。“如果教师从他们的教育项目中获得的知识，不在他们自己的学习或教学经历的相似情景中进行考察，如果知识不是被置于它们使用的社会情境中，如果知识不能明显地互相联系，如果教师几乎没有机会用情境化的阐释方式使用那些知识，那么理论将会脱离实践。”因此，作为一门应用性很强的学科，国际汉语教师教育首先要突出实践和实践知识的重要作用，在教学中要重视把理论与实际的教学情境联系起来进行学习。因此，我们需要在重铸国际汉语教师的知识基础和采取多种有效的实践性教学方式两个方面来促进国际汉语教师培养方式的转型。

（1）重构国际汉语教师的知识基础，重视实践知识在国际汉语教师素养构成中的重要地位。教师知识是教师教育的核心议题，对它的探讨通常有两种视角，一是“由外而内”（outside-in）的视角，即教师需要什么知识基础、教师教育应该提供哪些知识；二是“由内而外”（inside-out）的视角，即教师实际拥有和使用哪些知识、它们能否为教师教育所用。传统教师教育持前一种观点，其隐含的假定是，知识是由专家学者创造和传授的，教师只是知识的使用者和传授对象。根据这种倚重理论知识、鄙视实践知识的传统理念培养出来的教师在面对真实的课堂教学情景时必然会出现理论知识和实践严重脱节的情形，因此，我们需要转换看待教师知识的视角，教师不再只是知识的接受者和应用者，而是知识的建构者和创造者，教师的个人知识应受到重视，“本地”的实践知识应合法地与“外来”的理论知识共同构成教师的知识基础。

针对个人实践知识与“外来”理论知识的结合问题，Williams 提出了个人理论、公共理论和实践三者之间互动的模式，教师个人的理论用来指导实践，它们或者是显性的知识或者是隐性的知识；对实践的反思使得个人理论得以建构。个人的理论通过写作发表或者会议报告可以变成公共的理论；公共的理论通过重新建构可以融入个人的理论。公共的理论可以进入实践，但是它们需要根据具体的情境和参与者进行重新建构；实践可以通过交际变成公共的理论。在教师个人理论与公共理论（包括其他个人理论）之间，实践起着重要的桥梁作用。

孙德坤指出，教师个人实践性知识是由教师的个性、成长背景、过去的经历和经验，以及当下生活、工作环境和教学实践等诸多因素形成的。那种忽略教师个人实践性知识，试图将产生于某时某地的有效教学模式硬性推广给其他地区教师的做法是很难奏效的。

（2）采取多种有效的实践性教学方式促进国际汉语教师的发展。为了有效解决国际汉语教师培养中应用性和实践性不足的问题，我们认为可以通过采取下面的实践性教学方式促进国际汉语教师发展：有目的、有计划、有反馈结果的课堂观察；解决某个具体教学问题的研讨工作坊；结合具体案例进行教学分析（例如，语法点案例教学、词汇案例教学、语音案例教学、汉字案例教学、跨文化交际案例教学、综合课案例教学、听力课案例教学、说话课案例教学、阅读课案例教学和写作课案例教学等等）；微格教学设计（主要包括微型教学设计和进行模拟教学两大环节）；针对特定的学习者进行学习需求分析；根据具体的学习需求进行模拟项目设计和教学大纲设计；根据具体的学习需求进行模拟课程设计（包括综合课、分技能课、汉语作为特殊目的的商务汉语、新闻汉语、法律汉语和环保汉语等不同形式课程设计）；根据具体的学习需求编写教学材料；互相辅导；教学实习；集体备课；团队教学；反思讨论；行动研究以及模拟课堂教学管理；等等。在教学实习过程中还要加强写作教学日志、安排同行视导（peer coaching）和教师督导（supervision）等环节的工作。

4. 要加强对国际汉语教师教育活动及培养项目本身的关注，研究不同教学环境下的师资培养项目在设计理念和具体实施方面的异同，以及它们各自为教师的发展带来了哪些持久的影响。为了加强对国际汉语教师培养工作的指导，国家汉办发布了《国际汉语教师标准》，国务院学位办发布了《汉语国际教育硕士专业学位设置方案》，对国际汉语教师培养提出了指导性的意见。目前，经国务院学位办批准招收汉语国际教育硕士专业学位研究生的培养高校已经达到了八十多所，有资格招收对外汉语教学本科和进行各种汉语师资培训的单位更是不胜枚举。如此众多的国际汉语教师培养项目，其设计理念与实施措施及其给学习者所带来的影响必然存在较大的差异。因此，我们需要通过广泛的调查和评估，了解不同教师培养项目在设计和实施措施方面的共性和差异，了解它们对学习者的知识学习、技能训练、认知发展、身份建构和职业生涯规划等方面产生了哪些短期和长期的影响；了解学习者专业学习的具体过程，弄清哪些教学内容可以通过怎样的教学方式得到最好的学习；并结合海内外各种具体的实习和工作情境，了解在什么样的教学情景中由哪些培养项目培养出来的什么样的国际汉语教师能够受到欢迎。只有通过广泛而细致的评估总结和反馈，才能实现 Cronbach 提出的“课程改进”“学生提高”和“行政决策”三大评估功能，从而促进国际汉语教师培养项目的良性发展。

5. 完善国际汉语教师的职前培养、入职教育和职后培训一条龙教育发展体系。目前我们对国际汉语教师的职前培养十分关注，但对人职教育和职后培训不够重视。目前，国内很多高校对于新任汉语教师缺乏有效的入职教育，有的单位在这方面甚至是空白的，倒是一些以教学质量为第一生命的独立语言教学项目在这方面起到了良好的引领作用，如果我们考察一下这些知名的汉语教学项目，如，PIB、CET、ACC、HAB、IUP、CIEE 等对汉语教师的雇佣和培训情况，就不难发现它们对新教师的入职教育做了大量细致的工作，而且对其所依托的高校在职教师的职后培训起到了积极的推动作用。例如，北京师范大学就将在 PIB（普北班）受训和任教作为新任对外汉语教师的一个考核指标。我们认为国内高校对教师的入职教育和职后培训普遍重视不够，其中还有深层的原因，因为按照现行教师评价体系，绝大部分高校都是科研挂帅，只要能发表科研成果的教师就是好教师，至于教师实际教学能力的发展，长期置于有效的评价体系之外，既缺乏科学的衡量标准，也缺乏真正的动力。

国际汉语教师的培养是一个终生学习和发展的过程，不能期望学习者完成了职前教育，就能一劳永逸地获得教育教学所需要的各种知识和技能。我们应该将教师的职前培养、入职教育和职后培训连成一体，将国际汉语教师教育视为一个可持续发展的终身教育过程。我们首先应该完善国内对外汉语教师职前培养、入职教育和职后培训一条龙教育发展体系，区分和定位职前培养、人职教育和职后培训的内容及功能，让国际汉语教师在职业生涯的不同阶段都能得到最好的发展，打造一支高质量的国际化专业国际汉语教师队伍。同时，与国外大中小学等有关教学机构建立密切合作关系，跟踪我们培养的新手教师在国外的入职教育和教学情况，通过对这些情况的描述和分析，为改进国际汉语教师职前培养工作，特别是为国家外派汉语教师和汉语教师志愿者的培训提供第一手资料，并为接受国外汉语教师的在职培训提供有益的参考。促进国际汉语教师的成长和职业发展是国际汉语教学事业发展的基础，也是开展国际汉语有效教学的可靠保证，对于这样一项富有挑战性的工作，需要前瞻规划、仔细设计、精心实施，并付出长期的、坚持不懈的努力。

第四章　跨文化交际视野下汉语国际教育教学心理学分析

第一节　汉语国际教育教学的心理基础

一、汉语作为外语学习的生理基础和心理机制

汉语作为外语学习，有其一定的物质基础。这就是大脑和人体的神经系统。外国学生能学习和认知汉语，正是依赖于神经系统中的神经细胞进行信息传递而最终贮存进大脑的。因此有必要了解神经元的结构和功能，了解大脑的组织。汉语作为外语学习，还有其一定的心理机制，从信息刺激感官，到遗忘或贮存，直至记忆并化为自动化，不断改变着、充实着学习者的认知结构，积累和丰富着世界知识，这些活动和过程，都有其内在的规律。学习和了解语言学习的一些心理机制，有助于研究汉语作为外语的学习和认知。

（一）汉语作为外语学习的生理基础

人类对语言的认知是一种高级的神经活动。这种活动是以人类的大脑物质为基础的。了解人类的高级神经活动机制，有助于我们把握人类的认知心理过程。

1. 语言学习的物质基础——神经元人的脚踩在有刺的东西上，会感觉痛；盲人的手接触到钻有许多孔的盲文，能意识到是什么意思；人的眼睛看到外界的实物（包括文字），耳朵听到外界的声音（包括语音），就能认识事物（包括语言）。这一切的发生，全依靠入的神经、脊髓和大脑。也就是说人类对周围世界的认知是建立在人的生理基础之上的。

（1）神经元

人体的神经系统是认知的物质基础。神经系统中最重要的组成部分是神经元，也就是神经细胞。“大脑大约有 1000 亿个神经元，每个神经元具有相当于一部中型计算机的处理能力。”

神经元是神经系统的结构和功能单位，是专门负责传递和加工信息的细胞。它由细胞体和突起组成。细胞体的外延有一些短支，叫作树突；另有一条与细胞体相连接的细长管道，叫作轴突。

轴突是神经元互相联系的通道。一个神经元的轴突向另一个神经元的树突伸延，通过轴突尾部分叉的终端芽，与其他多个神经元的树突紧密接触，叫作突触。一个神经元可通过突触，对多个神经元施加作用；另一方面，一个神经元的胞体或树突，也接受众多神经元的影响。神经元之间就是通过这种方式系连起来，进行接收整合和传递信息。

（2）神经元的信息传导

神经元的信息，是以脉冲方式沿着轴突进行传递的，就跟电线中的电流传导相仿，即轴突终端在轴突的一边发出化学物质，叫作神经传导物（或叫神经递质）。而神经元在突触处并不是连接在一起的，而是有一个间隙。神经递质通过这个间隙，让神经元内膜集中较多的阴性离子，外膜则集中较多的阳性离子，造成膜内外相差 70 毫伏的电位差。这种电位差视神经递质的不同而有所增减。减少电位差的突触联系叫作兴奋，增加电位差的叫作抑制。

一组轴突相互联结，可延伸至一定的距离，就像电缆中成束的电线。一个轴突或将信息输入中枢神经系统（脊髓和大脑），或从中枢神经系统输出信息。输入和输出不能兼具。所谓“神经”，就是由传人和传出两种轴突组成。比如，脚踩到尖刺上，引起脚部痛神经元突触的兴奋，它们便一个接着一个像接力棒似的把痛感传递到脊髓，并由脊髓传送给肌肉，促使脚做出从尖刺上移开的反射。如果这种痛感由脊髓上传到大脑，就给大脑留下了“尖刺伤害人，应避而远之”的经验与记忆。盲人之接触盲文，使手部的神经元突触兴奋起来，并传递到脊髓，再由脊髓传到大脑，在那里，传递的信息得以汇集和整合，从而意识到盲文所表达的意思。而健全人的视觉或听觉同样也是通过神经元把看到的实物或听到的声响一一传递给中枢神经系统。由于颈以上部位的感觉传递不经过脊髓，由头部神经直接完成，所以视觉神经把眼睛得到的信息传到大脑，听觉神经把耳朵得到的信息传到大脑，传递的距离短，反应也就比较快。

反之，神经元突触也能经过传递，抑制另一个神经元的活动。比如尖刺的东西很名贵，脚移开会使之滚落下去而毁坏，在此种情况下，大脑可能发出抑制信息，不让发出移脚的行为。再如，盲文篇幅太长或者文字记号（刺的孔）模糊，大脑不能接收，也会发出抑制信息，限制神经元活动，使行为不再继续下去。又如，视觉神经和听觉神经的疲劳和效率不高，实际也是大脑抑制神经元活动的结果。

（3）神经元的类型和信息的神经表征

神经元有各种类型，有的是感觉神经元，作用是传递痛痒、冷热、损伤、触摸、视听等等感觉，比如脚踩尖刺，手触盲文，眼观外物，耳听声响等；有的是运动神经元，作用是激活肌肉，比如手脚活动，口腔发声等；有的是中间神经元，介于感觉神经元和运动神经元之间，起“上通下达”接力棒式的传递作用。人们的思考、觉察和感受，很大部分是大脑中数目庞大的中间神经元活动的结果。而人们的行为是神经系统中所有神经元交互作用的一种复杂的结果。比如，人因脚踩尖刺而引起痛痒、损伤的感觉，由神经元一个接连一个传递给中枢神经系统（脊髓或大脑），再由脊髓或大脑返回信息到脚，激活脚部肌肉活动而把脚从尖刺上移开。这里就有庞大的神经元进行着传递和交互作用的活动。而大脑的认知活动正是由庞大的神经元编成神经活动型式（即编码）来实现的。比如识字活动，一个方块汉字“腿”的外形，由视觉神经把“腿”分解为“月、退”等几个部分在有关的神经元之间进行层层传递；“腿”的语音，由听觉神经分解为“t、u、i”等几个音在有关的神经元之间进行层层传递；“腿”的意义则可能从图画或实物通过视觉神经元进行传递，或者可能从母语的对应义“leg”，由听觉神经元进行传递。外界的有关这个汉字的信息，由各种类型的神经元传递到大脑，在那里得到整合而编成一个神经活动型式，于是人就认知了“腿”这个汉字。

2. 语言学习的物质基础——大脑组织

人类的中央神经系统包括大脑和脊髓。脊髓有把大脑神经信息传递到肌肉（如促使口腔肌肉活动而说话，或促使手指肌肉活动而书写）和把身体的感觉又传递回大脑（如感到发音不标准，或感到书写不正确）的功能。大脑内部有许多神经结构，如控制呼吸、吞咽、消化的髓鞘，调节肌肉运动或随意活动的小脑，传递肌动和感觉信息到皮质区域的丘脑等等。在这些结构外面，覆盖着一层灰质，叫大脑皮质，也叫新皮质。大脑皮层的面积有 2200 平方厘米，要把这么大一块薄膜盖在颅骨上必须折叠起来，因此大脑皮层表面布满许多脑回和脑沟，像胡桃似的呈现着许多褶皱。

大脑皮质有许多重要功能区域。如额叶中央前回是运动区域，支配对侧身体各部分的自主运动。顶叶中央后回是感觉中枢，接受来自对侧身体各部分的感觉。枕叶内侧，是视觉中枢，接受来自两眼的对侧一半视觉刺激。颞叶上回和横回，是听觉中枢，接受来自两耳的听觉刺激。而皮质上的褶皱或裂沟把这些区域分隔开来。

人的大脑分为左右两半球，人体的右部与大脑左半球相联系，左部与大脑右半球相联系。两个半球的功能具有一侧优势。人体解剖学和人体生理学的研究表明，左侧大脑半球为语言的优势半球，大脑的左半球主要进行语言、文字、计算等符号与分析的信息处理；右侧大脑半球在非语词性认识功能上存在一定功能优势，音乐才能、图形、空间辨认、深度知觉和触觉认识等信息加工更多依赖于右半球。人脑高级功能向一侧半球集中的优势现象是相对的，不是绝对的。左侧半球也有一定的准语词性认识功能，同样右侧半球也有一定简单的语词活动能力。

人体的神经系统是人的心理产生的自然前提和物质基础。人的心理由人的高级神经系统的活动而产生，而人类对现实世界的认知则是人的心理高度发展的结果。

（二）汉语作为外语学习的心理机制

一个词语或词组（比如中文的“禁止右转”或英语的“no right”），一种实物或标志，为汽车司机的视觉神经所接受，由神经元传递到大脑皮质的有关区域，在那里得到加工和识别，并反过来把大脑的意识传递给手的肌肉，激发手的肌肉作出相应的反射活动：扭转方向盘，朝前驾驶，或向左转。这里包含了人们接受和输出信息的心理活动过程。

1. 接受和输出信息的心理活动过程

人类信息的贮存和记忆可分为两种形式和四个连续的阶段。两种形式为短时记忆和长时记忆；四个连续阶段为：感觉性记忆、第一级记忆、第二级记忆和第三级记忆。

外界的刺激物作用于感觉器官，如司机行车时看到多种物体，听到多种音响，它们通过感觉性传人冲动（即信息）到达脑的感觉区域，如果是无关紧要的信息，如看到的房子，听到的风声，则在感觉性记忆中储存极短的时间（不到一秒钟），就会消失。如果是比较重要的信息，如看到标志牌上“禁止右转”的交通警号，则要在记忆中进一步加工和整合信息，使之从感觉性记忆转入第一级记忆。

第一级记忆储存的信息犹如指针，它会唤醒早先贮存于大脑长时记忆中的知识（如交通常识），找到与外界信息相同或相近的型式，并由大脑据此发出指令：直走或左拐。车驶过去之后，储存于司机的第一级记忆（即短时记忆）的“禁止右转”这个信息，也随之而忘，因为短时记忆中信息存放的时间也很短，只有几秒。路面上有许多新的信息（如红绿灯、路牌、限速等等）接踵输入司机的感觉器官而进入短时记忆，挤掉了旧的知识信息。

但是，这位司机在这条路上走过几次后（即经过反复实践后），“这条马路不能右转”的信息上升为经验（知识的一种），而贮存到第二级记忆。第二级记忆属于长时记忆，不仅容量大，而且时间长。出租汽车司机头脑里有一张城市交通的活地图（包括哪条路是单行道，哪条路是步行街等），就是反复开车的实践和觅路的经验逐步积累的结果。当然，如果这位司机以后不干这个职业，那么由经验得来的知识，也会因为先前的或后来的信息干扰而淡忘，乃至遗忘。

第一级记忆的信息痕迹，通过长期运用，进入第三级记忆，一般不会被遗忘，比如自己的名字、出生地、出生年月、就读的学校等等，很可能成为永久记忆的知识。

2. 心理活动的自动化过程

人在接收或输出信息时，需要集中精力去听、去看、去思、去行动，这就是注意。注意是大脑的一种资源，它是有限的。人在使用注意资源时，有时必须调动所有的资源，比如学开汽车时，必须全神贯注；有时只要付出一部分或少量的注意资源，比如技术熟练的司机可以边开车边交谈。这说明经过练习，可以减少注意力，练习越多，需要的注意力就越少。高度熟练的过程甚至无须多少注意，这就是自动化。学习外语一些词语和某种语法规则，通过强化练习，能自如地运用这些外语词语来造作合乎某种语法规则的句子，或者能正确地理解这样的语句，这就意味着在这个局部范围里，达到了自动化或准（接近）自动化的过程。

综上所述，认知过程可以分为两种不同类型：无须注意的自动化过程和需要注意的控制过程。学习知识和技能，开始时都需要付出较多的注意力来控制，学开车是如此，学语言也是如此。“一心以为有鸿鹄将至”，注意力涣散，是学不好的。通过一段时间的控制性的反复练习，如何利用手脚配合来驾驶汽车，如何遣用某些词语来造作某种语句，逐渐形成一套次序并作为一个单位被学下来，而且连同适用某种场合（如汽车的左转、右转、倒车，某种语句的使用语境等）也一起作为程序被保存下来。以后只要这个场合出现，就会自动地用上这种程序，不必临时去编写程序，这就是自动化过程。因此，“所谓自动化，无非是建立程序，并储存起来供以后使用。”但是，自动化的程序有着固定化的特点，一旦建立，就会照章执行，很难进行修改。外国学生学习汉语所出现的用词或造句的错误，往往难以纠正，就是因为建立了不正确的自动化程序的缘故。

人在某方面建立了自动化程序，就能分配注意资源到别的感觉器官，也就是说可以同时做两件事，比如司机边开车边听音乐，学生边听课边记录等。当然如果使用的是同一种资源（如耳听的注意资源，或口说的注意资源），则不能“一耳兼听”或“一口两用”，例如，不可能在同一时间听两篇广播或念两篇文章。

3. 认知基础

语言的认知活动不仅需要有语言学习的物质基础，而且还需要有语言学习的心理机制，汉语作为外语的学习和认知，正是在这两个平台上进行的。

（1）结构和过程

认知活动包括结构和过程两个部分。两者之闻有协同和交互作用。他们有点像蜜蜂的蜂房结构和蜂房内部的工作过程。蜂房的结构和构造是由蜜蜂修建的，而且结构的大小、形状、位置、容量等一般是不变的。同时，蜜蜂的采集、运输和贮存等活动过程却在不断地变化。而这些变化与结构也有一定的关系：即过程影响着结构（蜜蜂采集、贮存的蜂蜜充满了蜂巢结构），结构制约着过程（蜜蜂的运输和贮存必须遵照蜂房结构的分布和路径）。

认知心理学称说的结构，大多是比喻性的，如贮存箱、框图、树、图书馆、加工水平、图式等等。认知心理学指称的过程，是“以某种方式分析、转化或改变心理事件的操作或职能系统”。比如语词“酿造”和“酝酿”的学习，传递到短时记忆后，进行形、音的分析和编码，从而转化成电码式的符号进一步输送到长时记忆贮存箱，在那里得以整合（操作）而恢复原状（其形归入偏旁部首系统，其音归入音序系统）。由于“酿造”一词跟“蜜蜂酿蜜”的具体事件（图式）容易挂钩和联想，因此形成并获得了这个词的意义和概念。“酝酿”一词的含义则比较抽象，不易接受和理解，在传递或识记途中已被遗忘。认知活动中的这些分析、编码、遗忘、转化、概念的形成等等都是过程。而诸如此类的活动过程，它们可以充实或部分地改变原有的知识结构。比如，“酿造”一词的输入，伴随着“酿蜜”“酿酒”的意义和概念，扩大了、丰富了原来的词语知识结构（认知心理学称为心理词典）中“打造、建造、构造、编造、创造、制造”等词族体系。

（2）世界知识

人类由于认知活动的不断开展、扩大和深入，贮存和积累了丰富的、大量的乃至渊博的自然科学和社会科学知识，包括物理的、化学的、天文的、地理的、动物的、植物的、历史的、政治的、经济的、语言的、文化的、科技的等等，统称为世界知识。这些世界知识是学习语言所必不可少的。在汉语中，词语的意义搭配就得靠世界知识的支撑。如气温说“高低”，不说“大小”；积雪说“溶化”，不说“溶解”；高山说“峻峭”，不说“开阔”；建筑说“雄伟”，不说“雄壮”等等，都跟世界知识有关。汉语水平考试（HSK），测定的虽是汉语的听力、语法、阅读、综合应用等水平，但包含在语言之中的却是大量的、各方面的知识，如果缺乏世界知识，就可能弄不明白或理解不了考试的语料。而学生对某些方面的知识（如学校生活、音乐、体育、旅游胜地等）比较熟悉，题目中有关这样的内容就容易明白和理解；如果对某些知识（如经济、历史等）比较生疏，则题目中涉及的相应内容，理解起来就比较吃力。

语言知识也是世界知识的一部分。它是汉语作为外语学习的最为直接的知识。儿童学话，因为没有语言知识，只能从模仿大人说话中习得。成年人因为有母语的语言知识，或者有学习外语的语言知识，他们能在短时期内学得汉语，就是得益于语音知识、词语知识、语法知识的借鉴和迁移。

语境知识，是预期和理解语料意思的最为有效的知识，也是话语说得得体和贴切的重要因素。比如“潦草”一词，原意是“写字不工整”，但在“办事不能马虎潦草”的句子中，没有“不工整”的含义，而学生能体会出这个词语含有“不认真、不仔细”的意思，就是从上下文的语境中推想出来的。又如“光临”一词是表示欢迎客人或顾客来到的敬辞，但如果不分场合，用这个词说自己来到什么地方（如“我光临商店”），那就很不贴切了。

生活经验是一种非常有用的常识，对听力和阅读理解更有着直接的关系。比如生长在东南亚的学生，没有感受过冬天北风的寒冷，因而对“寒风刺骨”这个词语理解和体会不深。但是当他们冬天到中国的北方去旅游，饱尝“寒风”钻入身体的苦楚后，就能真正理解和体会到这个词语的形象和生动了。

对语言特有的感受，直接影响学习语言的速度和效果。有的外国学生具有学习语言的天赋，他们往往在学习汉语前，已经学过一种或多种外语，这些学习语言的经验有助于对汉语的认知和掌握。而有的学生缺乏这方面的接受能力和天赋，他们接受汉语的知识以及技能的转化就比其他同学要迟缓一些。

二、汉语作为外语学习的过程

汉语作为外语的学习，有看得见的学习活动，那是学习的外显行为；也有看不见的学习活动，那是学习的内部运作。行为主义心理学只阐述学习的外显行为，注重“刺激一反应”；认知心理学讲求学习的内隐活动，努力揭示内部运作的规律，以便更为有效地学习和认知所学的语言。

（一）学习的外显行为

所谓学习的外显行为，是指看得见、听得到、摸得着的学习活动。它包括两个方面：学什么（学习的内容）和学得怎样（学习的效果）。

汉语作为外语学习，学的内容自然是指知识性的和技能性的这两个既有区别又有联系的方面。知识性的包括汉语的语音知识、汉语的词语知识、汉语的语法规则、汉语言蕴涵的文化常识等等。技能性的包括听、说、读、写四项基本技能。课堂教学是汉语作为外语学习的基本形式。课本中的生词（包括词语例释）、课文、语法、注释、练习等都是基本的学习内容。

学习的效果怎样，知识内容是否为学生所记住，所学的知识是否已经转化成为听、说、读、写的技能，这就要靠测试和反馈。通过测试（书面的或口头的），可以衡量和评估学生的学习成绩、学习水平和学习质量。据此来调整和增删学习的内容。

以上所说的是就一篇课文、一个学习单元、或一个学期的教学而言，如果小而言之，课堂上的一个词语、一条语法规则的学习，也是外显的学习活动。比如学生学习“便宜”这个词语，注意了它的词形、读音、意义及其用法以后，就看它在练习（包括书面练习和口头练习）中，能否念得出、写得出、用得上。如果学生能说：“上海的东西很便宜”，则说明他已经掌握；如果学生说：“上海便宜东西”，则说明他半懂不懂；如果学生说：“便宜下雨”，则说明他完全不懂。学习的内容是既定的，学习的效果也是可以耳听目睹的，所以称它为外显行为。心理学上把学习的内容叫作刺激（stimulus），用 S 替代；把学习的效果叫作反应（response），用 R 表示，连接起来，就是 S-R。这就是行为主义心理学讲求“刺激—反应”的著名公式。根据行为主义学说，学习就是不断地进行“刺激—反应、刺激—反应”的结果。

（二）学习的内部运作

S-R（刺激—反应）是行为主义心理学的典型公式。但是学习者接受一个刺激，到最后作出反应，中间究竟是怎么运作的呢？早期的行为主义心理学没有回答这个问题。经过研究和实践，在心理学界就有了 S-O-R（stimulus-organism-response law）这样的公式出现。这里的 O（organism），指的就是内部运作，也就是学习者的认知系统。它包括有限的传递系统、认知策略系统、知识系统和自我监控系统。

有限的传递系统是接受外界信息的核心系统。它由感觉的信息登记、注意与识别、短时记忆、长时记忆组成。比如，有两个句子“他顽强地坚持下去”“他顽固地坚持自己的看法”，先后作为刺激信息输入有限的传递系统；经过感觉登记，加上注意与识别，传递到了短时记忆；信息在短时记忆中进行编码，转化为传递符号，并反复再现，进入到长时记忆；长时记忆把符号复原为词语和句子，并把它们分门别类贮存进知识系统（如词语归入心理词典；句子归入句型）。

对于感觉登记的这两个句子信息，要不要加以注意与识别，怎样编码（比如根据词语的音、形、义编为传递符号——语音码、空间码、语义码；根据词序先后进行线性的空间编码），要不要再现（多次反复地出现），等等，这些认知活动都受认知策略系统的指导和支配。可见，学生的认知策略系统，其作用是采取有效的学习手段和学习方法来获取最佳的学习效果。

在这两个句子的传递过程中，学生的知识系统也在其间起作用。比如感觉登记过的信息，它们是新知还是旧知，可以遗忘还是必须储存，可以保持原有的知识结构还是要部分地改变知识结构等等，知识系统配合策略系统做出抉择。另外对于传人长时记忆中的信息，知识系统起着整合的作用。比如，学生根据过去学过的知识（如“坚持”的词性，“顽固”“顽强”的修饰作用，主动补和主谓宾句型等），整合新输入的信息，从而正确理解这两个句子的意思。可见，学生的知识系统是理解语言信息和输出语言信息的宝库。

凌驾于传递系统、策略系统、知识系统之上的是自我监控认知系统，信息的传递、策略的采用、知识的提取，都受其监测和控制。比如学生的知识系统中已明确“顽强”是“坚强，不肯退让”的意思；“顽固”是“思想保守”的意思。那么，如果把“他顽固地坚持自己的看法”中的“顽固”理解为“顽强”，则系统就会自我监控，要求知识系统重新寻找它的确切意义；如果学生说了这样的话：“他太顽强了，别人的话都听不进去。”监测系统就会告诉他这里的“顽强”用错了，要求知识系统提取和更换更为确切的词语：“顽固。”

三、汉语作为外语学习的知识和技能的掌握

汉语作为外语学习的知识的掌握，有一个分层级的渐进的过程，其认知活动一般要经历理解、巩固、记忆和积累等阶段；汉语作为外语学习的技能形成和掌握，也有认知、联系形成、自动化等几个阶段。了解这方面的原理和规律，便能自觉地创造内外部的条件，促成知识和技能的快捷掌握。

（一）汉语作为外语学习的知识的掌握

外国学生要掌握汉语知识，必须遵循四种知识学习的心理层级，分阶段地进行；同时也要符合知识学习的理解、巩固、记忆和积累等心理活动过程。这样，才能牢固地掌握汉语知识。

1. 知识学习的层级

知识的掌握是一个由浅到深、由简单到复杂、循序渐进、逐步积累的过程。这个过程可以分为几个阶段进行，尽管这几个阶段之间是很难具体划分的。心理学家加涅提出了四种智慧技能及其层级关系。

（1）辨别

联想与连锁是基本的学习形式，它属于“刺激一反应”条件反射式的机械学习范畴。比如踩到脏物马上做出收脚的连锁反应，接触到“污染”一词，马上联想起烟囱冒黑烟。在这种“刺激一反应”学习基础上形成最低级的智慧技能——辨别。辨别指发现事物或符号之间的差别。比如一般2岁的孩子能够分辨苹果和橘子的形状和味道；城市里3岁的孩子能够辨认和读出英语或汉语拼音的部分字母；农村的小学生通过联想，能够分辨词语“污染”和“污泥”的差异：“污染”是冒黑烟、排放废水形成的；“污泥”是黑色的泥土，可能是肥料。

（2）概念

在辨别的基础上，形成概念。同一类事物经过多次的观察和接触，它们的共同特征就会在头脑中得到反映。比如“手套”和“袜子”，尽管在质地上（布的或纱的）、用途上（保护皮肤或防寒）有很多相像的地方，但一者是套在手上的，一者是穿在脚上的。这就是这两种东西的本质区别。所以我们可以说：概念是同类事物的共同本质特征的反映。换句话说，抓住了某类事物的共同本质特征，也就掌握了该事物的概念。概念有两类，一类是具体概念，通过观察可以获得，像上面说的“手套”和“袜子”之类的日常概念。一类是定义性概念，它们是不能通过观察来获得的，必须用定义来揭示。比如“利率”，到银行就能看到牌子上公布着的各种利率，但很难形成具体的概念，如果用定义“利息与本金的比率”来揭示，那就比较清楚了。当然要形成“利率”这个概念，首先要观察并获得“利息”和“本金”这两个具体概念，才能理解“利率”的定义。在对外汉语教学中，许多词语的解释，不能用实物来联想，只能用定义来揭示其含意，如“勇敢”“刚毅”“误会”等；有的词语，意义比较模糊，如“料峭”（词典说形容微寒）、“炽热”（词典说形容极热），都很含糊，这可说是模糊概念，只能放在具体句子中去体会和领悟。

（3）规则

在概念的基础上可以获得再高一级的智慧技能，即规则。所谓规则，指的是公式、定律、法则、原理等，它是大量例证的抽绎和概括。规则的讲述，必然要用到若干概念以及概念之间的关系，以命题形式呈现。比如，考察汉语中有些词语，像“傻里傻气、土里土气、糊里糊涂、古里古怪、马里马虎、俗里俗气”，都带点儿贬义。据此可概括为：双音节形容词AB，用“里”构成A里AB，含有贬义。这一法则里有“双音节”“形容词”“构成”“贬义”等概念。这些概念的排列显示了一定的关系，它们组合成一组命题（一个命题由一个主项和一个谓项构成）：“双音节形容词是 AB，AB 可用‘里’构成 A 里 AB，A 里 AB 含有贬义。”掌握了这一法则，就能接受和演化更多的同类词语：啰里啰嗦、笼里笼统、莽里莽撞、毛里毛糙、流里流气、晃里晃荡、娇里娇气、疙里疙瘩，等等。

规则有上位和下位之分。例如形容词 AB（如晃荡）是上位规则，它们的重叠式 AABB（晃晃荡荡）以及 A 里 AB（晃里晃荡）都是下位规则。

规则学习和掌握需要有内外两方面的条件。内部条件是学习者对构成规则的概念已经掌握。比如，只有明确形容词、贬义、重叠等概念，才能学习 A 里 AB 的规则。外部条件是指导和反馈。比如学习者从教师的指导或书本上的说明，知道 A 里 AB 的词语含有贬义，在运用这个规则推衍同类词语时，说“轻里轻松”“漂里漂亮”，会得到教师（或他人）的否定反馈，因为它们不含贬义；说“老里老气”“肮里肮脏”，会得到教师（或他人）的肯定反馈，因为它们含有贬义。有了指导和反馈，才能掌握规则。

（4）高级规则

在概念和规则的基础上可以获得更高一级的智慧技能一高级规则。所谓高级规则，是指将学过的简单规则加以重新组合而得到新的规则，以应用于范围更为广泛的具体情境。比如汉语作为外语的学习，在规则这一层级上学生学习了一些简单的法则，像形容词谓语句，学习者学习了“主+形”（不带宾语）的规则，如树叶红了臊子哑了/人心安定了。以后又陆续学习了“形+宾”法则中的细类：

“形+补+宾”规则：匿死我了/快活死人了

“形+使动宾语”：繁荣经济/端正态度（意义为“使经济繁荣”）

“形+意动宾语”：重感情/重义轻利（意义为“以感情为重”）

“形+自动宾语”：好了疮疤/瞎了一只眼（意义为“疮疤好了”）

“形+对动宾语”：淡泊名利/热心事业（意义为“对名利淡泊”）

“形+比较宾语”：矮人一截/高他一着（意义为“比人矮一裁”）

由于规则比较细小、烦琐，不易记住，有必要将其合并为：“主+形（补）+宾（使动、意动、自动、对动、比较）”这样的高级规则。

由几个简单的规则合并或浓缩为一个高级的复杂规则，不仅扩大了规则使用的涵盖面，而且加深了规则的本质特性，它可以减少记忆的量，有助于规则的保持和回忆。

2. 知识学习的心理过程

知识的学习和掌握，一般都要经历理解、巩固、记忆和积累等过程。

（1）理解

知识理解是外界知识信息传递至大脑，大脑的信息加工器调动旧有的知识对新知识进行分析和整合，从而得以领会和理解的过程。比如学习和理解生词“居中”，大脑对之加工时，就有以往学过的“居住”“居留”等词语知识，以及与之对应的母语意义 reside、live 等的参与，才能接受这个新词语。学习和理解语法规则“数量补语”（如他来过一次），头脑里就会出现先前学过的程度补语（如她穿得很漂亮）等知识，两相对照并理解和接受。而对课本中有关文化知识的学习，则更是必须调动已学的词语和语法知识，以及已有的文化知识基础，透过字面和句子领会其中的意思和含义，才能得以理解。

（2）巩固

知识的巩固，就是保持知识而不被遗忘。教师的讲解，书本上的说明，学习者当时可能接受。例如，学习词语“果然”，教师解释（或书上说明）：“表示事实与所说的或所预料的相符，有‘真的、确实’的意思。”并举了几个例子：“他说下午来开会，果然及时赶到了”“天气预报说今天下午下雨，果然午饭后下起了淅淅沥沥的小雨”。学习者似乎已经懂得，但过后就会产生不同的情况：有些话语已经从头脑中消失（如定义式的说解）；有些东西头脑里已经淡漠，只模模糊糊地留下一些笼统的印象（如例句）；只有作为知识的核心部分才隐隐约约地留存于大脑（如“相当于‘真的、确实’的意思”）。这是因为传递知识信息的神经元之间的触突的联系尚不紧密，大脑皮层有关这方面的痕迹较浅，印象不深刻。表现到外部，就是刚学的知识正在消退或遗忘。因此，及时的巩固，是保持知识的最好举措。课堂教学中教师的小结和巩固性的提问（如问词语的含义）和练习（如造句），就是为巩固知识而采取的措施。

（3）记忆

巩固知识的目的和结果，都是加深记忆。前面说过，大脑的记忆系统有三级。知识信息经过感觉登记，最先进入的就是第一级记忆（即短时记忆），由于短时记忆的容量小，储存时间短，学生常会发生“前听后忘”或“前读后忘”的现象（如课文有 30 个生词，学习到后面的生词，前面的已经模糊不清了）。所谓“过目不忘”那是极为罕见的。最为有效的办法，就是把知识迅速输进容量较大、储存时间长久的第二、三级记忆（即长时记忆）。而要把第一级记忆中的知识移进第二、三级记忆，其先决条件是知识的反复刺激，在课堂和书本上重复地出现（即复现），或者让学生反复地辨认和应用（即再认）。也就是说，让传递信息的神经元之间的触突有紧密而频繁的联系。这样就可在大脑的皮质上刻下深深的痕迹，留下深刻的印象。以后需要用到这些知识时，就能想得起来（即能够匹配）并能拿出来用（即能提取）：在书面阅读中能辨认而理解，在口头说话中能用它来造句表达。

（4）积累

知识输入第二、三级记忆，积累的知识越来越多，如果杂乱无章地任意堆放，则应用时就很难寻觅，必须像图书馆的书籍那样分类、编号、上架，才方便检索。因此大脑知识系统中的知识是有序的、相互联系沟通的。它们犹如一张大网，有连线、有结节（或叫结点）。结节是知识，连线是知识之间的联系。由此，我们把大脑的知识结构比喻为有大小层级的网络结构。

（二）汉语作为外语学习的技能的掌握

汉语作为外语学习的知识有汉语语音、汉语词汇、汉语语法、汉语语篇等，汉语作为外语学习的技能有汉语听力、汉语口语、汉语阅读、汉语写作等。

1.汉语作为外语学习的技能基本特征

汉语作为外语学习的技能是听、说、读、写，或者说汉语知识在听、说、读、写诸方面的操作和应用。而所谓汉语技能的掌握，也就是指能运用汉语知识进行听、说、读、写的熟练操作和熟练应用。熟练操作和熟练应用的基本特征体现在下列几个方面。

（1）迅即反应

知识的接收是输入，知识的应用是输出。听、说、读、写的每一种技能的运用过程，实际上就是对所输入的知识信息的反应。这个过程，叫作知觉—动作的信息加工过程，有五个步骤。比如，外界有一个句子信息："你购买的新楼年底能交付使用吗？"这个刺激引起感觉（视觉或听觉）冲动而输入大脑。在短时记忆中，信息被编码和转化成符号，并在长时记忆中进行信息加工，整合为概念和命题，从而得以理解。在理解的基础上，学习者要运用联想和思维作出反应和答复的符号指令："我购买的新楼年底交付使用，没有问题。"这个指令经过译码转化为神经冲动，再由神经冲动引起肌肉活动（口说或手写），而输出到外部世界。初学者，理解上述的句子信息有许多细节和小步，例如，先要理解"购买、新楼、年底、交付、使用"等词语的概念，同时要弄清"购买"和"新楼"的关系，"新楼"与"使用"的关系，"年底"同"交付"的关系，然后才能分析出其中的一些命题："新楼，我购买""新楼能使用""年底能交付”，经过整合，才能完整地、准确地理解句子的意思。继而，再考虑如何反应和回答。其间，要经过比较长的思索和推理时间。但随着实践和练习的增多，尤其是组块（词组）的积累和掌握，对句子的理解不必要经过那么琐细的推敲，而能两步或一步完成。那么学习者就能迅即作出反应和答复。所以，迅即反应，可以说是熟练掌握技能的标志之一。

（2）善用线索

情境线索有利于听、说、读、写技能的发挥。听人说话或视听电视节目，因为有具体情境（大致知道讲话的内容），就容易听懂；在一定的场合中对人说话，因为有语境可资利用，容易说清楚；阅读文章，因为文章本身有情节或有上下文语境，也容易理解；写作，有一定的故事和内容，也能启发构思和有助于用词造句。汉语听、说、读、写技能熟练者，往往善于利用线索；而线索的较多利用，反过来又能促进技能的更加熟练。两者相互为用。比如，学习和接受了“灯火辉煌”和“战果辉煌”这两个词语中的“辉煌”，头脑里除了“光辉”“盛大”的含义外，还把使用的语境“灯火一片光明”和“成绩非常突出”这样的情景一起存进记忆。在应用时，出现这样的语境（如国庆节的外滩，或运动会），就可把它们作为线索，从记忆中搜寻和提取“辉煌”这个词来进行描述，说（或写）出：“国庆之夜的外滩一片辉煌”，“运动会上，我们班级的成绩很辉煌”等。由此可见，线索的利用和凭借，也是技能熟练的表现。

（3）自我纠错

在运用听、说、读、写的技能的过程中，理解错、说错、写错往往在所难免。初学者，由于技能不熟练，使用某项技能时是对是错，自己吃不准；即使知道错了，也无法自行更正。比如，初学者常常说这样的话：“我见面他”“你是毕业这个学校的吗？”，而且一错再错，很难纠正。这是因为建立了不正确的程序，缺乏自我监控的能力。而技能熟练者，一则对属于动宾结构的离合词，如“道谢、见面、分手、握手、散步、毕业”等，不能再带宾语的性质比较熟知；二则对介词的用法也比较清楚，因而在说话和写作中，他们的监控系统能够充分地履行其职责，说（或写）出正确的话语，如“我们向他们道谢”，“我跟他见面”，“你是从这个学校毕业的吗”，等等。即使偶尔说错或写错（如“我们道谢他”，“你毕业这个学校吗”），也能在监控系统的作用下，进行自我纠错。

（4）程序控制

汉语的听、说、读、写技能集中地表现在用词造句上面，初学的生词和语法规则，应用时常常不能得心应手，这就是技能生疏的表现。随着练习的增多，就能慢慢驾驭这些词语和语法规则。比如，形容词谓语句，规则之一是主语与形容词谓语之间不用“是”来联系；规则之二是形容词不单独用作谓语，一般要加程度副词，如“他学习很刻苦”，“他工作十分努力”等，除非在对句中，如“他学习刻苦，工作努力”等。应用形容词按照这样的规则造句，练习多了，就形成了一套程序。以后就不用临时去思考和替换，程序本身会引导学习者去造作和完成句子，而且速度快，准确率高，其熟练程度几乎达到了自动化。

2.技能的形成

技能形成可分为三个阶段：认知阶段、联系形成阶段、自动化阶段。

（1）认知阶段学习者通过教师（或指导者）的言语讲解，或书本的说明，以及观察别人的动作（包括读拼音，说汉语，写汉字等）示范，理解做某种动作的要领和要求。这就是动作技能的形成的认知阶段。比如学游泳要先理解和懂得呼吸、屏气，以及手脚动作的配合等；学驾车必须认识和知道方向盘、控制装置、仪表，以及手脚的配合等；学念拼音，应先熟悉声母、韵母、声调，以及发音部位和方法；学写汉字，该先了解汉字的笔画、笔顺、框架结构，以及起笔、收笔等；学说汉语，须识记汉语词语、句法结构，以及语气语调等。这个阶段，还只停留在理性知识的认知上，尚未真正地进行实践，即使可能尝试做某些局部的动作（包括言语行为），也只是低级的模仿而已。

（2）联系形成阶段

学习者努力使一定的刺激与反应形成联系，如驾车时的前进、后退、左转、右拐，动作该怎么反应这些刺激，逐步形成联系。尽管有时动作似乎比较简单，但是要形成这种联系是很复杂的，必须经过多次的练习方能达到。语言学习的技能形成更是如此。比如，学生看到“今天打扫教室”，马上能念出“jin tian da sao jiao shi”，而且马上去拿拖把、扫帚准备扫除。从刺激到动作的反应，似乎很为直接，其实这里有许多环节和步骤：视觉接收汉字“今天打扫教室”的信息，传人大脑，从长时记忆中提取同“今天”“打扫”“教室”相似的模式与外界信息匹配，同时从心理词典中提取这几个词的读音，再从语义网络中提取和整合这几个词的组合意义，并形成指令，促使口腔或手部肌肉动作。这种联系不是一蹴而就的，而是经过无数次的刺激一反应建立起来的。

这个阶段的特点是技能的局部动作被综合成更大的单位，最后形成一个连续技能的整体，即建立起动作的连锁（一个动作完成，紧接着开始另一个动作）。

（3）自动化阶段

进入这个阶段，一系列的动作或一长串的动作已联合成为一个有机整体而固定下来。学习者按照固定的系列进行技能动作，不太花多少精力。驾车者能够边开车边交谈，就是开车技能自动化的表现。再如，汉语学习到一定程度，能熟练地阅读文章中的句子，能听懂广播中的每一句话，能说出头脑里想说的话，能遣词造句写出几百字的短文等等，除了一些难词难句需要排除和跳跃外，大部分的听说读写技能动作都似乎是自动流出的，无须特别的注意和纠正。这说明学习者的技能动作已进入自动化的阶段。

3.技能的保持和迁移

技能的掌握跟知识学习一样，也有保持和迁移的问题。

（1）技能的保持

学习的知识必须有一定的复现率，才能贮存于大脑；存于大脑的知识又必须经常应用，才能避免淡忘或消失。技能的学习和掌握也是如此，要反复地练习和应用。保持技能比较好的方法是：

①过渡学习。从学习技能到掌握技能，中间必须经过大量的、反复的练习，才能建立起刺激一反应的动作连锁。这就是过渡学习。凡是经过过渡学习的技能一般都可经久不忘。比如掌握了游泳或驾车技能，即使间隔几年没进行实践，也仍然能“游”、能“开”，或许开始时显得生疏些，但几分钟后便能自如地施展自己的技能。外国入学习汉语，达到能跟中国人自由交流的程度和水平，即使回国几年没怎么使用汉语，但一旦有机会需要使用汉语，重新拾起来还是很容易的。

当然，如果练习一两次就能成功的新技能，其遗忘的速度就比较快。比如欧美学生写“感”“谢”这两个汉字，依葫芦画瓢，似乎书写已经成功，一两次后不再练习，那么离开了汉字的字样，怎么也写不出来了。

②动作连续。技能常常是以连锁的动作组合起来的。连锁的动作分解开来往往都比较简单，不易遗忘。比如，西方入学习使用筷子夹菜：三个手指分工拿住筷子——运用手指的力度和方向张开筷子一夹住目的物一手臂和手指移动把目的物递向自己的盘子——松开手指和筷子让目的物落下等，这些动作都是连续的行为，练习几次就能掌握，且不会忘记。因为第一个动作做完，就会联系到第二个动作，第二个动作进行时，就会联系到第三个动作。这种牵连关系有利于技能的保持。但是如果几个动作是孤立的，没有联系的，就遗忘得快。比如，念读和书写汉字“赛”，虽然认知的是同一个汉字，但念读的动作与书写的动作

不是连续的，是孤立的，它们各有自己的一套程序。因而学习过后，常会出现读出其音 sai，却可能写不出它的字形；或者写出了字形，而忘了它的读音。

（2）技能的迁移

技能动作的迁移，有正迁移和负迁移。

①正迁移。一种技能动作对学习和掌握另一种技能动作有帮助和促进作用的，叫正迁移。日常生活和学习活动中正迁移的事例很多。比如骑摩托车的人，比较容易掌握驾驶汽车的技能，因为处理机械的技能比较相似；会拉小提琴的人，比较容易学会弹吉他，因为左手指按弦的技巧和把位的移动比较相似。欧美学生学习汉语拼音，对韵母、声母的发音技巧掌握较好，因为母语的拼音技能有助于汉语拼音技能的掌握。而由于英语中只有重音，没有声调，欧美学生的声调掌握就较差，因为没有高低升降等发音技能的正迁移。

②负迁移。旧的技能动作对新的技能动作的学习和掌握起干扰和消极作用，这叫负迁移。比如开小车的人，不容易开大型载重汽车，因为车身的长短和车子的载重量，不是开惯小车的人所能适应的。电脑打中文，习惯于使用全拼的人，很难掌握五笔型的打字方法，因为对键盘的设置和分配，两者相差太大，容易互相干扰和混淆。日本学生发汉语拼音 zhi、chi、shi，常念成 ji、qi、xi，“是”念成“西”，就是受日语发音的干扰和影响。

4.技能形成的条件

技能的学习和掌握，不是每个人都整齐划一的。有的人形成技能快而有的人慢；有的人技能发挥正确率高而有的人容易出错。究其原因，有内部的条件和因素所致，也有外部的条件和因素影响。

（1）内部条件和因素

一个人的成熟、经验和个性跟技能的形成和掌握有很大关系。

①成熟。成熟是指年龄增长和智力发展到一定阶段的表现。一般来说，年龄幼小和智力尚未充分发展的阶段只适宜于做一些简单的操作，如玩积木、骑小三轮车、敲小鼓等。随着年龄的增长和智力的逐步发展，就能学习和掌握略微复杂的动作，如骑自行车、玩游戏机等。到了成熟阶段，就能学习和掌握理解性成分较多的技能动作，如使用电脑、研制航模等。当然，这不是绝对的，有些竞技项目如游泳、滑冰、体操等，训练越早成绩可能越好。学习外语的听说技能，儿童也往往比大人掌握得好，不过因为完全依靠模仿，所需的时间较长；而大入学外语的技能，尽管困难，但因为比较成熟，可在较短的时间内突击掌握。

②经验。经验是由实践得来的知识和技能的积累。所谓经验丰富，指的就是积累的知识和技能既多且广。有的经验可直接运用于动作技能的学习和掌握，比如骑自行车的经验可迁移到学骑摩托车，打游戏机的经验有助于电脑的使用。有的经验可间接地作用于某种动作技能的学习和掌握，比如滑冰的平衡经验，有利于体操或骑摩托车；英文打字的经验，也有助于掌握中文打字的技能。经验与成熟有密切关系。经验积累越多，表示人也越成熟；人比较成熟，更易在实践中取得经验。两者相辅相成，促进动作技能的形成。

③个性。人的个性对动作技能的学习和掌握也有一定的影响个性不同，即使进行同一种动作技能，也会有行动方式上的不同。比如同样练习打乒乓，因为个性不同，有人握直拍，以快攻见长；有人握横拍，以防守为主。而选择什么动作项目，跟个人的兴趣爱好有关。比如选择运动项目，有人爱好撑竿跳，有人喜欢打篮球。

个性的内向性和外向性在一定程度上也会影响到动作技能的学习和掌握。内向性的入，兴奋过程弱且短，抑制过程长；外向性的人，极易兴奋，很难抑制。表现在学习动作技能上，外向性的人，勇于实践，讲究行动速度和效率；内向性的人，比较拘谨，讲求精细准确。比如学习汉语过程中，有的人勇于开口，急于用汉语交流，尽管话语中偏误较多也不在意；有的人虽然在话语实践方面比较退缩，但一旦说话，遣词造句比较正确。这就是外向性和内向性的不同个性在学习技能上所形成的差异。

（2）外部条件和因素

影响技能形成的外部条件和因素，主要是指导和反馈。

①指导。在学习动作技能过程中，学习者往往只能觉察自身的一部分动作，而能得到旁人（教师或教练等）的指点和评价，就可以了解自己动作技能的全貌和动作的偏差，及时得到修正。指导有语言指导（如学习射击，指导者在一旁讲述和指点射击的要领和姿势）；指导者边示范边指导（如指导者作射击示范，同时讲要领和注意的地方）；利用视听手段进行指导（如观看射击的分解动作片）。

②反馈。练习动作技能过程中，每次练习都能得到反馈信息，知道自己的进步和不足，能有效地促进技能的学习和掌握。反馈信息，有的来自对自己行为结果的知悉，有的来自教师和旁观者，有的来自照相或录像的镜头。比如在动作学习的初期，学习者主要依靠自己对行为结果的知悉（如投篮是否命中，跳高是否过竿等），来改进自己的技能。但投篮的姿势和跳高的技巧得进一步

靠教师或旁观者的指点。当然，有条件用录像记录动作的全过程，则能更明确地进行观察，加以对照和改进。外国学生学习汉语说写技能，除了自身的监控和修正外，及时得到教师和他人的肯定或否定反馈，就能不断提高自己的说写汉语的技能和水平。

第二节　汉语国际教育教学的心理感知与理解

一、汉语作为外语的感知

汉语作为外语的学习，其中汉字的音素，词语的音节，句子的语音流，需要学习者的听觉去接收和辨别；汉语的字、词、句的外形，需要学习者的视觉去观察和判断；而运用汉语来说话和写作，则需要学习者的动觉的参与。然而光凭某种单一的感觉尚属于局部的、浅表的声音或图像，必须经过头脑的加工，将几种感觉联系起来综合成为知觉，才能把外界的语言刺激信息上升为知识而得以理解或储存。因而明确感觉和知觉的区别与联系，对汉语作为外语的感知具有相当重要的意义。

（一）各种感觉在第二语言感知中的作用

感觉有视觉（接受光线刺激）、听觉（接受声音刺激）、嗅觉（接受气味刺激）、味觉（接受食物、液体等刺激）、肤觉（接受冷热、压力、伤害等刺激）、平衡感觉和运动感觉（接受身体位置变化和运动刺激）等，而跟言语知觉联系最为直接和紧密的是听觉、视觉和动觉。

1.听觉

声波作用于耳朵中的听感受器——内耳科蒂氏器上的毛细胞，产生听觉。语言中与听觉有关的要素是语音和韵律。

（1）语音因素

与语言有关的听觉是语音听觉。语音是人体由肺部呼出的空气流，经气管，通过声带的松紧和口腔或鼻腔的共鸣而产生的。所产生的语音在空气中传播，听觉所接收的就是这种携带声音信息的音波，它具有音高、音强、音长和音色等一般声波的声学特性。

①音高。语言的音高由声音的振动频率决定。振动次数多，频率高，声音也高；反之，声音就低。一般来说，男人的声音低，女人的声音高，儿童的声音尖。他们同样说一个“行”，并不影响词义，但是声音的高低变化可以构成

不同的语调，在一定的语境中影响言语意义。比如，“行！”为降调时，表示肯定；“行？”为升调时，表示疑问。

②音强。指声音的强度（或叫响度）。与声波的振幅有关，振幅越大，声音越响（强）；反之，声音就轻（弱）。一般来说，话语的轻重并不改变语义。但在言语交际中，说话的响度有时也能传达一定的思想感情，比如在电影院看电影，或音乐厅听音乐，有人高声说话，旁边人平稳而低声地说：“不要讲话”，带有劝告、提醒的性质；如果大声说：“不要讲话”，显然带有发怒或气愤的感情了。

③音长。指声音的长短。取决于发音振动所延续的时间，振动时间长，声音就长；反之就短。音长在有些语言中有区别词义的作用。例如英语中的[i]，在 sheep（羊）[ji-p]中念长音，在 ship（船）[jip]中念短音。在汉语中，同一个“啊”的声音，发短音时一般表示应答；发长音时，则往往表示沉吟。

④音色。指嗓音音质的特色。在语音中不同的音是由基音（频率最低而振幅最大的音，比方每秒振动 100 次）和陪音（成倍地高于基音的频率，比方每秒振动 300、600、1200 次不等）复合而成的。由于内含的共振峰（即具有最大振幅的陪音）频率和数量不同，从而形成不同的语音特调。人们可根据言语中每个音的特调音色来区别不同的词。每种特调音色可能在实际发音中有点细微的差别（音位属性），但听觉还是能够认同的，这就叫音位听觉，也就是言语听觉。如 kàn（看）中的[a]和 kǎo（靠）中的[a]，仔细体会发音是有点细微差异的，但它们属于同一个音位。

（2）韵律因素

韵律因素包括语调、重音、节奏等。它们是声音的频率、振幅、时间等因素的变化在言语中的反映。

①语调。指音调变化而构成的旋律模式。对于汉语来说，除了每个字原有的声调外，整个句子还有抑扬顿挫的调子。有的句子音高逐渐上升（如：他已经来过？），表示疑问；有的句子音高逐渐下降（如：他已经来过。），是一般的叙述；有的句子音高平直（如：他终于匆匆地走了，没有留下什么话。），表示庄严、冷静；有的句子音高有曲折变化（如：他想笑，笑不出来；他想哭，也哭不出来；真正是哭笑不得！），表示惊讶、怀疑、讽刺。这些音调变化的旋律模式，就是语调。借助旋律模式，可以传递句子所表达的意思，表明说话人的态度和情感。

汉语属于声调语言，但声调指单个字的调子，是词的结构的一部分，能区别词义或语素义。而语调指贯串整个句子的调子，表达整句的意思和感情。两者的功能不同。

②重音。指多音节词中某一音节或句中某词发音响度较大的现象。英语、俄语音节中的重音可改变词的意义或词性。汉语的音节没有重音问题（只有在念轻声时显得前后的音略重些），听汉语话语主要是注意和辨别句子中重读的词。有两种重音，一种是语法重音，根据语法结构的特点而把句子的某些部分重读。比如一般句子的谓语部分（他是留学生），名词前的定语（平凡的人干出了不平凡的事），动词或形容词前的状语（天气渐渐地暖和起来了），动词后的补语（他普通话说得很流利）等。另一种是强调重音，没有一定的规律，视环境、感情的需要而对某个词加以重读。如“他在做作业”（强调某人），“他在做作业”（强调动作的对象），“他在做作业”（强调行为）。

③节奏。指话语的停顿次数和长度。停顿可把话分成若干个小段落，称为节奏、节拍或音步。说话人的话语节奏，有助于听话人的听觉接收，对理解句子有很重要的意义。

2.视觉

可见光波（波长为400～760纳米的电磁波）作用于眼球视网膜上的视细胞，产生视觉。语言的感知和理解跟空间视觉、眼动以及注视这些视觉要素密切相关。

（1）空间视觉

空间视觉是对物体的形状、大小和距离的感觉。反映在语言知觉上，有空间方位和线性排列两种。空间方位是关于物体在空间的位置；线性排列是关于事件的先后顺序。眼睛接触汉字的形状所引起的感觉（如“书”字），属于空间方位；眼睛扫视西方文字的先后字母所引起的感觉（如book），属于线性排列。当然，汉语的词在句子中的次序（横排），跟拼音文字一样，也属于线性排列的视觉。

（2）眼动

阅读是依赖眼睛的快速眼跳运动方式进行的。眼睛的跳动称为眼动。每次眼动之后是相对的静止，视线固定在某一点上，称为眼停。眼动时，看到的东西甚少；眼停时，能获得大量的字词信息。人们能够清晰地感知阅读材料中的文字符号，主要依靠眼停。眼停的次数和眼停的持续时间，与阅读能力、阅读材料难度及阅读要求有关。外国学生阅读汉语课文或语料，初级班学生的眼动次数明显高于中高级学生，而且需作反向眼动（即回视），因为他们要反复来回地看和读；而中高级学生遇到艰深的阅读材料时，眼停次数和持续时间也会加多。每次眼停所感觉的字词，一般都处在视觉器官的中央凹，大概可以清晰地感觉 4 个词。中央凹两旁的视觉，叫视野，它们可以感觉到整体，但不甚清楚。因此，阅读的最大速度，一般来说，每秒钟有 5 次眼跳，每次眼跳可以清楚地感觉 4 个词，那么，从理论上说，一分钟可以阅读 1200 个词。但实际上，由于种种原因（阅读材料的深度和难度、阅读水平的高低、个体的个性和阅读习惯等），成年读者达不到这个速度，他们每分钟能读 200 到 400 个词已可称得上是熟练的阅读者了。

（3）注视在阅读中的作用

注视实际上就是眼睛运动的停顿。眼停时间越长，注视越充分，就能比较清晰地感觉字母、单词或短语等，并开始对刺激做出反应，进行阅读的内部加工。眼动实际上是阅读的暂停，将视线移向下续的文字信息，为再一次眼停时感觉字词创造条件。视觉感知的字词信息不是连续的，材料常常被划分为若干组块。比如，有这样一段文字："南方北方/溶洞，/我看过/许多处，傥得惟有/云南/建水县/的燕子洞/独具特色。"在阅读时，不是一眼就读完的，而是眼睛移动了多次，一组一组的字词分成几批被注视而进行阅读的。上述句中的斜线，是根据眼动划分的，划出来的单位不一定是音步或节奏。这些组块由大脑重新装配成时间和空间上连续的视觉词。在大脑世界知识的监控、补充和影响下，理解视觉词的连续意义。

3.动觉

动觉是身体运动和位置变化作用于肌梭、肌腱和关节中的神经末梢而产生的运动感觉。动觉中与言语知觉直接相关的是言语动觉和模仿发音运动。

（1）言语动觉

言语动觉来自发声器官。人们说话发声，空气从肺部发出，经过声道进入口腔或鼻腔，如果气流不受阻挡，发出的是元音（如 a、o、e、i、u）；如果气流受阻，有的在双唇、齿龈、软腭部位完全阻塞而突然放开（如汉语拼音 b、p、d、t、g、k），有的在唇齿或舌齿之间摩擦成音（如汉语拼音的 f、h、x、s、sh、r），有的是塞音和擦音的合音（如汉语拼音的 j、q、z、c、zh、ch），发出的都是辅音。这些由发音器官（声带、口腔等）中的肌肉、肌腱和韧带内各种动觉感受器和传入神经将信息返转传人大脑皮层，从而产生感觉，这就是言语动觉。人们常常凭这种言语动觉来感受自己说话的内容、过程和错误。例如日本学生常把 canlan（灿烂）念成 cenlen，纠正其读音就要依靠他们的言语动觉来体会和监控。

（2）模仿发音运动

言语交际中，不仅说话者能感受自己的言语动觉，就是听话者，在听话过程中，也会有意或无意地模仿说话者的发音运动，产生运动肌肉信号，从而准确地听清对方的话音。人们在听话过程中，如果看得见对方的口形，不由自主地模仿对方口腔的肌肉运动，就容易听懂对方的话语。这说明言语动觉从中起了一定的作用。

4.言语知觉中各种器官的相互作用

言语听觉、言语视觉和言语动觉是相互配合、相互补充来知觉言语的。

运用视觉来阅读课文或语料时，阅读者常伴有嘴唇的开合和喉头的蠕动，这是言语动觉在参与视觉活动一起进行阅读。运用言语听觉听话语时，听话者也会有模仿说话者的发音肌肉运动，从而提高辨音和审音的质量。另外，听觉还能唤起相应的视觉形象。比如听到人家说姓 zhu，马上会想到和询问是“撇未朱”还是“言者诸”；听到说姓 zhang，立即会问是“弓长张”还是“立早章”，等等，人们必须依靠这些视觉的补充才能正确地感知。

人们讲话时的发音动作、面部表情、手势和身体姿势，也能传播一定的信息，有助于言语知觉。比如人们说：“不是这么回事！”双手摇动，或头部摇晃，脸上呈现出惊讶的表情等，以此来否认某个事实。

人们在说话交流时，还可凭借视觉了解客观情景，以听取和理解对方的讲话。比如，购买衣服、穿衣试镜的场景，容易听懂对方对衣服的尺寸、款式、颜色等的评价。

感觉仅仅反映客体的个别属性，但知觉和理解都是在综合各种属性的联系和关系的基础上产生的。因此，各种感官的相互作用对于言语知觉有着一定的认知意义。

（二）汉语作为外语言语知觉

知觉不同于感觉，它是由多种感觉综合与抽象而成，是大脑初步分析和综合的结果。知觉是感觉和思维之间的一个重要环节，对感觉材料进行加工，为思维准备条件。因此，语言学习，有敏锐的感觉固然重要，而能及时上升为知觉，则更为关键。

1.知觉

知觉是对客观事物表面现象或外部联系的综合反映。它同感觉一样，是由客观事物作用于感觉器官所引起的，但比感觉较为复杂，较为完整。人们认识事物的整体或联系，是两个方面综合的结果：一个是感官的特殊察觉（具体的），一个是已具有的知识和经验的补充（抽象的）。比如隶书体的“汉语”两个字，为视觉所察觉，因为大脑中对“汉语”这两个字已有印刷体（“汉语”）和活体（“汉语”）的知识，依赖这两种字体的笔画和间架结构，就能辨认出这两个隶书字是什么字。察觉隶书体字样尚属于感觉，而认出是什么字，则已上升为知觉。可以这么说，感觉是知觉的基础，知觉是感觉的深入。美国心理学家索尔索说：“在感觉层次上，信息是非常特殊的，而在解释层次上，信息通常是抽象的。我们对世界的看法是取决于我们（在抽象感觉中）所知道的和我们（在特殊感觉中）所感觉到的综合结果。”因此，知识经验不同的人对同一事物的知觉常有所不同。例如，对草书“汉语”，有的认得出，有的认别字，问题就在于他们贮存汉字字体的知识是否完备。

2.知觉的基本特征

知觉具有整体性、选择性、理解性、恒常性等基本特征。

（1）知觉的整体性

一个小学三年级的儿童，看着残缺的商店招牌“酒”，能认出是“酒家”二字；看到广告牌上残缺的“广兄”，能知道本来是“庆祝”二字。生活中这样的例子很多。这就是知觉整体性特征的作用。知觉是对当前事物的各种属性和各部分的整体反映。即使有时只感觉到某种事物的个别属性或主要特征（如“广兄”），也能根据以前的经验而知道它的其他属性和特征，从而知觉该事物。可见，知觉的完整性意味着知觉具有组织性能和结构性能。

（2）知觉的选择性

课堂上教师在黑板上写的白色粉笔字，是学生的知觉对象；写字帖黑底上面的白字或白纸上面的黑字，是习字者的知觉对象。这就是知觉的选择性。虽然作用于人们感觉器官的客观事物多种多样，但人在同一时间内是不可能感受那么多的刺激的，只能感受引起注意的少数刺激。能感受到的是知觉对象（如粉笔字），其他则是知觉的背景（如黑板）。当然在某种条件下，对象和背景可以相互转换。比如，临帖习字，有时得注意笔画在黑方格或米字格内的位置，这时的背景倒成了知觉的对象。再如给人照相，取景时，景物是知觉的对象；而拍摄时，人物却成了知觉的对象。

影响知觉选择性的因素较多，如刺激的变化（如听音乐时，音乐旋律的声响和音乐指挥的动作）、对比（如看戏，舞台灯光的集中和分散）、位置（如照片中的醒目位置）、运动（如足球运动员的体态和穿插）、强度（如光照的亮度、声音的强弱）、反复（如教师强调的重点），以及个体经验的多少、情绪的高低、兴趣的有无等，都会在不同程度上影响着知觉对象的选择。

（3）知觉的理解性

有一组（4 幅）漫画，第一幅画面是一个男子在吸烟，第二幅画面是男子把点燃的香烟扔到窗外，第三幅画面是男子急匆匆下楼，第四幅画面是男子用手接着从窗户丢下来的香烟。题目是戒烟。人们受题目的启示，联系生活中的现象和经验来理解所感知的画面，懂得漫画的真意：讽刺抽烟者想戒烟而下不了决心的情形。漫画上只有人物的行动，没有什么解释词，而人们却能通过感知画面来理解，这就是知觉的理解性。知觉的理解性，要依靠两方面的因素：一是文字提示；一是积累的知识和经验。人们感知的万事万物，反映在语词上都有一定的名称，因此文字提示可引起知觉的联想，跟过去的知识和经验挂起钩来；而知识和经验又可把所感知的事物概括化和抽象化。这也就是知觉有理解性的原因。知觉语言亦是如此，比如经营熟鸡的商店广告牌上说："鸡"不可失。人们看到这则广告觉得很有意思，就因为大家学过"机不可失，时不再来"的吉语，所以懂得广告牌利用谐音的创意。

（4）知觉的恒常性

人们等候公交车，迎面过来的小轿车都显得很大，而远处驶来的公交车看来很小，但人们凭着经验就知道那是一辆大的公共汽车。也就是说，尽管知觉的条件（比如远近、大小）有了变化，而由于知识与经验的参与，知觉表现出相对的稳定性。这就是知觉的恒常性，尤以视知觉为甚。

知觉的恒常性有形状的恒常性（如尽管苹果的品种不同，但给人的印象总是苹果的形状）、亮度的恒常性（如尽管黑衬衣在阳光下反射的光比白衬衣在黑暗处反射的光更多，但黑衬衣看起来总是黑的，白衬衣看起来总是白的）、颜色的恒常性（如新旧红领巾尽管颜色有深浅，但给人的印象总是红色的）、大小的恒常性（如看远处的大人再小，印象总是大人；看近处的小孩再大，印象总是小孩，不因观察的距离和角度有变而有所不同）。知觉对象的形状、亮度、颜色、大小等特性，是一种人的主观印象，是在经验影响下所保持的相对的稳定性。这种稳定性可以使人们始终按事物的真实面貌来反映事物，从而有效地适应环境。

3.汉语作为外语的言语知觉特点

言语知觉对思维和理解有着重要作用，因为言语知觉是感觉与思维的统一；言语知觉是理解的基础和前提；而理解乃是言语知觉的有意识部分与未意识部分相互作用的结果。

（1）感觉与思维的统一

言语知觉介乎于感觉与思维之间，是两者的统一。外语学习者听觉所感受到的言语是一串串不分散的、不可分开的语音流，而要从中知觉和区别出一个个音素，并将它们合成为一个个音节，识别其字词，这已经涉及外语的思维。

知觉语音，必须有一般的目的语的语音和音位学的知识。除了要了解和掌握发辅音（汉语中是声母）的特点，即发音部位（如双唇音、唇齿音、齿音、齿龈音、腭音、软腭音、喉音）、发音方法（如闭塞音、摩擦音、塞擦音、鼻音、边音、半元音）、声带振动的程度（如清音、浊音），以及发元音（汉语中是韵母）的舌头变化（舌的部位及其高度）之外，还要注意辅音受元音的影响（如汉语拼音中 ni 和 nang 中的 n 的发音随着紧跟的韵母特点而有变化），以及元音受前后音的影响（如汉语拼音中 wa、la、lai 中的 a 音，随前后音的特点而有所变化），不管这个音的真实读音如何，人们仍然将它们视作同一个音，这就是音位。因此，言语知觉可归结为三个阶段：

①听觉阶段。在这个阶段，声响信号转化成为神经表象，即对声音的基本频率和一些特征（如音高、音长、音强等）进行了编码，被存储在感觉贮存器中。这个阶段的代码称为“原始码”，还没从信号中抽取出语音或音位信息。

②语音阶段。这个阶段主要是依据语音知识或目的语语音系统和特点将感觉到的言语声音切分为音节，并确定其语音名称。虽然人们听到的言语声音几乎没有停顿，但所幸言语由音节构成，人们借助于音节，可以知觉一串语音并切分出一个个音节，并随后正确命名言语声音。如 nǐ shēn ti hǎo ma.这一串言语声音，人们可将它们划分为一系列音节 nǐ/shēn/ti/hǎo/ma/，并确定每个音节有哪些音素（如 nǐ音节有 n 音素与 i 音素）构成。

当然，外语学习者，最初常常是按母语的发音方式来感知外语语音的，因为母语的发音和感知的动型是极为牢固的。像日本学生常用 ji、qi、xi 来感知汉语的 zhi、chi、shi，只有通过自觉比较才有可能形成新的动型。

③音位阶段。这个阶段主要根据音位学原理，对语音阶段存在的音素问题和疑点做进一步的修正和确定。“音位规则是因语言而异的。英语的规则只能用来区别英语里各种意义不同的声音。”汉语当然有着自己的音位规则。如 nǐ（你）和 niáng（娘）中的 n 音素，读起来是有区别的，不过在汉语里还是把它归并为同一音位。又如 tǐ（体）和 dì（地），前者是送气音，后者是不送气音，汉语里有区别词义的作用，因此是两种不同的音位。而在英语里，如 pit，

无论发音中有多大的堵塞气压，仍然是 pit，它的词义不变，因此英语里就没有关于送气音的音位规则。

言语知觉经过这么三个阶段，由自然音切分为音节，确定音素，从而明确词义，于是将感觉与思维统一起来。

（2）感知和理解的关系

感知和理解密不可分。言语知觉是理解话语的前提，没有言语知觉就谈不上什么理解；理解是言语知觉的结果，它反过来又为知觉（发声的和看见的）的言语转换为神经过程提供了条件。没有学过的或不熟悉的外语语音流（比如德语、意大利语），因为无法理解，所以也无法进行言语感知。

言语知觉大多是自下而上的加工，即听到声响信号一切分音节一分辨音素（包括音位）一理解字词。但如果所知觉的是连续的言语，则会采用自上而下的加工，即使用较大的言语单元（比如词组或句子）来帮助理解信息。也就是把听到的音响放在一定的语境中来考察、识别和理解。课堂上和教科书上的填空练习，实际上是在有意识地让学生运用自上而下的加工方式来理解句子意思。例如，听到：còng xué xiào dào yòu jú de shì duō shǎo?（从学校到邮局的是多少？）学生根据上下文语境，很快就能填补出 jù li（距离）这个词语。人们在识别和知觉言语流时，是从分析音响开始的；而在理解句意时，不仅仅是言语知觉信息的叠加，而且往往是从句子倒推上去的。也就是说，人们在进行自下而上的认知加工的同时，自上而下的加工也开始操作。正是这种综合分析，使学生能在自下而上加工和自上而下加工的相互作用下“推断、填补缺失的或未被识别的言语信息”。

（3）意识部分与未意识部分的相互作用

人们在日常生活中知觉口语或书面语，大量依靠语感来分析和理解，而并非有意去意识语音、词汇、语法、修辞的语言特点，然后再整合而为可懂的句子。操本国语的人群（例如说汉语的人），并不一定专门学过语言知识，但他们可以知觉口语和书面语，顺利地进行交流和阅读。学习汉语的外国学生中也有许多不熟悉语言知识的，甚至对本国语的语言知识也知之甚少，但并不影响和妨碍听说读写。这说明，人们的言语知觉中有许多实际上是在进行潜在的划分（如言语划分为语段，语段划分为句子，句子划分为意群，意群划分为词，词语划为音节，音节划分为音素等等）而自身却并未意识到。

人们传达思想，进行交流，必须依靠语言信号的中介。语言信号是第二信号系统的刺激物，它们不是客观实物的直接反映，而是抽象的语言意义。人们借此形成思想、主张和观点，凭借语言的中介，可以说出自己的想法和听懂别人的话语。语言的诸种要素（语音、词汇、语法、修辞等）是客观存在的，它们在话语交流中时不时地发挥着作用。例如，划分语音流或文字流，辨别音节和读音，自上而下地校正理解的偏差等等。尤其发生歧义或不甚了了时，往往会不由自主地推敲词语音节，分析语法结构，整合句子意义等等。这些都是言语知觉中的意识部分。

人们从言语知觉到理解句子意义，经历着意识部分与未意识部分的相互作用。因为有言语知觉的意识部分，可以进行言语的层层分析，所以理解比较准确；因为有言语知觉的未意识部分，靠语感来接受和消化，所以理解和交流的速度就比较快。这两者相互作用，不可或缺。

二、汉语作为外语的理解

汉语的语料或话语，总是由词、句、段架构而成的，因而学习者听人说话或阅读文章就得从词汇、句子、话语三个方面去理解：理解该语料或话语中所选用的词语的词义；理解由一定词语组合起来的众多句子的意义；理解由若干句子组织起来的段落的意思。这里涉及许多心理活动、心理过程和心理规律。

（一）词汇的理解

在言语知觉的基础上，人们可以通过对知觉中形成的语言表象进行不同层级的处理而获得理解。比如词汇理解、句子理解、话语理解。所谓词汇理解，是根据知觉的音素（包括音位）和音节，从记忆中寻找和提取与之相应的词汇，也就是说，恢复词的词汇表征。这种词汇表征，包括词的意义、拼写、发音、词类及其他有关特征。例如，我们听到shǎnshuò这一串音响，知觉到它们是由sh、an、sh、uo几个音素组成，并把它们划分为两个音节shǎnshuò，然后从记忆中去寻找和提取与之相应的汉字（词）：闪烁。头脑中不仅呈现出这个词汇的词形，而且连它的动词词性、意义（光亮动摇、明暗不定，说话吞吞吐吐），甚至学习时的例句（如灯光闪烁，闪烁其词）也一并被调动出来。如果我们在阅读时，看到“闪烁”一词，也会在头脑中回忆或闪现出读音shǎnshuò及其相关意义和词性等特征。

1.心理词典内部词汇的检索

认知心理学认为，个体的大脑拥有一部能够识别单词的心理词典。外界的语言和符号，必须触接（access）心理词典的某一位置，才能产生识别作用①。心理词典中的每一个单元（即字或词）都可能贮存着一个字的音、形、义等信息。例如，汉字“谋”，在心理词典中就包含有“言、某偏旁合成”“言旁用来表示言语计划的意思”“某旁表示其读音 mou 等信息。

词汇触接有两种途径。一种是直接触接，即文字刺激直接触接词汇，产生词义，不用语音媒介。例如对汉字有些知识的中国人，看到“沆瀣一气”，不一定念得出“沆瀣”的读音，但却知道这个词语的意思是“气味相投”；另一种是间接触接，就是文字刺激必须转录成语音信息，借助语音信息来触接词义信息。例如欧美学生，文字的学习和识记常滞后于语音的接收，看到“交通堵塞”，不知“堵塞”这个词语的意思，如果在词旁注上拼音或者教师念读一遍，学生凭靠语音信息就能激发起贮存的词义信息。

词汇检索和信息提取，跟词的使用频率、词素结构和语境有很大关系。

（1）词频

词频是影响单词再认阈限的一个重要因素。使用频率高的词，检索比较容易，检索时间也短。比如汉语的“的、了、你、吗”与“谢谢、再见、您好、对不起、请问”等词语，使用最频繁，检索几乎不花什么时间，张口就来。即使像“介绍、解决、紧张、经过、经常、精神”等词语，因为也有一定的使用频率，检索起来也不费力。词语等级大纲中的甲级词比乙级词或乙级词比丙级词容易检索，也因为在一定阶段这些词语出现的频率较高所致。经常使用的词语，它们一直处于激活状态，一触即发，所以容易检索；不常用的词语，活动能量低，它们深置于记忆的某个冷僻的角落而难以检索。

心理学认为学习开始阶段收集到的信息以及最后收集到的信息最容易保留和记忆。前者称之为首位效应，后者称之为新近效应①。从新近效应来说，最近听到的词较过去听到的词能较快地恢复，而经常使用的词一般总是比较新近的，所以检索起来快。

（2）词素

词素是具有语法功能的最小单位。一个词常由几个词素组成，而且有的词素还有语法结构线索可资凭借，便于内部词汇的检索。例如英语 enjoyable，就可析成 en+joy+able，词缀 en 和 able 可以跟前面的或后面的音串划分开来，像 most enjoyable journey（非常有趣的旅行）这一个音串，人们之所以能轻易地将它们划分成 most enjoyable journey 三个词，就因为知道前缀 en 之前是另外的词，后缀 able 之后也是另外的词。汉语有单音节词和多音节词（大多为双音节词），词素体现在音节上。但汉语合成词是一种意合单位，其词素没有明显的语法结构线索可以凭借，因此划分词，主要依据音节。好在汉语的字一般都由一个声母与一个韵母组合而成，没有复辅音，而且音节上有声调，人们可以凭借音节和声调来区别词素（或词），即一个音节（调素）的是单音节词，两个以上音节（词素）的是双音节词或多音节词。例如听到 míng tiān ni qù lǚ yóu ma（明天你去旅游吗）这个音串，人们根据声韵调的规律，也能准确地把它划分为 míng /tiān / ni/ qù/ lǚ yóu/ ma，然后借助心理词典和语感，把 míng tiān 两个词素组合为词，把 lǚ yóu 两个词素组合为词；其余的是单音节词。

在汉字的书面语中，也有一些类似词缀的词素，如词头“老（老师）、阿（阿三）”和词尾“子（桌子）、儿（书桌儿）、头（床头）、性（科学性）、化（美化）、者（记者）”等也有一些语法结构意义，凭借它们，有助于在文字串中划分词语。不过经常出现的词，并不一定要经过词素去检索词汇，它们很可能在内部词汇中作为独立的项目储存。所以听话和阅读较为熟练的学生，凭语感就能判断哪些是单音节词，哪些是多音节词。

（3）语境

句子的上下文，即语境，有限定调义的作用，因而通过语境，对所检索的词，在内部词汇中恢复其意义比较有利。因为词与词之间的关系，既有语法结构上的组合，又有词汇意义上的配搭，所以熟练的读者都能从前面的一些词预期后面的词，或者从后面的一些词推想前面的词。比如，阅读“这种货币在市面上已经不流通了”，前面的“货币”与“市面上”已构成一种语境，特指商品和货币这个流通市场，因而限定了“流通”这个词的意义是“流转”，不会误解为“空气流通”的“通畅”义。

一般来说，阅读时眼睛对限定程度高的词，注视较少，注视时间也短。例如阅读“明天他们还要继续会谈”这样的句子，其中的“会谈”受时间（明天）、施事（他们）、频数（还要）、状态（继续）等语境因素的限定，词义比较明确，用不着多去思索。而对限定程度低的词，注视时间往往比较长。例如阅读“明天有活动”这样的句子，其中的“活动”限定较少，就可能要去考虑“活动”的含义究竟是什么。

语境还有利于对难词意义的猜测。HSK 的阅读试题，会出现一些难词（考题容许有 20%的超纲词），考生大都凭借上下文语境去猜测词义或干脆跳跃过去。

2.语义结构

单词都表示一定的概念。“单词所表示的概念在头脑中有其固有的、内在的联系，形成一定的结构，人们是按照这种内部认知结构来储存所输入的信息的。根据心理学家对人类知识及其结构的研究，知识表征的模式主要有层次网络模式、激活扩散模式、特征比较模式等。

（1）屡次网络模式

这个模式是柯林斯和奎利恩（Collins 和 Quillian）从计算机储存信息的方式中获得启示而提出来的，他们认为，贮存在知识系统里的信息是由单位、特征和指向连接所组成的，并以分层形式构成网络。

概念层次网络系统有以下一些特点：

①网络是由节点和连线组成。如动物、鸟、金丝雀、鸵鸟、鱼、鲨鱼、鲑鱼是节点；节点之间的连接，如“动物”连向“鸟”和“鱼”，“鸟”连向“金丝雀”和“鸵鸟”，“鱼”连向“鲨鱼”和“鲑鱼”等，是连线。

②每一个节点表示一个概念及其特征，节点所表示的概念只和与它有关的特征信息直接连接。如鸟的概念，其特征就是“有翅膀、能飞、有羽毛……”。

③节点还与它所属的范畴（如“鸟”之于“动物”），以及它所包含的成分（如“鸟”之于“金丝雀”和“鸵鸟’’等）直接连接。

④在概念网络中，不同层次的概念分别储存不同等级的事物特征，而彼此共有的特征则储存于上一层概念上。如“金丝雀”和“鸵鸟”除了自己固有的特征之外，其共同的特征（如“有翅膀、能飞、有羽毛……”）储存在“鸟”的概念层次上。“鸟”与“鱼”除了自己固有的特征外，其共同的特征（如“有皮肤、可以运动、吃食、呼吸”等）储存在“动物”概念层次上。这就是特征信息的分层次储存。这样储存概念不会浪费储存空间，也不会加重各层次的信息负荷，因而符合认知经济原则。

⑤节点表示概念，上面储存着该概念的一些特征。节点间的连线表示概念之间的指向连接，即种属关系。由此形成语义知识的网络。层次网络模式对词语和概念的加工，主要通过搜索，即从相应节点（概念）出发，沿连线搜索，从而把心理词典中的某一词汇与概念中的相应单位连接起来。

⑥网络中搜索路线的长短，往往也是获取相应信息所需时间的长短。例如判断“金丝雀是动物”，比判断“金丝雀是鸟”花的时间要长些，因为从“金丝雀”节点到“动物”节点，中间需经过“鸟”这个节点。再如判断“金丝雀能飞”，比判断“金丝雀是鸟”反应时会长些，因为在搜索到上层概念之后要继续搜索它所储存的特征信息，搜索路线较长。这些都表示出了概念之间的心理距离。

用层次网络模式来说明长时记忆中所建立的概念系统的结构，有其一定的道理。但也有其不足之处：

①典型性效果问题。一个概念类别下的正例，并不具有同等概念的典型性。

例如“麻雀”和“鸡”，虽然都从属于“鸟”类，但由于“鸡”像“鸟”的典型性差，所以判别“鸡是鸟”，比判别“麻雀是鸟”所需反应时长。

②相关性效果问题。判断句子所需的时间，取决于两个概念之间联想的强度，而不是连接的长短。例如，“动物”是“哺乳类”的高层类别概念，但判断“熊是哺乳类”，比判断“熊是动物”所需反应时要长些。因为平时生活中概念之间的配对频率“动物与熊”远胜于“哺乳类与熊”。

③否定效果问题。依照层次网络模式，要判别句子“麻雀是矿物”是否正确，必须从节点“麻雀”与“矿物”开始搜索，经节点“鸟类、动物、生物、非生物”等，才能做出否定判断。按理说搜索时间较长，而事实上，否定的反应时极为快速。

（2）激活扩散模式

这个模式是柯林斯等人对层次网络模式的修正。

激活扩散模式的特点如下：

①一个概念所具有的意义或所包含的信息（特征、种属等）存在于和其他概念的种种关系之中：有“从属”关系（如“鸟是动物”），有“具有”关系（如“鸟有翅膀”），有“能够”关系（如“鸟会飞翔”），有“不属于”关系（如“蝙蝠不是鸟”），等等。这许多关系，都通过连线来揭示和判别。有了概念和关系这两个要素，使激活扩散模式具有更简洁、更灵活的形式。特别是“不属于”关系，解释了人们对否定反应比较快速的“否定效果”问题。

②一个概念可以在不同的网络平面上跟许多概念发生联系。例如，“金丝雀”可以处于“鸟”这个平面，会“飞翔”；可以处于“宠物”平面，被豢养；也可处于“食品”平面，被品尝，等等。这样，所谓的网络系统，不仅仅是有层次的，而且是立体的。

③概念与概念之间的联系，有强弱之分。在结构图上用连线的长短来表示。比如“鸵鸟”同“鸟”的联系比较弱，连线长；“鸽子”同“鸟”的联系比较强，连线短。这就解释了“鸡是不是鸟”的“典型性效果”问题。

④激活扩散模式具有利用性。在生活中遇到概念的某个实例或某个单词，先激活与其相应的节点，然后沿着连线向相邻节点扩散，使它们处在一种活动状态。这样，有利于对有关词语的认读。例如，听过单词“鸟”后，再认读“燕子”“鸽子”“鹰”“雁”等单词就容易些。这说明，激活从“鸟”扩散到了“燕子”等鸟类。又如，节点“金丝雀”被激活后，它的特征“黄色”也随之被激活，并由“黄色”扩散到了“红”等颜色，再由“红色”扩散到“火”和

“苹果、樱桃”等红色水果，又由水果扩散到“梨”。这些概念的联系正好解释了概念的“相关性效果”。再如，节点“鱼”被激活后，沿连线向四周扩散到“水”“鳃”“鲨鱼”“动物”等节点，而“动物”的“进食”“运动”等节点也可随之被激活，但因距离远，激活比较弱。所以，要判断“鱼会运动”比判断“鱼需要水”所需的时间会长些。

（3）特征比较模式

这是史密斯（E. E. Smith）等提出来的一种模式。他们把概念用一系列的语义特征来规定。而这些特征的地位和作用不同；有些是关键性的，可称为定义性特征（如“知更鸟”上储存的“有羽毛、有翅膀、长着红胸脯，是动物”等）；有些是次要的，可称为描述性特征（如“知更鸟”“吃虫、在树上栖息，未驯化、无害”等）。这对判定命题的真伪和判定时间的长短很有意义。

（二）句子的理解

词语的理解，是话语理解的基础，但还不是完整的话语意思的理解。只有对句子理解，才算是有了相对完整的意思的理解。因为“句子的特点在于它是人们用来交流思想的语言的基本运用单位”，“可以表达一个完整的意思”。比如，我们看到车铺前的牌子上有“机动车”字样，就知道这个铺子跟机动车有关系，但究竟是卖机动车呢还是修机动车，不是很清楚。如果看到的是“专修机动车”，就非常清楚地知道：这是家专门修理机动车铺子。再如，路过服装店，看到窗玻璃上贴着“八折”，你可能知道商店的服装可以打折，但哪些可以打折，不甚了了；但如果写着“全场八折”，你就会意识到：这家商店的服装全部八折优惠。为什么加了几个字意思就清楚了呢？就因为它们由词变为词组或句子的缘故。所以，在生活中（包括学习汉语的过程中），句子的理解相当重要。

汉语的句式有一般语言所共有的普遍规律，也有汉语本身所具有的一些特征，集中反映在组合、搭配、扩展、语序、变换和特殊句式等方面。

1.汉语组合的特点

（1）汉语组合手段的一致性

汉语的词语组织到句子中去，因为缺乏性、数、格或时、态的变化，其主要的组合手段是靠语序和虚词。不仅词素组合成词，是采用这种手段，而且由词语组合成词组，由词组组合为句子，也是采用这种手段。就是内部的组合关系也非常一致，有联合、修饰、陈述、支配、补充等。

（2）汉语组合的一致性对理解的作用

人们对句子的理解往往是自下而上和自上而下结合起来进行分析的。所谓的自下而上，是对句子中的一个个词语的词义进行确认，并推敲跟旁边词语的组合关系，从而来理解整个句子的意思；所谓的自上而下，是从整个句子的意思出发来分析其中的词或词组的组合关系。因为句子的意义，不一定等于句子中词义的加合，由于人们的经验补充和一定的想象力，句子的意思很可能超出词义的总和。所以，必须采用自下而上和自上而下相结合的分析办法，才能准确和完整地理解句子意思。而汉语组合的一致性，为学生对句子中词语的组合或词组的组合进行统一的分析，创造了相当有利的条件。

2.生活经验与语义搭配

语法结构正确的句子，未必是真实的，也许是不能成立的。例如，“我喝桌子”“汽车行驶在树梢”等语句，结构上完全合乎语法规则，而情理上却无法使人接受。这里牵涉语义搭配问题。平时，人们说话和写作并不刻意追求搭配的合理和正确，往往从习惯出发就能表述出语义搭配完善和妥帖的句子。比如，“篮子”用“提”，“足球”用“踢”，“食物”用“吃”，“饮料”用“喝”；“高山”用“陡峭”，而不用“清澈”；“波涛”用“汹涌”，而不用“险峻”，等等。这些搭配都是以生活知识为其基础的。说的人清楚，听的人明白。尽管世界上有各种不同的语言，有各种不同的习俗，而生活常识和生活经验毕竟有许多共通的地方。正是这些相通的知识和经验，引导学生在掌握目的语的某一语法规则之后，就能造出正确的合情合理的句子，用不着专门花时间去学习每个词语可与哪些词语在语义上可以搭配的没法穷尽的问题。

第三节　汉语国际教育教学的记忆技巧

人因为有语言作为依托，丰富的世界知识，不管是具体的还是抽象的，都得以在大脑中识别和记忆，其记忆的深广度是一般所谓的高级动物所无法企及的。而语言（包括外语）本身的学习，更是以记忆为前提的。研究和揭示记忆的心理特征和类别，对识记包括语言在内的知识，具有重要的意义。

一、记忆的基本特征

过去的经验在人脑中得以反映，就成为知识；知识在大脑中的存储、保持和提取是记忆的三个基本环节；知识在头脑中的记忆表象具有直观性和概括性。

这三个方面构成了记忆的基本特征。

（一）记忆是过去经验在人脑中的反映

入对经验过的东西，头脑中会留有印象，比如某个事件的始末、某个乐曲的旋律、某座建筑的外观、某个人的脸庞、某种外语的单词、某种学问的知识……只要以前接触过、观察过、聆听过、学习过，它们总会在头脑中不同程度地得以反映，这就是记忆。而凡是没经验过的事物或知识，则不会在头脑中反映。比如，没学过的知识（包括外语），没去过的城市或旅游地，没经历过或听说过的事情，头脑中对此往往是一片空白，不会有什么记忆存在。因此，记忆必须有感觉和知觉作为其基础，同时，大脑也要对感觉和知觉的东西进行必要的加工和储存，才能在头脑中留下印象和记忆。这是个复杂的心理过程，常常不能随心所欲。

人不能没有记忆，否则就不能正常地生活。人们之所以能够形成概念，进行判断和推理等思维活动，所依靠的就是经验和知识的记忆和积累。也正因为有了记忆，人才能超越知觉活动的直接感受而接收广博而丰富的间接知识，从而去认识世界和改造世界。

根据信息加工理论的观点，记忆是对输入信息的编码、贮存和提取的过程。也可以说，记忆是人们对先前经验的有意识的外显反映。有所“记”才能有所“忆”；“记”不住，就“忆”不出；“记”得模糊，“忆”就困难。汉语作为外语的记忆，就是要通过学习的方式，记住和积累汉语的文字（包括音节）、词汇、语法规则，以及渗透其间的中国文化，并在应用过程中能够把需要的字、词、句回忆和提取出来，以表述自己的思想和观点。比如，学习了“问路’’的课文，记住了问路的句子和有关词语，才能在需要时回忆并说出“劳驾，往南京路怎么走？”“请问，到广场乘什么车？”这样的问句。再如，学习了“购物”的课文，记住了选购和议价等有关的词语和句子，就能在实用时回忆并说出“师傅，这……怎么卖？”“这……多少钱一斤？”“太贵了，能不能便宜一点？”等这样的问句。

（二）记忆的三个基本环节

记忆加工可分三个阶段（或说三个基本环节）：信息的识记、信息的保持和信息的提取。用信息加工观点来说，记忆就是对输入信息的编码、贮存和提取的过程。

信息的识记是对事物的识别和记住，从而积累知识经验。人们认识世界的万事万物，先决条件就是对需要认识的事物进行识记。比如学习外语，要读出单词的音，就得先识记音标和字母拼写规则；要应用词语，得先识记一个个单词；要说出句子，得先识记语法规则，等等。但是识记了的事物，如果随时遗忘，那就等于没有学习，必须把它们贮存和积累于脑库，这就是信息的保持。可见，保持是巩固已获得的知识经验的过程。人的记忆脑库有感觉记忆、短时记忆、长时记忆等，它们保持信息的时间长短不一。感觉记忆最短，短时记忆次之，长时记忆最长（有的可以永久保持）。保持的目标，就是要通过感觉记忆和短时记忆千方百计地把信息输入长时记忆，永久地贮存起来。比如学习汉字，不仅要识别字形，读出字音，知道字义，还要知道笔顺，操练书写，这样几个反复，就有可能把从感觉记忆进入到短时记忆的汉字，输入到长时记忆。记忆的目的，不止于保持信息，而要在需要时拿出来用，这就是信息的提取。所谓的提取，是在不同情况下恢复过去经验的过程。有两种情况：一种是经验过的事物不在面前，能把它重新回想起来，叫作再现；一种是经验过的事物再度出现时，能把它重新认出来，叫作再认。比如，学习了“宽敞”这个词语，当需要说“客厅宽敞”时，能从记忆库所积累的心理词汇“宽大、宽阔、宽余、宽敞”中，把“宽敞”提取出来；当阅读“坐在宽敞的教室里学习别提多高兴了”这样的句子时，能够认出、读出并理解“宽敞”这个词语。

记忆过程的三个环节是相互联系、相互制约的。没有识记，就谈不上保持；没有识记和保持，当然更谈不上提取。因此，识记和保持是提取的前提，提取是识记和保持的结果，并能进一步巩固和加强识记和保持。汉语作为外语学习的经验也证实，经常使用的词语（出现频率高的词，如学习、工作、旅游、吃饭、乘车等）和句式（如主谓宾句、动词谓语句、形容词谓语句、连动句、比较句等），记忆比较牢固。

（三）记忆表象的直观性和概括性

人感知过的事物，尽管不在眼前，但仍能在头脑中再现出它的形象，这就叫作记忆表象。记忆表象有直观性和概括性两个特点。

记忆表象的直观性。事物为感觉所登记，且上升为知觉，要进行粗略的编码，这就是图像记忆和声像记忆，它是按感觉信息原有形式来贮存的。而表象正是感知留下的形象，所以具有直观性。这种直观性，是客观事物并不在眼前，而是通过记忆回忆起来的。这种回忆不可能像实际感知事物时所得到的形象那样鲜明、完整和稳定，而是事物的大体轮廓和一些主要特征。比如，上海的南浦大桥和杨浦大桥，凡是路过或参观过的人，头脑里都会留下两座桥的形象，但展现于脑海的可能只是这两座桥的宏伟的桥身和气势，以及一为螺旋式、一为提拉式的特点，不可能像照相那么细致准确。

记忆表象的概括性。表象所反映的是同一（或同类）事物在不同条件下所经常表现出来的一般特点。比如，人们曾多次经过南浦和杨浦这两座大桥，每次由于条件不同（或者是晴天，或者是雨天，或者是大雾天，或者是夜晚等），会产生不完全相同的具体知觉形象。但人们一旦说起南浦大桥或杨浦大桥时回忆出来的不是某一次的具体知觉形象，而是多次知觉基础上产生的概括形象：螺旋式桥或提拉式桥。表象的概括性还表现在对于同类事物的概括上。例如，我们头脑里所贮存的楼房、树木、公交车、饭店等形象，都是从同类事物中概括而得来的。同样是概括，表象概括和思维中的概念的概括是不一样的。表象所概括的有事物的本质属性与非本质属性，而概念只概括事物的本质属性。例如，“金牌”的概念是奖给比赛中的冠军的用黄金做的牌子，而表象除了包含这个概念之外，还蕴有黄灿灿的、圆形的，有丝带可以挂在颈项等属性。

表象的直观性与概括性是密切联系在一起的。它的直观性有点像知觉；它的概括性又有点像思维。它是介乎知觉与思维之间的中间环节，是记忆的主要内容。在记忆过程中，回忆过去的事物，并且再认出曾经接触过的事物，主要也是靠表象来实现的。

二、记忆的分类

记忆可按记忆的内容分类，也可按记忆活动特点分类。

（一）按记忆内容分类

根据记忆内容，可把记忆分为如下四种：

1.形象记忆

以感知过的事物形象为内容的记忆，叫作形象记忆。例如，外国留学生去杭州旅游，回来后对西湖景象的记忆、对六和塔的记忆、对岳坟的记忆等等，都是形象记忆。

2.逻辑记忆

以概念、公式和规律等的逻辑思维过程为内容的记忆，叫作逻辑记忆。例如，汉语作为外语的学习中，有些词语的定义（如“隆重”的解释是“盛大庄重”，“蔓延”的解释是“像蔓革一样不断向周围扩展”）、语法规则（如“进行、忍受”等动词后面的宾语，可以由非名词性词语充当）等的记忆，就是逻辑记忆。

3.情绪记忆

以体验过的某种情绪或情感为内容的记忆，叫作情绪记忆。例如，外国学生登上长城时的兴奋劲儿，篮球比赛输掉时的失落劲儿，这些回忆就是情绪记忆。

4.运动记忆

以做过的运动或动作为内容的记忆，叫作运动记忆。例如，外国学生学习中国太极拳或武术，一个接着一个动作的回忆，就是运动记忆。

（二）按记忆活动特点分类

根据记忆活动特点，可将记忆分为感觉记忆、短时记忆和长时记忆三个储存系统，而每个储存系统都以前一个系统的加工作为自己储存的条件。

1.感觉记忆

感觉记忆是原始的感觉形式，它具有相当大的容量，能够把外界的信息一下子完整地摄取进来，但保持的时间极短，约 0.25-2 秒，所以又称为瞬时记忆。感觉记忆的特点是：外界的信息按照感觉输入的原样在感觉中记下来，具有鲜明的形象性。比如，主持人在电视节目中的一个个镜头和一句句话语，分别为视觉和听觉逐个（或逐句）所接收和登记，此时留存于感觉中的映象和声像跟刺激基本一致，可以说是外界刺激的复制品。因此，心理学认为，感觉记忆也有粗疏的编码和组织。这种编码和组织，可能是一种图像记忆或声像记忆，它们按感觉信息原有的形式来贮存。感觉记忆虽然贮存时间极短，但它为进一步加工提供了材料和时间，是人们接受和处理外界信息必不可少的一步。感觉中的信息，如果受到注意就能进入短时记忆，没有得到注意的信息就很快消失。

2.短时记忆

短时记忆是指信息保持在一分钟以内的记忆。这是信息从感觉通往长时记忆的一个中间环节或过渡阶段。比如，听报告或听课时做记录或笔记，常常记完上句，来不及记下旬；或者暂时跳跃一下先记下句再补上句，那个上句却再也回忆不出来了。再如，查询电话号码或车牌号，如不记录下来，使用过后很快就记不清了。这些都说明存于短时记忆的信息超过了一分钟就会丢失或遗忘。

短时记忆的特点是信息容量的有限性和相对固定性。根据心理学实验发现，入的短时记忆容量为 7±2 个单位，即在 5 到 9 个单位之间波动，这里所说的单位，内涵不定，可以小到字母，中到单词，大到词组。为了增加和扩充短时记忆的容量，人们常常利用组块来记忆。所谓的组块，是指将若干小单位联合成大单位的信息加工，也指这样组成的单位。对外汉语教学提倡记住词组，从某种意义上来说，也是在利用组块扩充和提高短时记忆的容量。

短时记忆又称工作记忆，它一边接受来自感觉记忆中的信息，一边从长时记忆中提取信息，进行有意识的加工。工作记忆由语音环、视觉空间模板和审核执行系统组成。中央执行系统负责协调和支配两个子系统（即语音环和视觉空间模板）与长时记忆的联系。因此，心理学所说的短时记忆编码，实际上就是工作记忆的编码。短时记忆的编码方式有听觉性编码、视觉性编码和语义性编码等，其中以听觉编码为主。对外汉语教学中，外国学生由听觉接收一个句子，如“哥哥比弟弟谦虚得多”，这一串语音流“ge ge bi di di qian xu de duo，在短时记忆（即工作记忆）中，由听觉登记进而编成语音代码，传递绘长时记忆做深入的加工。即使外国学生没有听到这一串语音流，而只看到用汉字书写的句子，进入短时记忆时也会发生形—音转换，其编码仍带有听觉性质或声音性质。我们常见到外国学生在阅读汉字书写的语料时，有嘴唇开合或喉头蠕动的现象，这就是在进行形一音的转换。当然，由于汉字表形而不表音的特点，短时记忆（即工作记忆）对汉字的编码总体上来说是以形状编码（即表示线条结合与线条间距离的空间码）为主的。短时记忆中也存在着抽象的、不经过感觉通道的语义编码，这是因受长时记忆库中语义信息的影响。比如，“弟弟比哥哥顽皮”，其中“弟弟”“哥哥”在长时记忆中存在，因而容易进行语义编码；而“顽皮”可能以前没接触过，长时记忆中没有贮存过，因而也无法进行语义编码。那么这个句子的意义只能依靠其他因素（如上下文或语境）来猜测了。

短时记忆中的信息超过保持的时间，会丢失或遗忘，而及时的复述可以使信息保持较长的时间，同时也可使信息从短时记忆进入长时记忆。

3.长时记忆

长时记忆是指一分钟以上直至许多年甚至保持终身的记忆。它是个体经验积累和心理发展的前提。长时记忆的信息来源是对短时记忆重复加工的结果，但也有些长时记忆由于印象深刻而一次形成。例如，来上海学习汉语的外国人，在游览中第一次接触“黄浦江”和“外滩”，印象特别深刻，因而很自然地记住了它们的读音。长时记忆的容量是无限的，它储存着关于世界的一切知识，为我们的一切活动提供必要的知识基础。

长时记忆主要以语义编码为主。所谓语义编码是将短时记忆中以声音与视觉形式贮存的信息转化成概念的或有意义的形式。比如，要记住下列词语“螳螂、狗、燕子、蝉、猫、鸽子、蝴蝶、猪、黄雀”等，如果把它们分成昆虫类（螳螂、蝉、蝴蝶）、家畜类（狗、猫、猪）、鸟类（黄雀、燕子、鸽子），就容易记住和回忆；如果把它们组合成“螳螂捕蝉，黄雀在后”“猪狗打架，猫逐蝴蝶”“燕子南飞，鸽子捎信”等有意义的话语，也容易记忆和提取。

长时记忆的语义记忆有多种结构，这就是层次网络模式、激活扩散模式、特征比较模式等等。

长时记忆除了语义编码外，还有表象编码。语义编码以言语代码来贮存言语信息，具有听觉—运动性质。“语义代码又称命题代码。是一种抽象的意义表征，具有命题的形式。”例如“扩展是向外伸展和扩大”“誓言是宣誓时说的话”，这正是用命题来表述词语“扩展”和“誓言”的抽象意义。表象编码是以表象代码来贮存关于具体的客体和事件的信息，它构成了非言语思维的表征方式。“表象代码是记忆中事物的形象，有着与实际知觉相似的性质，并且与客体相类似。”例如，观看电视新闻“台风卷起海浪扑打东海大桥以及工人们为保护大桥而努力奋战的场面和情景”以后，头脑里久久不能忘怀。

三、识记

识记即信息的获得，也就是信息的输入和编码过程。它有这么几个条件：一是外界有信息的刺激；二是外界的信息被机体所注意和感觉；三是感觉到的信息经过编码由神经元传递。如果外界不存在什么新的信息，那么自然也就谈不上识记或获得什么信息。虽然人们在生活中，张开眼睛能够看到上下、左右、周围的一切，侧起耳朵能够听见各种各样的天籁声响，但是因为这一切都是熟悉的旧识，是司空见惯的、或天天听惯的，人们往往对此熟视无睹，或者充耳不闻，也就是说不去特别注意。而一旦有了新的刺激信息，比如，布告栏里贴出新的海报，教室里传出来悠扬的琴声，人们就会去注意观看或聆听，此时，新的信息就有可能为机体的感觉器官所接收。也就是说，外界的信息刺激已经被视觉神经或听觉神经所接受（或叫感觉登记）。感觉的东西，其编码形式是比较形象的、原始的，信息在这里以图像记忆或声像记忆的形式保存，例如海报的样子以及海报上的字样，琴声的音质和音阶等，输入的信息在这里还没有完全被认识。它们保存的时间极为短暂，但对进一步的信息加工提供了更多的时间和可能性，对知觉活动和其他高级认知活动都有重要意义的东西经过抽象和分类就成为知觉，只有知觉了的信息才有资格进引入短时记忆。海报上的诸多文字，琴声的乐句旋律，这些信息由感觉登记后逐一上升为知觉，并输入短时记忆。短时记忆把这些信息进行编码，即把一长串的文字和一长串的旋律转换为符号或代码，经神经元传递给大脑的有关皮质，在大脑加工器（即工作记忆）进行解码和整合。这时候，外界海报上的内容，或琴音的旋律，才得以理解和贮存。这就是新信息的识记或获得的过程。

识记是记忆过程的第一阶段，是信息保持的前提。有良好的识记，才有较佳的记忆效果。因而可以这么说，识记是影响记忆的重要因素。

四、识记的分类

识记按其有无预定目的和是否经过主观努力，可分为有意识记和无意识记。根据识记材料之有无意义或学习者是否了解其意义，识记还可分为意义识记和机械识记。

（一）有意识记和无意识记

1.有意识记的特点

有意识记是非常重要的一种识记，它要求有三个条件：一是识记目的性比较明确；二是运用一定的方法进行识记；三是需要一定的意志努力。人们在日常生活（比如尝试做菜）、工作（比如了解业务）、学习（比如学习外语）中，经常使用的是有意识记。有意识记是一种比较复杂的智力活动，它的首要条件是具有明确的目的任务。在对外汉语教学中，我们常发现来华的海外商务人员以及为了求职就业的外国学生，他们学习汉语的成绩良好，效果显著；而那些听命于家长而到中国来学习汉语的中学生，他们的学习成绩和效果一般不太理想。其原因就在于学习目的性是否明确以及明确的程度：目的性越明确，他们识记汉语的效果也好，因为他们能集中注意力，有意志和毅力专心学习，能选择有效的方法认识和记住语言材料；而目的性不明确的学生，则主动性较差，注意力不易集中，也很少动脑筋选用有效的方法去识记语言材料，即使多次感知的事物也难以记住。

在有意识记中，记忆保持的时间与识记任务有关：识记任务要求长期保持的，记忆保持的时间就比较长；识记任务不要求长期保持的，记忆保持的时间就较短。比如，汉语词语的识记，有些词语是要求掌握的（如“良好、优秀、优异”等高频词），外国学生在学习和记忆中可以长时间地贮存和保持；有些词语只要求领会（如“卓越、决绝、超然”等低频词），外国学生在学习和记忆中常常只是短时间地贮存和保持。

在课堂上，教师如能明确地对学生说明一堂课的识记目的和任务，就能调动学生的积极性，充分发挥有意识记的效用。

2.无意识记的特点

无意识记指没有预定目的、不经任何努力、也不用什么方法的识记，具有很大的选择性和偶然性。所谓的选择性，是指世界上的事物都有可能成为无意识记的对象，只要它们是具有重大意义的事物（如高考升学）、能引起兴趣和注意的事物（如旅游和参观）、能激起情绪波动的事物（如竞赛和获奖），就很容易被人们在无意中所识记。所谓的偶然性，是指生活中遭遇的偶然事件或突发事件（如因水管爆裂而新楼房进水），或者是某人讲过的一句话（如“千里之行，始于足下”）、报刊上的某个醒目的标题（如“带着爷爷上学的女大学生”）等，可能令人终生难忘。人们所积累的许多知识中国，有相当部分是通过无意识记获得的，而人的生活经验则更是无意识记的结果。因此，如果在对外汉语教学中，为外国学生创设良好的学习汉语的环境，如开展一些访问或实际体验活动，经常举办演讲会、讨论会，倡导跟中国学生交朋友，鼓励接触社会人群等等，就能使他们无意识记许多形象生动的话语和丰富的文化知识，扩展和深化课堂教学的内容。

无意识记既能积累知识，又可减轻学习的负担，是人们获得知识信息不可或缺的途径。但由于缺少目的性，识记的内容带有偶然性和片段性，因而仅靠无意识记则难以获得系统的科学知识。

（二）意义识记和机械识记

1.意义识记的特点

意义识记是通过对材料的理解进行的识记。其条件：一是运用已有的知识经验来理解材料；二是积极地进行思维，弄清材料的意义及内部联系。例如，外国学生要记住“再过若干年，上海将步入老龄化社会”这句话，首先必须理解其含义。根据以往积累的有关词缀“化”的知识（如名词、形容词带上“化”，就带有“向……变化”的性质），以及“现代化、绿化、知识化、年轻化”等词语中“化”字所带有的“普遍性变化”的含义，从而推论并理解“老龄化”是“整个社会以老年人居多”的意思。理解了这个关键性词语，也弄清了整个句子的内在联系，那么，学生也因此而容易记住这个句子了。

意义识记的新材料为学习者的知识结构所接纳和同化，记忆的效果自然比较好，且易于回忆。美国心理学家布鲁纳（J.S.Bruner）指出：在信息的任何组织中，如果信息嵌进了一个人业已组成的认知结构之中，而减少了材料的极度复杂性，那就会使这类材料易于恢复。

2.机械识记的特点

机械识记是依靠机械重复进行的识记。其特点是主要根据材料的外部表现形式去识记，而不了解材料的意义及其关系。况且，有些材料本身就是无意义的或缺乏意义的，只能用重复的方式进行机械识记。在学习外语过程中，许多材料往往是要进行机械识记的。比如，中国人拼读英语生词：B-O-DK，book，书；S-T-A-R，star，星，采取反复的拼读，从而记住它们。外国人认读汉字，也得反复地认，反复地写，才能识记。尽管有些汉字的字形结构，有象形（如

“鸟”“山”等象实物）和意合（如“人靠在树木下”是“休”“手在目上望远”为“看”等）的内涵，可能有助于认读和识记，但基本上还是以机械识记为主。汉语中的一些成语（如画蛇添足、自相矛盾等）、惯用语（如大手大脚、戴高帽子等），尽管具有一定的意义，但不能按已经掌握的词法或语法规则产生，因而也得依靠机械识记。有时，材料本身是有意义的，但学习者受水平的限制一时难以理解，也不妨先作机械识记，以后再逐步理解。例如中国儿童背诵唐诗，幼时不求甚解，大了慢慢领悟。

意义识记和机械识记这两种识记方法是互相联系的，有时也可以互相转换。意义识记要有机械识记作基础，例如对句子的意义识记，就建立在靠机械识记积累起来的词语基础之上；机械识记的材料也可赋予一定的意义来进行识记，例如把词语“决定”和“绝对”组成“你的决定太绝对了”这样的句子来识记，因为增加了两个词语之间的意义联系，就容易记住。历史事件，例如“八国联军”，将这八个国家连成一句话（沪语发音）：伊（意）答（德）应（英）我（俄）十（日）号（奥）发（法）霉（美），记忆起来就毫不费力。强生出租汽车公司电话号码为62580000，方言谐音为：老让我拨4个零，就再也不会忘记了。

五、汉语作为外语的保持和遗忘

识记了的知识，在头脑中的储存可能有两种情况：或者保持，或者遗忘。知识信息的保持是有效学习的基本要求，因而有必要研究知识信息保持的心理过程和知识信息保持的方式；遗忘是学习过程中常见的现象，探究遗忘的特点及其原因，避免知识的丢失，也是心理学特别是语言心理学一直关注和重视的课题。

（一）保持

识记的信息在头脑中的贮存，就是传统心理学上的保持。保持的心理过程就是记忆。按记忆的状态和久暂，记忆可划分为感觉记忆（即感觉登记或瞬时记忆）、短时记忆（亦称工作记忆）和长时记忆。有的信息比较重要（如高频词和语法规则等），应予以长久保持；有的信息只暂时地起作用（如查阅词典上的有关解释），不必作长时间的保持。

1.保持是记忆的重要环节

保持是记忆的一个重要的方面，它不仅能巩固识记的信息内容，也是实现再认和回忆的重要保证。

识记的信息内容，如果没有保持这个环节，学习和认识活动就会沦为无效劳动，呈现于头脑的是一片空白。没有知识积累，没有知识结构，人类也就不可能去认识世界和改造世界。同样，在对外汉语教学中，如果没有保持这个环节，新的词语和新的语法得不到旧知的同化和顺应，也就无法开展即时学习和继续学习的认知活动。因而我们要充分掌握感觉记忆瞬时保持的特点，迅速将感知的信息送入短时记忆做进一步的加工；同时，也要充分掌握短时记忆保持时间不长的特点，在信息消失和遗忘之前，采取编码和复述的手段，将信息送达长时记忆，以便长久保持。只有长时记忆中长久保持的信息，才能经过匹配和提取，对外界刺激做出反应或者为人们所应用。比如新词语"妥帖"之所以能保持下来，就因为有保持在大脑记忆中的"妥当、妥善"和"贴切"等1日词的同化作用。而要把"妥帖"输入长时记忆，也需要充分利用感觉记忆中的图像记忆（"妥帖"的字样）和声像记忆（"妥帖"的读音 tuotie），并在短时记忆中进行词形和词音的编码，以及多次的复述，才能久久地保持在长时记忆中，一旦需要应用，就可从"妥当、妥善、妥帖、贴切"等同类词中进行匹配、选择和提取。

2.保持的心理基础

知识信息的保持，是知识经验在识记之后和恢复之前，以暂时神经联系痕迹的形式留存于脑中。而大脑皮质的暂时神经联系痕迹，来源于对知识信息的编码。人们除了感觉记忆是以实体的、与外界刺激基本相像的图像记忆和声像记忆极为短暂地留存于感觉器官外，进入短时记忆的知识信息都要经过加工处理，即把信息转化为空间线索代码或声音代码，这就是编码。例如英语的 play，就要把 p-l-a-y 等字母编为空间码和声音码，汉语的"玩耍"也要把字形编为由线条和线条间的距离构成的空间码，以及把由拼音字母组合起来的"wanshua"编为声音码。它们就像通讯中的电码或电脑对信息以二进位"o"和"1"的排列组合式的编码。只有这样的代码，才能由神经元进行层层传递，最后到达大脑皮质的有关区域，形成暂时神经联系痕迹。知识信息就是这样得以留存与保持的。

大脑皮质上的暂时神经联系痕迹，如果长久得不到刺激，就会衰退；暂时联系被抑制时，又会产生遗忘现象。也就是说，识记了的知识信息在头脑中会淡化甚至遗忘。因此，要巩固和保持知识经验，必须同遗忘作斗争。最为有效的办法是，让暂时联系处在一定的刺激影响下，使之再活跃，这样，知识经验就以再认或再现的形式恢复起来。如此多次地反复，知识经验就能保持于头脑中而长久不忘。

可以这么说，长时记忆的形成是由于短时记忆活动痕迹的积累。结构痕迹一经形成就不易消退。长时记忆的容量极大，记忆广度没有限制，短时记忆输送的知识信息，只要有充分的复习，就能落户长时记忆。长时记忆有三种记忆编码：语言编码、表象编码和运动编码，用以储存信息。语言编码主要是语义编码（如“宏伟”的语义编码是“规模或计划等雄壮伟大”）；表象编码（也叫情节编码）是语言材料的视觉或听觉表象（如“宏伟”的书写形式与“hongwei”的语音形式）；运动编码是对技能的记忆（如对“宏伟”的书写或发音）。语言编码的记忆称为语义记忆，储存概念和规则；表象编码的记忆称为情节记忆，记录个人的某些经验和情节；运动编码的记忆称为感知一运动记忆，保留着熟练的技能动作。

知识经验在头脑中的保持并不是静止的，它会发生质和量的变化。所谓数量上的变化，即知识经验保存量的减少，出现遗忘。所谓质量上的变化，即记忆内容的简化、概括，或者详细、合理，也可以表现为歪曲、替代等。这些，都与个人的知识经验的多寡、应用知识经验的熟练程度、保持知识经验的方法和手段有密切的关系。

3.汉语作为外语保持的方式

汉语作为外语的学习，知识的保持至关重要。下面几种保持的方式要特别引起重视。

（1）提高加工水平的深度

实践告诉我们，加工水平越深，保持就越好。在识记和认知过程中，人们对有的学习材料只作表面加工，例如查阅词典、浏览报纸等，随看随忘，保持时间极短；对重要的学习材料则做深入的加工，力求长时间的保持。例如同学们看到一位女同学手上的手表，习以为常，并未加以注意，这是低水平的加工，也许过后就忘；如果知道这是块 ROLEX 牌子的名表，则加工水平提高了，有可能去留意而记住它；要是了解这块手表是她父母给她的生日礼物，这块表就有了意义（如示意她珍惜时间，天天向上），因而大家对这块手表的加工也上升到了更高、更深的水平，于是久久不能忘怀。这说明，我们越是注意一种刺激物的细节，对它做深入的心理加工，就越能在头脑中保持。

（2）双重编码

信息在记忆里的编码方式有两种：非言语的表象编码和言语的语义编码。一般来说，语义编码的材料比形象编码的材料更能保持持久。人们长时记忆中的知识一般都是依语义编码的形式来表征的。在对外汉语教学中，抽象词常常采用语义编码贮存，而具体词既可以用表象编码，又可以用语义编码，这就是双重编码。心理学认为，单一编码的材料保持较为难些，双重编码的材料保持时间长久。因而，在实际的词语教学中，应该充分调动学生的想象力，尽可能让学生进行双重编码。例如，“污染”一词，除了采用语义编码：“使沾染上有害物质”之外，还要启发学生去联想和想象：烟囱冒黑烟、河水发绿变臭、汽车后尾排气等，进行表象编码。那么，这个词语就能久久地印记在头脑之中。

（3）超额学习

超额学习又叫过度学习，指在学习达到刚好成诵以后的附加学习。识记的知识信息经过复述（再认或再现），就能较为长久地保持。但有些数量较大的知识信息，例如数理化中的公式、定理、规则，语文中的诗歌、名人格言和精彩段落等等，仅有一、两次的复述，还不能完整地记住它们，可能要经过多次的反复才能背诵出来。即使到了能够成诵的程度，亦需再接再厉，趁热打铁，进行超额学习。时间过多，学习者会厌烦；时间少了，达不到长久保持的要求。对外汉语教学，对于典型的语句（如教材中的范句）和精彩的课文段落，要求学习者记忆和背诵，则可采取超额学习的措施。

（4）运用记忆术

适当运用一些记忆术，也能提高保持的效果。记忆术运用得比较多的是赋予意义法、象形法和谐音法。

①赋予意义法。外语单词、历史年代、人名、地名等机械性程度高的材料，人为地赋予一些意义，有助于记忆。比如，将几个生词组合成句子，如把“模范”和“模仿”放在句子“这些模范动作可以给大家模仿”里，有了一定的意义，外国学生就容易记忆。再如辛亥革命的年代是 1911 年，如果正好跟自己某个亲属的出生年月相同，两相联系，这个历史年代就不易忘记。

②象形法。把某些汉字的形状想象为某种图画或事物，有利于外国学生对汉字的识记和保持。比如把汉字“兴”想象为“*”号，把汉字“长”想象为“K字母加一横”就易认易记。把“风”联想为“挂上帘子禁止（×）风吹人”，把“商”联想为“柜台上下陈列着各种商品”等，也容易辨识、记忆和保持。

③谐音法。把某些外语单词的读音跟母语中相近的音挂起钩来，进行意义联想，印象就比较深刻。比如，中国人学习英语单词“gas”，谐音为“该死”，联想到“煤气中毒该死”，这个单词的音和义就能牢牢地记住。外国入学习汉语词语“购买”，谐音为“market”的两个音节的倒置：ket、ma，联想到“在超市里购买东西”，这个单词也就不会忘记了。

（二）遗忘

遗忘作为一种心理现象是经常发生的。人们识记的知识信息，由于停留在不同等级的记忆加工器（如感觉记忆、短时记忆、长时记忆等），其保持和遗忘的程度也会有所不同；而时间的长短和识记材料的有无意义、难易、篇幅、系列位置等，都会对遗忘产生一定的影响。

1.遗忘及其特点

遗忘是对识记过的内容不能再认和回忆，或者表现为错误的再认和回忆。识记的信息内容，由于加工程度的不同，会出现不同程度的遗忘。进入感觉记忆的信息，遗忘最快，因为它们在那里只能保持 2 秒钟；进入短时记忆的信息，保持的时间略微长些，但也只能保持在 1 分钟以内，过此就会消失；只有进入长时记忆的信息，才能保持长久，但有时回忆也很艰难，甚至“卡壳”或出错。心理学家经过实验和研究，认为造成遗忘有种种因素：

（1）时间因素

艾宾浩斯（Ebbinghaus）以自己为被试对遗忘现象进行了系统的研究，发现了一条规律：遗忘进程不是均衡的，在识记的最初时间遗忘很快，后来逐渐缓慢，到一定时间后几乎不再遗忘。也就是说，遗忘的发展是“先快后慢”。这就是有名的艾宾浩斯遗忘曲线。

（2）材料的意义和作用因素

有意义的、作用大的材料容易识记和保持，记忆中的信息最容易遗忘的是对识记者来说没有什么重要意义的、不需要的、对工作学习帮助不大的那些材料。例如，在对外汉语教学中，课文中的低频生词、课文中的与情节或意义关系不大的句子，课后不久就遗忘殆尽。

（3）材料的性质因素

不同性质的材料对记忆也有影响。一般来说，有情节的比较形象的材料容易记住和恢复，遗忘速度较慢。而说明性和理论性的材料比较容易遗忘。例如看电视剧，由于有情节、有形象，印象深刻，遗忘较慢；而收视新闻广播，大多为报告性的，过后就会遗忘。学习汉语课文也是如此，小说和记叙文比说明文和论说文记忆深，遗忘速度慢。

（4）材料的长短因素

虽然识记材料的困难程度并不一定随着长度的增加而成比例地增加，但是识记材料的长度影响着识记的效果。材料越多、越长，用来诵读和练习的时数就得增加。如果得不到那么多的时间来反复，势必不能充分地识记和记忆，结果就会造成遗忘。对外汉语教学的课文篇幅一般都有所控制，就是考虑到了这个因素。

（5）材料的系列位置因素

识记材料的系列位置不同，遗忘情况也不一样。学习系列性材料，一般是开始部分最容易记住，末尾部分次之，中间偏后的项目则容易遗忘。学习汉语课文，尤其是缺乏情节和形象的内容，外国学生一般只记住课文开头所提出的论点，以及课文末后所做的结论。至于中间部分是如何展开说理和论证的，则印象早已淡忘。

2.遗忘的原因

短时记忆和长时记忆都会发生遗忘，但遗忘的原因不同。1.短时记忆遗忘的原因短时记忆是以迅速地遗忘为特征的。因为短时记忆的容量很小，一般人只有 7 土 2 个项目。但是所接收的外界信息不止这些项目，而且后续的信息源源不断由感觉登记输入，那么饱和了的短时记忆要接纳新的信息，势必发生两种情况：一是排斥，即把超载部分的项目拒之于门外，不再予以接收，例如外国学生学习时间过长，头脑里再也装不进新的东西，就是这种情况的反映；二是替换的信息把短时记忆中的旧信息挤走，取而代之。可能挤走一部分旧的，替换一部分新的；也可能全部进行更新，旧的信息全部让位于新的信息。比如，学习课文的一个段落或一个句群，里面包含好几个句子，在吸收、接纳后面的句子时，必然要把前面的句子从短时记忆中清除部分或全部，才能让后续的信息替换进来。因为同一个段落（或句群）的句子意思是有关联的（或者几个句子的主体是同一个，或者动作是连续下去的，或者是同样的对象等等），一般不会把所有的旧信息全部撤换掉；但是当另外换一个段落或句群时，则短时记忆可能清空所有的旧信息，全部接收新信息。

信息的重复可以阻止短时记忆的遗忘，从而将信息输入长时记忆。从这个意义上来说，重复可以看作是巩固原有的记忆痕迹的过程。如果识记的信息得不到重复，记忆痕迹可能随着时间的推移而衰退。可见，记忆痕迹衰退也是导致短时记忆遗忘的重要原因。

（2）长时记忆遗忘的原因

长时记忆中的知识信息是一种复杂的网络结构储存，因而能够保持长久。但是某些信息如果放置在某个角落而长时间不去刺激和动用它们的话，也会遗忘，或者回忆不起来。其原因有三种说法：

①痕迹衰退说。这是一种传统的解释。按照这种理论，学习时，知识信息经过编码，由神经元传递至大脑皮质，就会在皮质上留下痕迹。编码次数越多，所留的痕迹也越深。如果记忆痕迹得不到强化，就会逐渐减弱，以致最后消退。

那么，有关的知识信息也因此而被遗忘。

②干扰说。现代心理学认为，遗忘更多地与干扰力量有关。一般来说，外界的刺激能与长时记忆中的知识结构之间形成联想结，只要没有干扰，长时记忆必然能做出反应。换句话说，这些联想性联系能够长久地保持在长时记忆中。但是，长时记忆在由大量新信息构成复杂联想结的过程中，“可以使很微妙地编织在那些结构中的信息趋于迷乱”，也就是说，某些新信息的输入干扰了原有的知识结构，相互产生抑制，以致使所需要的材料不能提取。例如，头脑里记忆的电话号码较多，又有几个新的电话号码输入，新旧号码混杂一起，相互抑制，相互干扰，有些旧有的电话号码很可能就回忆不起来了。

③依存线索说。这种观点认为，回忆不出某种东西，不是因为它衰退了或受到了阻碍，而是因为线索条件离人们试图回忆的事情太遥远。也就是说，长时记忆中的有关信息并未真正被遗忘，还存在于联系网络之中，等待着恰当的刺激条件将它们释放出来。人们识记信息是根据知觉对象与当时环境的种种线索来进行编码的，如果提取的时候刺激信息所依存的背景和线索不足，则不能匹配记忆中项目编码的性质，也就不能从记忆中回忆出来。例如，外国学生学习成语故事“画蛇添足”，留存于头脑中的信息有情节线索、语词线索、语音线索等，形成一个复杂的联想结。现在听到有人说：“他这样做，完全是蛇足行为。”其中的“蛇足”跟头脑中所储存的“画蛇添足”在线索上不完全匹配，因而他们不理解“蛇足”这个词语的意思。也就是说，听到“蛇足”，却由于线索不足而无法提取业已储存的“画蛇添足”这个知识信息。

④同化说。这种观点认为，在真正的有意学习中，前后相继的学习不是相互干扰而是相互促进的，因为有意义学习总是以原有的学习为基础，后面的学习是前面的学习的加深和扩充。但是如何解释实际存在的遗忘现象呢？比如，人们常会忘记曾经理解的概念、原理或运算法则，这该如何来理解呢？奥苏贝尔的同化论认为，遗忘是知识的组织与认知结构简化的过程。当人们学到了更高级的概念与规律以后，高级的观念可以代替低级的观念，使低级观念遗忘，从而简化了认识并减轻了记忆。这是一种积极的遗忘。例如，外国学生学习汉语，开始接触和记忆的是单个趋向动词“上、下、进、出、回、过、起”等词，以后学习了复合趋向动词“上来、下去、进来、出去、回来、过去”等词，里面已经包含了单个趋向动词，就没有必要再去加强和巩固单个趋向动词，即使遗忘也没关系。

不过也存在一种消极的遗忘。那就是原有的知识不巩固，或者新旧知识辨析不清，以原有观念代替表面相同而实质不同的新观念，或者对新知作曲解，从而导致提取错误。例如，由于“询问”和“发问”两个词语的意义差不多，外国学生分辨不清，常把“发问”混同于双宾语动词“询问”，依照“他经常询问老师一些问题”的句式，说成“我发问老师一个问题”，应该用“询问”的地方，却误用了“发问”这个词语。这是外国学生说话时，犯了提取的错误。

3.前摄抑制和倒摄抑制

干扰导致遗忘，这是心理学界较为普遍的一种理论和学说，称为干扰效应。干扰效应表现为前摄抑制和倒摄抑制。

（1）前摄抑制

先前学习的材料对后继学习的材料的干扰，叫前摄抑制。

前摄抑制一般表现在无意义材料的记忆中，它是造成大量遗忘的重要原因。人对事物的印象常有先入为主的现象。先前的学习如果在头脑中留有较为深刻的印象，那么后继的学习受先前学习的干扰（尤其是类似的材料）就很难扎根。例如，随课文中的生词表的次序学习生词，学习和记忆前几个生词后，后面所学习的生词就较难记住；或者在学习本课生词表时，有些词（如快活、快意、欢快等）跟以前学习过的词（如快乐、愉快）在意义和组合上比较类似，那么也会产生前摄抑制，学习过后，头脑里仍然只有“快乐、愉快”等旧词，新词的巩固较为费力。

实验表明，前摄抑制跟学习的次数和保持的时间有关：如果先前的学习次数较多，前摄抑制的情况也会增加，冲击和干扰后继学习也比较明显；如果先前学习的材料保持时间增长，前摄抑制的比率也会提高。例如，先前学习生词“接头”，对其中的几个意义：“连接两个物体或两个物体的连接口（如电话线接头）”“联系或接洽（如公司派我来接头）”，通过多次的反复，在头脑中保持下来了。现在再要学习“接头”的另一个意义：“熟悉某事的情况（如这件事我不接头）”，外国学生就会受前摄抑制而老是忘记。

（2）倒摄抑制

后面学习的材料对先前学习的材料的干扰叫倒摄抑制。

后面学习的材料，因为记忆犹新，也会冲击和干扰先前学习过的东西。

生活中这样的情况屡见不鲜，记住了新的电话号码，忘记了过去曾记忆的号码；翻译文章（如英译中）时查阅词典，查了后面的词语，把先前查过的另一个词语的意思给忘了。记忆历史年代，记住了某个历史事件的年代，把先前曾记过的一个历史年代冲淡了，等等。但是，如果没有后继的学习，那么先前学习的材料在一段时间内只有很少的遗忘。

倒摄抑制与前后两种学习材料的相似度和难度有关：如果学习材料的差异逐步缩小，倒摄抑制的作用逐渐加大，如学习“临时、即时、及时、暂时”等生词，由于“即时、及时”跟“临时”的差异大些，干扰还不怎么大，而“暂时”跟“临时”比较接近，干扰就要大些；如果先后学习的材料完全相同，等于是同一材料的复习，不产生倒摄抑制，如先后几次学习同一个词“临时”，由于重复学习而记忆得到了加强；如果先后识记的材料完全不同，则倒摄抑制的作用最小，如学习生词“临时”和“长远”，除了都表示一定的时间意义外，两个词之间很少有相同之处（“临时”除了与“长远”一样可作形容词外，还能作副词用），因此可能不产生倒摄抑制。

人们学习两种不同的学习材料，如果后面学习的材料难度高，精力都放在难学的材料上，对先前学习过的材料抑制作用就大，如外国学生学习上海话的发音，强化几个特殊的声母或韵母，可能会影响他原先已经熟练的普通话发音；如果后面的学习材料比较容易，干扰作用就小，如收看娱乐性的节目，对先前学过的语音和词语，可能很少发生或不发生抑制作用。成年人学习语言，由于接触的事物多、令之分心的信息也多，因而产生倒摄抑制的现象较为普遍。

在学习同一种材料的过程中也会出现前摄抑制或倒摄抑制。比如学习一篇长的课文或课文中的生词表，一般开头部分容易记住，叫作首位效应；结尾部分也容易记住，叫作新近效应；中间部分较难记住。这就是因为开始部分只受倒摄抑制的影响，末尾部分只受前摄抑制的影响，而中间部分要受前摄和倒摄两种抑制的影响所致。教学过程中，如果有意识安排几个活动段落，则可以有多个首位效应和新近效应，这对减少干扰、识记知识颇为有益。

第四节　汉语国际教育教学中学习者心理

一、学习者的认知风格

学习者的认知风格是指学习者在学习过程中对信息进行加工的方式。认知风格一般是在学习过程中受到学习条件、环境和个人的禀赋、素质的影响而形成和发展的。此外，也常受到学习者个性特征的制约。个性特征中个体性格的内向与外向、自信心与自我抑制以及焦虑程度等常常与认知风格关系密切。例如，性格外向的学生在群体活动中一般比较活跃，善于交往。在语言学习上常表现为乐于开口、不怕犯错误，不忌讳他人的看法，因此在口语方面占有一定优势。

认知风格具有一定的稳定性，同时也存在一定的可变性。稳定性是指学习者在相当一个时期内保持其认知风格的一致，例如在儿童时代，或者青年时期，对事物的认知和加工，基本上是一种风格；而可变性则指从学习者整个学习过程来看，他的认知风格会有所变化，例如随着年龄的增长和知识的丰富，在一定程度上会逐步改变或修正自己的信息加工方式，也可能学习和吸取别人的良好的学习方式与学习风格。有经验的对外汉语教师能够根据他们的个性特征采取与之较为吻合的教学方式，充分调动和发挥学生的优良素质，使之具有并保持良好的认知风格；同时，也会鼓励和培养资质一般的学生，以促进和改变原先不够理想的风格，从而提高教学效率。

教育心理学和认知心理学将学习者在学习过程中对信息加工的方式归纳为：场依存性与场独立性、冲动型与沉思型、容忍倾向与排他倾向等几种类型。下面我们将对学习者的认知风格及其与语言学习的关系加以分析。

（一）场依存性与场独立性

场依存性与场独立性是人们对客观世界的信息进行加工的两种方式。这两种认知方式普遍存在于人们对客观世界的认知活动中。

1.场依存性与场独立性的特点

场依存性与场独立性是对视觉信息进行感知和抽象方面所存在着的个体差异而做出的划分。

场依存性的主要特点是注重宏观和整体性，具体表现为：看待事物往往倾向于从宏观上、从整体上着眼，即使在感知个别信息时，也容易受到整体知觉背景的影响。在接收信息时，常以外部参照作为信息加工的依据。例如在对某个事件做出反应时，或在评价自己或他人时，常常会受到外界各种因素的影响和干扰。在处理问题和解决问题时，容易忽略问题的具体因素而被它的整体特征所左右、所吸引。拿学习汉字的读音来说，场依存性强的学生，能从形声字声旁类推这个整体规律出发而获知一大批同音字或近音字，如古、故、姑、固、估、咕、沽、菇等都念 gu，但正因为只重视整体规律，忽视其中语音变迁的特殊性，把怙、祜（hu）和苦、枯（ku）等也错归到 gu 音中去了。

场独立性的主要特点是注重微观和具体性，具体表现为：看待事物常常倾向于以微观为基点，善于对每一个具体信息做出分析和辨认，较少受到整体知觉背景的影响，甚至会独立于周围背景来考虑问题。判断事物时常以个人的内部标准或内部参照来进行。在处理问题和解决问题时，能较快地从整体中抽出部分来加以认识，并倾向于进行抽象的分析。这样做虽然能使问题集中，可把部分与整体加以区别，但也会因此而见树不见林，看不到整体中各部分之间内在的联系。也拿学习汉字读音来说，场独立性强的学生，只注重具体的每一个方块汉字的读音，因而他们能分辨含有声旁“工”的汉字的不同读音，如“红、虹”念 hong，“江”念 jiang，“功、攻”念 gong，“空”念 kong 等，不会因声旁相同而混淆。但是却不能用声旁类推的方法去识记和认读更多的形声字。

场依存性与场独立性这两种认知方式对主客观世界的认识，无所谓优劣好坏。它们的运用完全取决于客观任务或问题的性质。有的适宜于采用场依存性的认知方式，有的适宜于采用场独立性的认知方式。例如语言课的技能训练，口语练习宜采用场依存性的认知方式，因为双方的会话必须建立在一定的（即多少带有整体意义的）语境之中；而词语辨析则宜采用场独立性的认知方式，因为这是几个词语的具体比较，跟整个语境关系不是太大。但总的来说，个体的认知方式是有倾向性的。有的以场依存性为主，有的以场独立性见长。这种倾向性的形成与个体的个性特征、生活环境及社会文化背景等有着密切的关系。例如有的学生个性开朗，家庭生活环境比较宽松，父母给孩子较多的自主权，还有各种机会通过图书、音像媒体、实践活动等接触外部世界的精神文明。这样的学生在课堂上乐意与老师交流、与同学合作，多方面、多渠道地吸收和获取知识作为自己学习和加工的依据和参照，因而在学习中会较多地表现出场依存性的认知方式。

2.场依存性与场独立性与汉语作为外语学习的关系

个体有场依存性的认知方式倾向的，其内在的爱好比较偏重于形象思维，外在的要求则常常表现为：希望教师组织结构严密的教学，提供条理清晰的讲授提纲，并进行明确的指导和讲解，以使这一切与他个人内在的情感倾向形成一个有机的互补。他们对文学、历史、地理、教育、政治、法律等学科的兴趣比较浓厚，在这些学科领域中，能够充分发挥他们的形象思维和条分缕析的能力。而具有场独立性的认知方式倾向的个体，由于其具有相当的分析、概括、综合的能力，因而对教学结构上的严整性并不很关注，他有能力对教学材料进行整理并结构化，以此对教学进行补充。他们对数学、物理、化学、生物、医学和工程技术学等学科比较感兴趣，在这些学科领域中，能够充分发挥他们的逻辑思维和归纳整理的能力。就语言学习而言，场依存性和场独立性两种不同的认知方式可以发挥各自的作用。具有场依存性倾向的学习者，易于合群，善于交际。擅长在自然的语言环境中、在交际过程中自然地学习语言。来华学习：

汉语的外国学生，尤其是欧美学生往往善于运用场依存性的认知方式，他们大都能较快地融入中国的社会环境中去，从课堂以外的校园和社会，通过与中国人的交往，获得汉语的词语、句式以及文化等各方面的知识，并通过实际的运用来练习各种表达方式。在欧美学生较多的班级中，我们常可发现他们努力地、尽可能地用那还不太纯熟的汉语来与本国的、他国的、甚至中国的同学交谈。因而这些学生的汉语会话往往起步早，进步明显，表达能力提高得比较快。具有场独立性倾向的学生由于以分析见长，善于有意识地学习语言形式，能自然地借助于课堂或其他正规的学习方式来学习和掌握目的语，因而他们对所学的语言内容喜欢进行比较、梳理和归纳，愿意相对独立地掌握所学内容，而在交际方面略为欠缺。这方面，日韩学生往往表现得比较突出。他们所掌握的汉语知识较多，阅读能力也较强，就是不愿或很少用汉语来与他人交谈，最为突出的是他们跟本国同学习惯上都是用母语来进行交流的。外语学习要取得理想的效果，只认同一种认知方式是不够的，应当具备场依存性和场独立性这两种不同的认知方式，并交错运用，充分发挥各自的长处，让课堂教学与社会交际同时产生作用，以此来完善汉语学习。

（二）沉思型与冲动型

沉思型和冲动型是两种不同的认知风格。它们是在相对复杂的认知任务中所表现出来的或快或慢的以及精确或失误的反应。

1.沉思型和冲动型的特点

沉思型的主要特点是周密思索，具体表现是：处理问题或事件时深思熟虑，谨慎而全面地检查各种假设，因而错误较少。对问题和事件的关注不停留在整体方面，而更注重细节，并追求完美、确实的答案。在对外汉语教学中，沉思型的同学挂在嘴边的一句话常常是“为什么？”他们不以知其然为满足，而要刨根问底，知其所以然。

冲动型的主要特点是粗枝大叶，具体表现是：遇到问题急于做出回答，而实际上，他们并没有对解决问题的各种方式或途径做全面的检验或思考。对事件和问题的处理常采用整体的、笼统的方式，常常会凭预感猜测答案，因而容易出错。在对外汉语教学中，冲动型的同学在课堂上表现得很活跃，发言非常踊跃，但因为满足于一知半解，其回答的准确率往往不高。

沉思型和冲动型这两种认知风格，对一个事件或一项任务都能按各自的特点做出反应。但是它们并不是一种定式。在一定的时期和条件下，两者可对以转换，可以各自起作用。一般情况下，随着年龄的增长，知识和社会阅历就越丰富，个体认知的冲动性会有所下降，思考问题的时间和错误率也会发生相对应的变化。但在各个年龄阶段，这两种认知风格具有一定的稳定性。比如处于小学和初中阶段的学生，有的解题始终那么细致，有的答题老是那么粗心，风格的差异所致。但到高中阶段，随着课程内容的深入和细化，冲动型的学生在一定程度上会慢慢转向沉思型。总的说来，对于一个认知任务或目标，沉思型和冲动型都能按各自的特点做出反应。我们在课堂上会看到这样的情形：教师让学生做看图说话的练习，冲动型的学生往往快速地看一下图片就要求发言。而沉思型的学生则会拿出纸笔，先把要说的内容写下来，经过检查修改，然后再开口述说。

2.沉思型与冲动型与汉语作为外语学习的关系

在一般学习上，沉思型学习者由于善于思考，比较细致、严谨，常常能发挥他们冷静、全面的特点，因而他们的阅读成绩、各项测验成绩及创造性设计成绩等一般都比较优良。而冲动型学习者由于急于求成的心理状态，对问题的考虑常常粗疏大意，因而他们的学习能力相对较低，学习成绩不稳定。表现在语言学习上，沉思型学习者善于进行归纳，这种学习方法比较适合于接受和消化课堂教学的内容，完善个人的知识结构。如果教师用归纳法上课，则沉思型学生得益最多。比如教师教带有形旁“心”的字义时，从已经学过的形声字中归纳出形旁“心”所表示的意义范畴，如从“忧、怏、恨、怒、恶、悲”等字中说明“心”可以表示有关的心情或感情；从“想、念、怀、思、怜、惜、慕、忍、忘”等字中说明“心”可以表示某种“心理活动”；从“忠、志、情、性”等字中，说明“心”可以表示某种性格品行；从“忙、急、悠、慢”等字中，说明“心”可以表示某种与心理有关的状态等等（当然也有必要强调这些字义归类的交错情况）。这对沉思型的学生来说，正好符合他们的学习思路，因而能够很快接受并充实自己的知识结构。以后遇到带“心”旁的生字（如惭、愁、忆等），能归入“心”旁所表示的意义范畴，从而记住这个字的意义。但沉思型学习者由于过分拘谨，追求详尽和全面，因而在语言学习的某一个阶段停留的时间可能会比较长一些。然而，一旦从一个学习阶段跨入另一个学习阶段时，可能会呈现出一个明显的飞跃。比如有些沉思型学生，在课堂上保持缄默的情形较多，口语能力比较薄弱，但在一个暑假旅游回来，口语水平突飞猛进，因为他们平日所积累的汉语知识，在实际应用中有相当部分转化成了能力，能力释放的结果产生了一个飞跃。

根据观察和统计数据显示，在汉语作为外语的学习中，用汉语阅读和回答问题时，沉思型学习者往往比冲动型学习者速度慢，但准确率高。课堂中，面对教师的提问常有两种反应：一种是抬着头想，一种是低着头写。前者多数是冲动型学习者，他们跃跃欲试，马上要求回答；后者则为沉思型学习者，他们习惯于把自己的思路和答案写下来加以修改后才做出回答。教师如果对这类学生的个性特征认识不够，对他们缺少耐心，没有给他们留出思考的时间，或者加以催促，打乱了他们的思索，没有足够的时间让他们去考虑正确答案，这样，学生的认知风格与教师的教学风格产生了矛盾，就会影响和妨碍他们的汉语学习与获得。当然，还有一种情况是进行有时间要求的语言训练，例如规定时间的听力训练、口头回答问题或限时阅读等，这就需要教师对沉思型学习者加以正确引导，不能过分迁就，应逐步提高他们的反应能力。冲动型学习者使用的语言学习的方法，比较灵活，顾虑少，勇于做出回答，因而在语言学习上虽然跨出的步子比较小，但发言机会多，使用频率高，也会显示出较为明显的进步。比如有些带有冲动型风格的欧美学生，学习了一个时期，他们使用汉语的口语水平和表达能力明显高于同斑的其他同学。但总的说来，冲动型学习者常由于学得不够扎实，在一定程度上会妨碍汉语的学习与获得。教师如果对具有这种个性特征的学生进行有针对性的训练，例如做一些注重语料细节的练习，则可以弥补由于学生个性造成的学习上的不足，使他们的汉语学习得到较大的收获。

（三）容忍倾向和排他倾向

人们对客观事物的接收和概括是有差别的。有的取向宽泛，有的取向狭窄。个体对事物归类过宽或过窄形成了容忍倾向与排他倾向两种不同的认知方式。

1.容忍倾向与排他倾向的特点

容忍倾向表现为容易接受概括性强的事物。其长处是概括、综合能力强，富于探索精神，能够在模棱两可、线索纷繁的情况下，有条不紊地理出头绪。具有容忍倾向的个体往往能兼收并蓄与他的思想和知识结构不同的观点或意见、互相矛盾的内容和形式。其短处是，有时概括性过强，常常会把不属于同类的事物也包括在内，或者扩大运用只符合某个事物的客观规律，造成规则泛化。比如具有容忍倾向的外国学生，对于汉语中某些形容词兼有动词用法，如“丰富内容、严格纪律、繁荣经济、密切关系、平整土地”等，它们带登上宾语时含有“使”的意思，即“使内容丰富、使纪律严格、使经济繁荣、使关系密切、使土地平整”等，虽然这跟汉语中一般形容词的用法有异，跟母语中的形容词用法也不同，但他们能够包容和吸收这种特殊用法。不过，由于他们有过强的概括力，常常会扩大和超出这个应用范围，造出像“热情感觉、潇洒衣服、疼痛心脏”这样的句子，泛化了原有的规则。

排他倾向表现为易于接受概括性小的事物。其长处是善于在明确的范围之内把事物和现象进行分类和细化。其短处是无法容忍模糊不清的事物和状态，有时会拒绝那些与他的想法不一致的内容，而把属于同类的事物也排除在外。比如具有排他倾向的外国学生，对于汉语中宾语与动词的意义搭配关系有表示动作对象（我拿书包）、动作结果（她写了一篇小说）、动作处所（他来上海）、动作所用工具（我写毛笔）等，由于分类细致而明确，他们乐于接受。但对于“打扫卫生、消除疲劳、弥补过失”等这类习惯性的搭配是无法容纳的，在他们看来“卫生被打扫了，不是更脏了吗？”“疲劳恢复了，不是更累了吗？过失弥补了，不是更错了吗？”因而他们是绝对不会造出“改进缺点”之类的病句的。

2.容忍倾向及排他倾向与汉语作为外语学习的关系

外语学习一般要经历一个从窄到宽、从少到多的认知过程。在学习的初始阶段，由于词语积累、语法规则学习和表达方式的掌握都比较有限，因而新学的词语和句式常常因为觉得没有十分把握而被排斥在使用范围之外。例如，“把”字句是汉语的一大特点。外国学生刚学的时候，会因为在母语中没有对应的句式而常常回避使用。如说“你把课文念一遍”，为了回避，直接说成“你念一遍课文”。到了一定阶段，由于学习内容的扩大和丰富，学习者会逐步放宽对语言知识的认知和应用，甚至会泛化所学到的语言规则，出现一些偏误或失误。比如学生会说出这样的句子：“如果你把这件事相信是他干的，你会失望的。”这个句子的偏误在于：“把”字句的动词要带有“处置”意义，而句中的动词“相信”不具有“处置”意义，学生把使用范围有一定限制的语法规则任意搬用到了超出规定范围的话语中去了。但随着学习的深入，对“把”字句的性质有了比较透彻的理解，学习者会进行部分调整，泛化现象也能得到一定的控制。可见，容忍倾向和排他倾向在整个学习语言过程中是互相渗透，有所变化的。

每一种语言都代表了一种看待世界的方式。对外语学习者来说，学习一门外语就意味着学会另一种看待世界的方式，即对事物概念的抽绎和概括以及对事物关系的思维定式等。持容忍倾向的学习者比较能包容不熟悉的、甚至有些矛盾的内容，对于自己现阶段难以理解或接受的语言材料也能容纳。例如听或阅读一段语言材料，其中有一些尚未学过的词语或句子，或者即使学过而记忆模糊的语句，尽管不能完全听懂或看懂，但只要能猜到大概的意思，便也可以接受。而持排他倾向的语言学习者在一个时期内较难接受以一种全新的方式来看待世界的情况，其母语结构的知识以及母语结构的特殊性，在他的认知结构中根深蒂固，因而新的语言内容不是被母语固化（如有的欧美学生很长时期在用汉语形容词作谓语时中间要加一个“是”）就是要花较长时间才能被接受（如兼语句的使用），尤其在感受到某种心理压力时会采取回避的态度（如避免使用不太熟练的“把”字句）。我们在对外汉语教学中曾接触过一个排他倾向比较明显的典型个例。有一位法律专业本科毕业的日本学生，由他所任职的日本某公司派来中国学习汉语十个月，要求从零起点达到汉语中级水平。该学生在汉语学习过程中排他倾向的认知风格表现十分典型。他固守个人长期以来在母语学习中形成的学习习惯，过分细化某些学习内容，甚至拒绝接受与他个人想法不一致的信息，自从在学习的初始阶段认定语音的重要之后，处处以语音为重，在以后不管学习词汇、语法还是听力、会话，他始终把80%的精力花在语音上。几个月下来，他跟同时入学的其他学生差距越拉越大。尽管老师花了很多时间为他个别补习，但由于他始终不肯改变个人的学习方式，在课堂上不跟教师同步，教师上课，他自学，对许多教学内容采取完全回避的态度，最终的结业考试，他的成绩最差。HSK 成绩他比其他学生低了两个等级。从这个个案我们看到个人的认知方式对学习所造成的影响，这是值得对外汉语教师重视的。

容忍倾向与排他倾向两种认知方式在外语学习中都具有一定的作用，这要根据语言使用而定。一般而言，进行输入性的如听或读的技能训练，则容忍倾向的认知方式比较适宜，那样可以接收和吸取更多的知识内容；而进行输出性的如说或写的技能训练，则排他倾向的认知方式会被更多地采纳，那样可少说错话或少写错句。优秀语言学习者很可能兼采两者的长处，既合理准确地运用语言规则，也进行大胆探索。他们在运用语言中顾虑较少，通过实践来证明或推翻对语言规则所作的假设，从而达到语言学习的良好境界。

（四）认知风格与课堂教学方法的关系

对外汉语教师掌握自己教学对象的特点，以利于采取相应的教学措施，提高教学效果。学习者的认知风格与课堂教学方法的运用，有着内在的联系。场依存性与场独立性、沉思型和冲动型、容忍倾向与排他倾向，这些不同的认知风格表现在对教学方法的适应上也是各不相同的。

在具有场依存性认知风格的学习老较多的班级，教师可以较多地运用先讲后练的讲练法进行教学。因为这类学习者常常希望教师系统而有条理地讲授知识。另外这类学习者喜欢从整体到具体地加工信息，所以先规则后例子的演绎法也比较适合于他们。

在具有场独立性认知风格的学习者较多的班级，教师宜较多采用练讲法。

所谓练讲法是先练后讲。这种教学方法的特点表现在教师以重点、难点的讲解为主。而具有场独立性认知风格的学习者有较强的综合归纳的能力，所以教师对重点难点的讲解正是他们所希望的。用先例子后规则的归纳法讲解课程内容也适宜于这类学习者，因为他们喜欢从具体到整体地加工信息。

在沉思型学习者居多的班级宜采用演绎法进行教学。与具有场依存性认知风格的学习者相似的，是这类学习者也乐意从整体到具体地加工信息。

在冲动型学习者居多的班级，采用提问法或对话法进行授课是比较理想的选择。冲动型学习者回答问题踊跃，用提问和解答的方式，或者在师生和同学之间围绕某个话题或语言材料进行对话，能提高学生的学习兴趣、活跃课堂气氛，从而能够较为顺利地开展教学活动。相反，这类教学方法，尤其是对话法，在沉思型学习者居多的班级，往往开展不起来。

具有容忍倾向的认知风格的学习者，比较容易接受在一定情景中进行交际会话的交际法。他们比较善于从交际中学习和吸收、归纳和整理纷至沓来的知识，并通过交际来运用和消化这些知识。另外，先例子后规则的归纳法也比较适合具有容忍倾向的学习者，因为他们同具有场独立性认知风格的学习者一样，也善于从具体到整体地加工信息。

在排他倾向的学习者居多的班级，则可多运用对比法进行教学。对比母语与目的语的异同（语际对比）、对比目的语中不同句型的特点等（语内对比），可让学习者通过对比，改变自己对目的语的排斥，接受新知识。

认知风格与课堂教学方法之间的关系是相对而言的，它们有一定的相关性，也有一定的灵活性。如何处理好其中的关系，需要教师在教学过程中仔细观察、勤于思考分析，并根据教学实践加以监控和随时进行调整，以保证教学活动的顺利进行。

二、学习者的情感因素

学习是一种与情感密切相关的心理活动。动机、态度、性格等情感方面的人格特征与学习的效率和效果会相互影响、相互作用。学习心理学告诉我们："良好的性格特征有助于学业成功。而学习上的成功又能增强学习者的信心，得到情感上的满足，产生良好的心境，使其对未来的学习志向水平提高，学习更加勤奋。进而促进开朗、乐观和积极进取的性格发展。"相反，学习的屡次失败，会导致消极情绪的产生，并促进不良性格的发展。

（一）动机

动机是驱使人们活动的一种动因和力量，包括个人的意图、愿望、心理的冲动，或企图达到的目标等。不同的动机，对外语学习有一定的影响。

1.动机

由于基本生存的需要、社会生活的需求以及精神生活的追求，决定了人类的动机是多种多样的。就学习而言，动机一般分为内部动机和外部动机。内部动机是个体自身所产生的动力，来自个体对活动本身的兴趣和认识，如外国学生有的对中国文化怀有浓厚的兴趣、有的钟情于中国的悠久历史，也有的向往中国山川土地的广袤和独特的风景，因而来华学习中文。外部动机是受外部诱因而产生的动力，来自别人的影响或教师的肯定、表扬和鼓励，例如因为成绩好而得到物质和精神奖励等等，从而激发出学习的积极性。

2.动机的作用

动机能对语言学习，尤其是汉语作为外语的学习产生较大的影响。来中国学习汉语的外国学生如果具有明确的学习目的或不断获得的成功，就能激发出学习的动力。有一位新加坡学生，她来中国学习的目的非常明确，就是希望本科毕业后回新加坡当中文教师。明确的学习目的激发出强大的学习动力，她上课从不请假，从不迟到早退，作业完成得非常认真。有一次老师布置调研作业，要求找 3 个中国人进行访谈，了解各人对方言的看法。结果她找了 5 个不回年龄屡次和不同职业的中国人进行调查，另外还写了一篇一千多字的调查报告。同样，成就动机也能激发出学习的动力。有一位因丈夫来中国工作而随同前来的韩国太太，来中国以前是韩国医院的一名护士。因为同时又是家庭主妇，上有公婆，下有小叔小姑和儿女，生活工作十分辛苦。来中国以后，生活一下子变得十分轻闲。为了消磨时光，她来学校学习中文。

由于她比较年长，而且学习认真，结果在班级中得到学生的尊重和老师的赞许。这种获得荣誉的满足感，提高了她学习的信心和积极性，而这种信心和积极性反过来又促进了她的学习。这个例子说明了肯定和表扬能激发学习者自我提高的动机，促进学习的积极性。同样前文所提到的新加坡学生，由于优秀的学习成绩赢得了他人的羡慕和敬佩，并进一步形成学习的动力，提高了她的学习主动性和积极性。由此可见，维持适当的学习动机可以提高学习效率、获得理想的学习效果。动机推动学习，学习增强动机，这两者是互为因果的。

3.动机的培养和激发

动机的激发可使潜在的动机转化为学习行动。因此学习动机的培养和激发就显得十分重要。明确学习目标、培养学习兴趣，确立切合实际的志向水平，利用反馈、合理的奖惩以及竞争，这些都是培养和激发学习动机的具体而可行的措施。

明确学习目标是使学习者保持旺盛的学习热情、克服困难、跨越障碍的强大动力。教师可以经常强调学习目标以及离目标还存在的距离以鼓励学习者。例如有的学生学习中文是为了获得某一个等级的证书，也有的学生学习中文是为了求职。对前者，教师可以以练习或测验的形式向学生显示到达目标的距离，以此来激励他们；而对后者则可以更多地鼓励他们向目标靠近。

培养学习兴趣是因为一部分学习动力来自兴趣，教师可以通过学习内容的生动、新颖，教学方法的灵活多样，甚至通过引起学生的好奇心和引发求知欲来激发学生的学习动力。表现在语言学习上，教师可以准备学生感兴趣的语言材料或话题、通过情景设置或提问的积极引导、运用多媒体等教学手段丰富教学内容、提高语料的表现力等等来培养学生的学习兴趣，激发学习动力。例如方言课的开设除了能帮助学习者解决一些生活问题以外，学习内容本身可以引起他们的好奇心，引发其求知欲。因而，尽管对外国学生而言，方言的学习很有难度，但对学习内容的兴趣足以激发他们的学习动力。

确立切合实际的志向水平，这也是激发学生学习动机十分切实可行的方法。志向水平是人的主观意志的表现，学业志向水平是学生主观愿望的表现。例如，有一个巴西航空公司的空姐，她的主观愿望是通过三个月的强化训练解决汉语日常生活用语的听说问题，以使她能在飞行中国的航班上工作。解决汉语日常生活用语的听说问题就是这个学习者的学业志向水平。

志向水平与学习动机有比较密切的关系。当学生充满信心的时候，确立的志向水平高，学习动机也较强。反之，对学习缺乏成功的信念，确立的志向水平低，学习动机也会下降。教师应当帮助学生确立切合实际的志向水平，以培养学生的学习动机和维持长久的学习动力。

利用反馈激发学生的学习动机，这是被心理学家所证实的行之有效的办法。反馈是让学生了解自己的学习结果，包括让学生看到自己的缺点或错误来激起上进心。许多实验证明反馈尤其是及时反馈，对于激发学生的学习动机，提高学生学习积极性的作用是十分显著的。另外奖惩也能激发学习动机，受奖励或表扬对于学生的激励作用最大，且有较长时期的效应；受批评或惩罚的激励作用次之；受忽视的激励作用再其次；而未受到奖惩也未见他人受奖惩则无任何激励作用。这表明合理地使用奖惩手段，可以激发学生的学习动机。竞争也是一种激励机制，部分学习者争强好胜、不甘人后的个性，往往会在竞争中突显出来。通过竞争互相激励，可以增强学习的动力。班级集体学习和个别授课是对外汉语教学最常运用的两种学习形式。个别授课有时会因为没有集体学习的环境、缺乏竞争而使学习者的学习动力不足，或者因为没有参照者而盲目自满。可见竞争机制在一定程度上可以激发学习动机，增强学习动力，提高学习效率。

（二）态度

态度是一种藏之于内心的、对行为或事物做出评价反应或准备采取相应行动的倾向性。对外汉语教学要取得良好的效果，应关注学习者的学习态度。

1.态度的内涵

加涅指出，态度是通过学习形成的影响个体的行为选择的内部状态。加涅对态度的定义包含了三层意思：其一，态度是一种反应的倾向性或准备状态，而不是实际反应本身，它可以使某些行为的出现成为可能；其二，态度决定人们的行为选择，即愿意不愿意做，与个人的能力无关；其三，态度是通过学习或经验组织而形成的。个体可以通过与其环境相互作用而形成或改变态度。比如有一个学习态度认真的学生，听教师介绍早晨读外语能提高记忆，因此而准备这样做。所谓态度是他对展读外语的反应，或者说由于学习态度认真使他的晨读外语的实施成为可能。即他愿意晨读，而不是晨读这种行为本身。其次，是否晨读不是由这个学生的能力决定的，而是他的学习态度决定的。而对待晨读外语这件事的态度是这个学生与周围环境的相互作用形成的，或者说这个学生对晨读外语的积极态度不是天生的，是在教师的指导下，或者受到周围学生的影响而形成的。我们可以设想，如果他周围的学生学习都十分刻苦努力，那么在环境的熏陶和影响下，他也会采取积极认真的学习态度。否则，周围学生懒懒散散，同样会影响到他的态度的形成和改变。

2.态度的形成

态度一般由认知成分，情感成分和行为成分构成。

认知成分是个体对客观行为或事物带有评价性的观念或信念。对一件事，不同的人会持不同的态度，这就是不同的态度中含有不同的认知成分。例如，对待学习成绩，有的学生看得很重，有的学生则无所谓。看得重的学生，每次测验，甚至作业的成绩都要向老师问个究竟，不仅要知道分数怎么评，还要查看其他同学的分数，并与之进行比较；无所谓的学生，测验过后很久也不取回测验卷，成绩如何似乎与他无关。

情感成分指由态度的认知成分而产生的情绪或情感。对客观事物带有评价性的观念或信念一般带有情感成分，上文所提到的对成绩的态度即是。有的情绪反应比较强烈，比如看到好成绩喜形于色；看到成绩差，或懊丧不已，或愤愤然作要讨回公道状。有的情绪表现比较理智，不管成绩好坏，均很平静或淡然处之。

行为成分是指实施某种行为的准备倾向。采取某一种行动，人的行为态度是不同的，有人始终如一，有人半途而废，有人浅尝辄止。例如外国学生的中文课程选修，有人从开学听课到期末，从不缺课；有人学了半个学期放弃了，甚至不告而别；也有的学生开学的时候图新鲜，或盲目跟从旁人，或自我估计过高，待到真正上课尝试后，遇到些许困难就又匆忙退下阵来。还有一种情况，有些人口头的承诺往往并不付诸事实，正如人们常说的："只闻雷声响，不见雨点下"，或者"说得好听而已"。例如有个别学生不断向老师保证认真做作业，而事实上并未做到。这种情形往往是态度的行为成分与认知成分和情感成分的相分离。而一般情况下，认知成分、情感成分和行为成分应该是相一致的。

3.态度与动机的相关性

动机与态度往往是相互关联的。正确的动机带来良好的态度，动机不纯或者造成态度不佳，或者良好的态度无法长时维持。例如，有的外国学生来中国学习中文本科是为了提高中文水平和汉语能力，以便当下或将来从事文化、经济或贸易的中外交流工作。这类学生动机正确，所以学习态度很端正，各门课程的学习都很认真投入。有的外国学生在本国考试失利，来读中文本科是为了混个文凭。因为动机不纯，因而学习态度也很消极，迟到、缺课、不交作业，甚至考试通不过而求情等等。学习态度并不是一成不变的。被动的态度经过教育和环境的熏陶影响，可以向好的方向转化；而好的学习态度也会因为某些事件或因素的影响而发生变化。对外汉语教学要取得良好的成效，学习态度是应该引起重视的因素。

良好的学习态度的保持有赖于学习动机的强化以及师生双方的共同努力。明确的学习动机可以激发和促进学习者学习的积极性和自我提高的要求，而且能持续较长的时间，比较稳固。但是有时受外界环境的影响、个人情绪的波动或身体状况的变化，动机会淡化。这就要求教师不断地加以强化和明确，帮助学生重新端正态度，树立信心。比如有一个日本本科生，一直以来学习都非常主动、认真。但进入做毕业论文阶段反而松弛下来，其他学生都进入答辩准备阶段，她连论文初稿都没拿出来，甚至打算延期毕业。指导教师了解到由于求职问题，她的情绪受到较大影响。于是一方面找她谈话，引导她端正态度，树立信心，提高认识；另一方面给她提供了一些切实的帮助，使她重新振作起来。最后该学生顺利通过论文答辩，如期毕业。语言学习往往在初级阶段进步比较明显，进入准中级阶段就会开始放慢提高的速度，或者说，学到一定阶段，学生花了与先前同样的时间和精力却看不到显著的效果。这是语言学习过程中必须要经历的阶段，教师应该鼓励学生，并应想方设法调动学生的积极性，强化学习目的，帮助学习者克服各种困难争取进步。学生树立正确的学习动机有利于良好的学习态度的保持。教师如果能以本人的学识素养、教学经验来吸引学生，得到学生的信任，那么就能从另一个角度来帮助学生保持优良的学习态度。另外教师的热情指导、对学生的理解和帮助，都有利于学习者良好的学习态度的形成和保持。

（三）性格

性格既属于内部的气质和秉性，又表现为外部的情绪和行为。学习者的性格特征与学习效果是相互影响的。

1.性格

性格是个体比较稳定的心理特征。它是人对现实的较稳定的态度和与之相应的行为方式。心理学对性格的这一解释，包含了两层意思：其一，性格是个体对现实的态度。例如对待语言学习，是积极投入的态度还是消极被动的态度；在学习中遇到困难是独立思考、想尽办法独自解决，还是依赖性强、指望着别人的帮助。其二是行为方式。由于态度不同，那么与之相应的习惯化了的行为方式也不同。例如以积极投入的态度对待语言学习，就会采取一系列相应的措施，比如有计划地安排自己的学习，能针对自己的弱项加以重点训练，主动找人交际，练习目的语的运用等等；反之，若以消极被动的态度对待学习，那么表现在学习上，就只满足于完成教师布置的作业，对所学内容缺乏兴趣，发言思考人云亦云，或回避交际，得过且过。

2.性格类型与语言学习

性格特征在不同的个体身上有不同结合，构成了不同的性格类型。心理学家按一定的标准对性格进行分类，提出了机能类型说、向性类型说、独立一顺从类型说、特性分析类型说和文化一社会类型说。以下重点介绍与语言学习相关性比较强的三类。

（1）机能类型说

这是由英国心理学家培因和法国心理学家李波（T. Ribor）提出的按心理标准分出的类别，它以理智、情绪、意志在心理机能方面哪一个占优势来确定性格类型。

理智型的人常以理智来控制自己的情绪和行为，观察事物细致，遇事冷静，表现在学习上，认真扎实，思维活跃，不易受外界的影响和干扰，不因一时的成绩好坏来左右自己的行为。

情绪型的人遇事易受情绪支配，容易冲动，处理问题常常感情用事。表现在学习上，情绪波动大。有兴趣时情绪高涨、信心十足、干劲倍增，甚至放弃休息，连续作战；遇到困难时烦躁不安，或者闹情绪，甚至一蹶不振。

意志型的人目标明确，自制力强，表现在学习上有毅力、忍耐力强，即使基础差也勇于以自己的意志努力去克服困难，迎头赶上。不足的是有时比较固执，灵活性不够。

这三种是比较典型的类型，也有基于三种的中间型或交叉型的，比如，理智一意志型等。作为教师要努力把握好这三种不同类型的学习者，尤其是对情绪型学习者要善于引导。

（2）向性类型说

这是瑞士心理学家荣格提出的按个人心理活动倾向于内部世界还是外部世界来确定性格类型的学说。心理活动倾向于内部世界的属内向型，反之属外向型。内向型的人一般深沉稳重，行事谨慎，看重他人的评价，适应环境的过程比较长，或难以适应。表现在语言学习上由于不善交际和说话，所以对于语言结构形式的学习比较深入，基础扎实。而在口头交际方面较为欠缺。外向型的人一般活泼开朗，反应灵活，善于交际，对外界事物易感兴趣。表现在学习上由于爱交际，融入环境快速，所以听说能力的提高快于读写。但有时情绪外露，对事物的感知和把握失于粗疏，或浅尝辄止，因而学得不够扎实。对外汉语教师要掌握这两种类型学习者的性格特征，扬长补短，使他们在充分发挥自己个性特征长处的基础上弥补不足，共同进步。

（3）独立顺从类型说

这是按照个体独立性的程度来确定性格类型的学说，独立性强的属独立型，反之属顺从型。独立型的人处事果断，不易受外界的干扰和影响。善于独立发现问题和解决问题。表现在学习上善于独立思考和完成各项作业。但这类个性的人有时主观武断，容易自以为是，不易接受他人意见、改正错误。顺从型的学习者独立性差，易受外界或他人的干扰或暗示，依赖性强。表现在学习上比较依赖于教师，独立思考、独自解决问题的能力较差。对外汉语教师要避免这两类学习者走极端。防止独立型学习者自以为是，对依赖性强的学习者要创造一些条件训练他们独立思考和完成任务的能力，而不能迁就姑息。

从语言学习的角度而言，动机和态度对学习的影响较之性格可能更大更直接。不论何种性格的学习者，如果他具有正确的学习动机、认真的学习态度，那么它的学习就可能获得良好的效果。性格是非智力因素，性格在学习获得成功的过程中并不起决定因素，但能起到一定的促进作用。例如一个意志坚强，能刻苦、有毅力的人，即使他的语言基础较差，也可以通过不懈的努力而获得成功；相反一个语言基础很好的人，如果他懒散、马虎、依赖性强，那么学习的进展肯定十分缓慢，既没有效率，也不会得到什么好的效果。性格特征对学习效果有一定的影响，好的性格促进学习，学习的成功又能反过来进一步促进良好的性格发展。

对外汉语教学绝大多数是以班级教学的形式进行的。因此在一个班级中，会有各种性格的学习者在一起学习。对外汉语教师在这种情况下，一般应采取从众的方式进行教学。所谓从众，就是以班级中大多数学习者的性格特征为这一班级的主要倾向性特征。根据大多数学习者的个性特征实施教学，同时兼顾少数学习者的个性特征。例如有一个 22 人的班级，其中 20 人是日本、韩国等亚洲学生，只有两个加拿大学生。亚洲学生的个性特征倾向于顺从型，而加拿大学生则倾向于独立型。在教学过程中，加拿大学生很善于独立思考，学了一个新的词语或句型，立即就试着自己来运用。而亚洲学生比较依赖于教师，希望教师举大量的例句让他们模仿。在课堂上他们往往忙于抄写和记录教师的例句，而疏于即时的操练。在这种情况下，教师一方面照顾亚洲学生的特点，板书一定的例句便于他们模仿，但同时也安排一定量的口头练习。这样既兼顾了加拿大学生的个性特征，也可避免亚洲学生开口不足的缺陷。

总之，就语言学习而言，学习者的动机、态度、性格等情感因素都会直接或间接地影响到语言学习的效率和效果，这是值得引起人们重视与关注的。

第五章　跨文化交际视野下汉语国际教育教学设计分析

第一节　汉语国际教育教学设计概念与理论基础

一、教学设计的概念

关于教学设计的含义，国内外许多专家给出了不同的定义，以下是一些比较典型的定义。国外学者，例如，加涅在《教学设计原理》中将教学设计定义为，“教学设计是一个系统化规划教学系统的过程，教学系统本身是对资源和程序做出有利于学习的安排”。Kemp，Morrison&Ross 认为，“教学系统设计是运用系统方法分析研究教学过程中相互联系的各部分的问题和需求，确立解决它们的方法步骤，然后评价教学成果的系统计划过程”。Smith & Ragan 提出，“教学设计是指运用系统方法，将学习理论与教学理论的原理转换成对教学资料、教学活动、信息资源和评价的具体计划的系统化过程”。

国内学者乌美娜把教学设计界定为，“是运用系统方法分析教学问题和确定教学目标，建立解决教学问题的策略方案、试行解决方案、评价运行结果和对方案进行修改的过程……教学设计作为一个系统计划的过程，是应用系统方法研究、探索教学系统中各个要素之间的关系，并通过一套具体的操作程序来协调配置，使各要素有机结合以完成教学系统的功能”。何克抗指出，“教学设计是运用系统方法，将学习理论与教学理论的原理转换成对教学目标（或教学目的）、教学条件、教学方法、教学评价等教学环节进行具体计划的系统化过程”。崔永华认为，“教学设计是在教学实施之前，教师或教学设计者通过对教学需求、教学目标、教学内容、教学对象的分析，对教学过程、教学方法、教学媒体、教学评估方法等事项的安排”。

尽管上述关于教学设计的定义并不完全相同，不过可以看出一些共同点，即教学设计是以整个教学系统和教学过程为研究对象，用系统方法对各个教学环节进行具体计划的过程。教学设计是以优化教学效果为目的，是将教和学的原理转化成教学材料和教学活动方案的系统化过程，因此，教学设计既是“教的设计”也是“学的设计”，进行教学设计时既要考虑教师教的资源和教的过程，也要考虑学生学的资源和学的过程。教师在考虑自己教学能力、教学风格等的同时必须分析学习者的特点、教学目标、教学条件、教学内容、教学策略、教学媒介以及教学系统组成部分的特点，统筹兼顾，以优化教学效果为目的，提出最佳的教学方案。美国学者马杰（R. Mager）指出，教学设计依次由三个基本问题所组成：（1）“我要去哪里”，即教学目标的制订；（2）“我如何去那里”，包括学习者起始状态的分析（学习者现在在哪里）、教学内容的确定（学习者现在所在之处与目标的距离）、教学方法与教学媒体的选择（怎么去那里）；（3）“我怎么判断我已经达到了哪里”，即对教学的评价和监控。

二、教学设计的理论基础

教学设计的产生、发展，一直受到教育学、心理学、系统科学等理论的影响。关于教学设计的理论基础，人们进行过大量讨论，也存在一些争议，不过，大多数人都倾向于把以下四种学科理论作为现代教学设计的理论基础：现代学习理论、系统科学理论、教育传播理论和教学理论，其中学习理论是四种理论中最重要的，对教学设计理论影响也最大。从影响学习理论的学派思潮来看，教学设计在起源时期，主要受到行为主义学派的影响，继而又受到认知主义学派、人本主义学派和建构主义学派的影响。

1.行为主义学习理论对教学设计的影响

行为主义学习理论又称刺激一反应理论，是教学设计的最早理论源头。行为主义理论认为学习是刺激与反应之间的联结，行为是学习者对环境刺激所做出的反应。他们把环境看成是刺激，把伴而随之的有机体行为看作是反应，认为所有行为都是习得的。通过对学习行为的研究，知道了人的大概行为方式之后，就可以针对人们的学习进行设计。行为主义学习理论应用在学校教育实践上，就是要求教师掌握塑造和矫正学生行为的方法，

为学生创设一种环境，尽可能在最大程度上强化学生的合适行为，消除不合适行为。按照行为主义程序教学理论，在教学设计过程中，要注重对教学信息的程序安排，各步骤之间的距离不能太大，设计中应围绕教学内容安排一定的提示过程或解决问题的方式，并能对学习者可能出现的各种反应做出适当的评价，从而设计出最有效的教学模型并建立高效的运行环境。

2.认知主义学习理论对教学设计的影响

行为主义学习理论对教学设计的形成起到了巨大作用，但它过分强调行为，把人的所有思维都看作是由“刺激一反应”的联结形成的，对人的认识过程和

主观能动作用缺乏足够的重视。这引起了认知主义理论学派的不满，在他们看来，环境的刺激是否受到注意或被加工，主要取决于学习者内部的心理结构，学习的关键在于内部认知的变化，是一个比“刺激一反应”联结要复杂得多的过程。认知主义学习理论突破了行为主义仅从外部环境考察人的学习的思维模式，它从人的理性角度对感觉、知觉、表象和思维等认知环节进行研究，去提示人的学习心理发展的内在机制和具体过程。认知主义学习理论把人的认知过程视为信息加工过程，人们在对信息进行处理时，也像通讯中的编码与解码一样，必须根据自身的需要进行转换和加工。这种认知加工理论对现代教学设计产生了深远影响。

3.人本主义学习理论对教学设计的影响

人本主义学习理论认为，行为主义把动物的研究结果应用于人类学习，忽视了人之所以区别于动物的最本质的东西，不能体现人类本身的特性；而认知学习理论虽然重视人的认知结构，却忽视了人的情感、价值观、态度等最能体现人类特性的因素对学习的影响。人本主义者特别关注学习者的个人知觉、情感、信念和意图，强调人类学习过程中的一些非智力因素，如动机、情感、人际关系等对学习的影响作用。人本主义学习理论的主张，已经在教学设计领域得到了很好的应用。例如，人们不断强调的“以学习者为中心”或“以教师为主导，以学习者为主体”的观念就反映了教育工作者对人本主义学习理论的重视。人本主义提出要以学生为中心来构建学习情景，把教师视为“学习的促进者”，教师的任务不是教学生学习知识，也不是教学生如何学习，而是为学生提供各种学习的资源，提供一种促进学习的气氛，让学生自己决定如何学习。人本主义强调学习形成自我，学习促进自我实现，因此，人本主义重视的是教学的过程而不是教学的内容，重视的是教学的方法而不是教学的结果。

4.建构主义学习理论对教学设计的影响

教学设计是以行为主义学习理论为基础发展起来的，随着学习理论的发展，认知主义学习理论又在教学设计领域中占据了上风。这两种理论之间虽然存在着冲突，但有一个共同点：都以客观主义认识论为基础。随着建构主义的兴起，客观主义认识论遭到了挑战。建构主义认为，世界是客观存在的，但是对于世界的理解和赋予意义却是由每个人自己决定的。我们是以自己的经验为基础来建构现实，或者至少说是在解释现实，每个人的经验世界是用我们自己的头脑创建的，因此，学习不是由教师把知识简单地传递给学生，而是由学生自己建构知识的过程。学生不是简单被动地接收信息，而是主动地建构意义，是根据自己的经验背景，对外部信息进行主动的选择、加工和处理，从而获得自己的意义。建构主义强调，学习是在一定的情境即社会文化背景下，借助其他人的帮助即通过人际间的协作活动而实现的意义建构过程，因此建构主义学习理论认为，在教学设计上，建构主义强调学习的主动性、社会性和情境性，认为学生是教学。情境中的主角，教学要建立在学习者的已有知识经验的基础上，引导学习者从原有的知识经验中，形成新的知识经验，教学是激发学生建构知识的过程，特别提倡合作学习、情境性教学和真实性任务的选择。

第二节　汉语国际教育教学设计环节与内容

一、国际汉语教学设计前端分析

根据现代语言课程设计理论，在课程设计过程中首先需要考虑三个方面的因素：教学环境分析、学生需求分析和教学原则的运用。Nation 和 Macalister 的这一看法很有道理，值得我们在国际汉语教学课程设计时参考和借鉴。本书在此基础上，从学习者特点与学习需求分析、教学情境分析、可运用的教学原则和理念三个方面讨论国际汉语有效教学设计的前端分析内容。

（一）学习者的特点和学习需求分析

现代教学设计的最大变化就是从以教师为中心到以学生为中心的转变，其最重要的标志就是将学习者的特点和学习需求分析作为教学设计的起点。对学习者的分析是语言教学设计的前提，只有准确地把握学习者的学习特征，才能设计符合这一特征的教学目标、教学策略和教学过程。廖建玲指出，对教学对象进行分析，就是要调查教学对象的年龄、汉语水平、学习动机、学习需求、学习风格和文化背景等六个方面的信息，“只有了解教学对象的年龄信息，才能明了应当采用哪些教学活动以适应学生的年龄特征；只有了解教学对象当前具有的汉语水平，才能确定应该使用什么样的教材及教学内容；只有知晓学生为什么学习汉语以及需要达到什么目标，才能准确地对汉语课程的难度和强度进行定位；只有了解学生的学习风格特征，才能设计符合学生风格的教学活动；而只有了解学生的文化背景信息，才能知道什么样的教学活动是适宜的”。

符合学习者的年龄和心理成熟状况是有效教学的首要要求，教学设计首先要考虑教学对象是成人学习者还是非成人学习者，他们具有十分不同的学习和认知特点。一般来说，处于语言学习敏感期的儿童学习者来说，隐性语言学习方式更加有效，而对语言学习敏感期结束后的学习者，显性教学方式更加有效，这就要求在教学设计时要充分考虑到发挥不同年龄阶段学习者的优势，例如，对于小学和幼儿园的儿童应该多采用有趣的游戏式的、活动式的、沉浸式的教学方式，以激发他们的汉语学习兴趣为主，采用全身反应法和沉浸式教学可以有效发挥他们隐性语言学习的优势。而对于成人学习者，可以多采用一些“聚焦于形式”（focus-on-form）教学方式，促进其显性学习优势的发挥。了解学习者的汉语水平和文化背景对国际汉语教学设计也是至关重要的。学习者的汉语水平、听说读写各项技能的发展状况是教学设计中语言学习和各项技能培养的起点，在进行调查分析时，要注意不同学习者的学习经历、家庭背景等对汉语学习的影响，特别注意学生听说读写各项技能的发展是否平衡。例如，就国际汉语学习者而言，最大的两个群体是华裔和非华裔学习者，这两类学习者群体之间存在明显的差异。华裔学习者受到家庭环境的影响，一般来说，口语能力较强，书面语能力相对较弱，具有一定的中国文化背景；而非华裔学者基本都是从零开始学习，各项汉语技能都比较平衡。此外，东亚学习者对中国文化比较熟悉，日韩等国家的学习者还具有汉字背景，这些特点跟普通欧美学习者也存在很大差异。

需求分析最初是用于“专门用途英语”的课程设计的，后来普通英语在课程设计时也开始分析学习者的需求。现在，需求分析对于外语设计的重要意义已经得到了普遍的认同，很多专家认为只有在需求分析的基础上进行课程设计的外语项目才能成为有效的项目。根据以学习者为中心的需求分析理论，需求分为目标需求和学习需求：目标需求是指学习者在目标。情景中需要做什么，即需要运用哪些知识和技能，而学习需求是指学习者为了学会这些知识和技能需要做什么。他们又把目标需求进一步细分为必学知识、欠缺知识和想学知识。所谓“必学知识”是指学习者将来为顺利完成自己的工作所必须掌握的知识，相当于客观上需要掌握的知识；“欠缺知识”则为目前的知识水平与需要掌握的知识之间的差距；“想学知识”为学习者面对特定情景而感到想要学习的知识，是一种主观需求。一般来说，需求分析可以在三个不同的阶段进行：开设课程之前的需求分析结果用于设置课程和教学设计；教学中间的需求分析则用于对教学内容和教学方式进行适当的调整；项目结束以后学生的反馈信息（有没有达到其学习需求的目标）可以为下一节更加合理的教学设计提供依据。

国际汉语课堂学习者多样性特点比较突出，有时他们具有相似的需求和目标，但有时却存在较大差异。例如，在国外正规教育系统里的大中小学课堂上，学生通常具有相似的年龄、相似的教育背景、相似的学习目标和相似的学习需求；但在孔子学院和国内大学开办的汉语项目中，学生的年龄、兴趣、教育背景、学习需求和学习目标常常差异较大，汉语教师需要了解这些学习者的身份、文化背景、学习汉语的原因、当前的汉语水平、短期和长期目标、对待汉语学习的态度、课外运用汉语的机会以及汉语学习的主要困难等情况。只有以学习者为中心，认真分析他们的背景条件、学习特点、目标需求等因素，才能为科学合理的教学设计提供必要的参考信息。

（二）教学情境分析

“情境分析”（situation analysis），也叫“环境分析”或“制约条件分析”（constraints analysis）。“情境分析”关注的是在课程运行过程中的环境因素及其对课程设计的影响。国际汉语教学面临的情景千差万别，教学设计需要符合各种具体情境的条件要求，应该随情境的变化而变化。情景分析通常涉及的这些环境因素包括区域和教学机构的教育文化特点和语言政策、教学机构的师资配置、教学管理和支撑系统、教育技术设备和资源以及校园和教室环境等。

政府的语言政策、社会的语言意识、教学机构的教育文化与语言教学规划决定着当地国际汉语教学的发展方向和支持力度，是教学情景分析时必须重视的重要社会环境因素。教学机构的师资配置情况怎样，教师的教学经验如何，是教师独立授课还是合作授课，有无助教辅助教学，这些信息有助于了解教学团队情况。好的教学管理和支撑系统能够使教学过程高效运行，而且能向公众宣传其教学项目并获得资金和其他教学资源的支持。教学设计还要充分考虑到校园和教室环境、学校的教育技术设备和资源等因素。校园和教室环境既包括师生社会心理方面，如师生关系、学习气氛等，也包括自然和物质环境，特别是教育技术设备和资源等。教学硬件除了黑板和粉笔等基本设施以外，有没有音响设备、电脑、投影仪等电化教学设备？有没有多媒体教室、语言实验室、网络教学系统、校园网等网络教学设备？这些教学设施都是教学设计的制约或者支持条件。

（三）可运用的教学原则和理念

国际汉语教学设计的前端分析还包括设计者对现代语言学习原则和理念的了解和把握。如果缺少对现代语言学习原则和理念的基本了解，国际汉语教学设计将缺少参照的标准和理论依据，可能会陷入盲目的无根基状态。只有掌握了基本教学原则和理念，并从特定的教学对象和教学情境出发，思考并选择可运用的教学原则和理念，才能设计出符合语言学习和教学规律的教学活动。在教学法盛行的时代，构建一种理想的教学法被认为是针对语言教学种种问题的最根本、最有效的解决办法，那时的外语教学设计就是要求准确地遵循某个特定的教学法，认为如果遵循了某种外语教学法的理论和程序，将会提高语言教学的效果和质量，取得“最佳”的学习效果，对“最佳”教学法的追求贯穿了20世纪大部分历史。在经历了教学法纷繁的兴衰历程之后，外语教学走人了“后教学法时代”。在“后教学法时代”，人们不再迷信有哪一种万能的教学法，而是提倡遵循一些基本的语言教学原则、理念或者宏观策略，来应对千差万别的教学对象和变动不居的教学环境，从而科学设计和实施特定的语言教学。Kumaravadivelu提出的十项策略着眼于教与学的过程本身，有针对性地详细回答了在后方法时代第二语言教学怎么教的问题。这十项策略简述如下：（1）最大化学习机会：教学被视为创造和利用学习机会的过程，在这一过程中教师需要在作为教学行为的管理者和学习行为的调节者这两种角色之间取得平衡。通过教师与学生之间的充分协作，彼此才能产生课堂对话，从而产生大量的学习机会。（2）最小化认知误差：这一策略强调要注意教师的意图与学生的理解之间可能产生的认知上的误差。这种认知误差虽然无法避免，但可以通过加深对认知差异的了解进行有效的教学干预。（3）促进协商式互动：学生与学生、学生与教师之间有意义的课堂互动，能够增加输入、输出的数量和质量，大幅提高激活外语发展所必需的心理活动过程。协商式互动允许并鼓励学生主动发起话题，而不只是被动地做出反应。（4）提高学生自主性：这一策略涉及帮助学生学会怎么学习，训练他们对自己的学习进行自我监控和自我管理。学生的自主程度由师生共同决定，教师要确定转让给学生多少控制度，学生要决定自己愿意和能够承担多少责任度：（5）培养语言意识：这一策略指应当设法让学生注意所学目的语形式和功能上的特征，以便学生对目的语有清晰的了解从而促进学习。（6）激活直觉探索：教师需要在课堂中创造丰富的语言环境，激活学生的知觉探索，是他们能够自我发现语言系统。这一策略突出了提供丰富文本资料的重要性，让学生有能力自己发现、推断并内化文本资料中所包含的、特意安排的语法规则。（7）情境化语言输入语言交际离不开环境，语言的使用环境由语言、超语言、情境、超情境四种现实决定。情境化语言输入有助于交际能力的培养。（8）综合语言技能：传统上划分为听、说、读、写的四种语言技能实际上彼此关联、互相促进，因此需要把它们整合为综合的语言技能。（9）确保社会关联性：这一策略指教师需要对外语学习和教学所处的社会、政治、经济和教育环境保持敏感，认识到影响教师和学习者的社会、政治、经济和教育环境同样会影响到课堂教学的目标和活动。（10）提升文化意识：应该重视学习者带进课堂的世界观的多样性，要把学生作为文化的信息提供者来看待，以便鼓励他们参与课堂活动并增长其知识和能力。

二、国际汉语教学实体设计

在前端分析的基础上，国际汉语教学实体设计包括确定教学目标、规划课程组织方案、设计课时教学方案、编制评价工具和规划教学评价实施方案等环节和内容。

（一）确定教学目标

教学目标是指通过教学活动使学生达到预期的结果或标准的说明，是教学全过程的导向和教师进行教学活动的指南，也是学生学习活动的目标和评价、检验学习效果的依据。针对不同的教学目标，教师应采用不同策略，教学目标的确定是制订或选择教学策略的关键条件。在确定具体的教学目标时，首先需要参照国家或者区域层面制定的相关外语教学目标或标准。

1.参照宏观教学目标

宏观教学目标指在国家或地区层面由专门的学术组织或者机构制定的相关外语教学标准。例如，中国教育部发布的中小学《英语课程标准》提出，“基础教育阶段英语课程的总体目标是培养学生的综合语言运用能力”。

对国际汉语教学影响较大的语言学习标准主要有三个，分别是中国国家汉办制定的《国际汉语能力标准》、美国制定的《美国 21 世纪外语学习标准》和欧盟制定的《欧洲语言学习、教学和评估共同参考框架》（或译为《欧洲语言教学共同纲领》）。《国际汉语能力标准》的基本框架由三个层面组成，每个层面分五个级别。第一层面是国际汉语能力总体描述。该层面对把汉语作为外语的学习者在听、说、读、写活动中所表现的语言能力进行综合描述。第二层面分别从口头和书面两种交际方式的角度对汉语能力进行描述，既体现了语言运用的实际状况，也反映了汉语学习的特点。第三层面从语言交际理解与表达的过程人手，分别对汉语口头理解和表达能力、汉语书面理解和表达能力进行描述。为了配合《国际语言能力标准》，为汉语教学机构和教师在教学计划制订、学习者语言能力评测和教材编写等方面提供参考依据和参照标准，国家汉办于 2008 年制定了《国际汉语教学通用课程大纲》，并于 2014 年推出了修订版。国际汉语教学课程的总目标是，使学习者在学习汉语语言知识与技能的同时，进一步强化学习目的，培养自主学习与合作学习的能力，形成有效的学习策略，最终具备语言综合运用能力。语言综合运用能力由语言技能、语言知识、策略和文化能力四方面内容组成，并将课程内容划分为六个等级分别从上述四个方面国际汉语教学目标和内容进行描述。

《美国21世纪外语学习标准》的核心主题是五个以字母C开头的单词：Communication（交际），Cultures（文化），Connections（贯连），Comparisons（比较）和Communities（社区），提出从语言交际、文化认知、外语与其他学科的联系、语言文化方面的比较、社区等校内外环境运用语言等五个方面来制定外语教育的培养目标。为了使标准在外语课程的实践中得到有效落实，《美国21世纪外语学习标准》通过提出七项要素的课程相关内容，使五大标准与七项要素在外语课堂中纵横交错，这七项要素是：语言系统、交际策略、文化内容、学习策略、其他学科的内容、严谨的思维能力和技术运用。《欧洲语言学习、教学和评估共同参考框架》是由欧洲委员会制定并于2001年正式公布，2003年修订出版。该框架详细地描述了语言学习者进行有效交流时所必须掌握的技能和达到的标准，是欧盟各国外语教学和评估的标准，旨在为欧洲语言教学的课程设计、大纲制定、语言测试和教材编纂提供一个共同的基础和参考。“欧洲框架”将语言的实际运用能力分成三等，共六个级别。一等：Basic User初级使用者（A），包括入门级（A1）和基础级（A2）；二等：Independent User独立使用者（B），包括进阶级（B1）和高阶级（B2）；三等：Proficient User熟练使用者（C），包括流利运用级（C1）和精通级（C2）。“欧洲框架”以行动为导向（Action Oriented）.它把语言交际活动分为“语言理解”“语言产出”和“互动”，强调通过现实的语言交流来实现交际任务。它将语言能力分为“一般语言能力”和“语言交际能力”，前者包括知识、技能、个性、学习能力等；后者包括语言学能力、社会语言学能力和语用能力三方面。

2.确定具体的课程目标和学习目标

在参考国家或地区层面由专门的学术组织或者机构制定的相关外语教学标准的基础上，需要进一步确定具体的课程目标和学习目标。教学目标的主要内容是对学生预期应达到能力的描述，描述的内容应清晰准确，具有可观测性。制定目标的依据是学生的特点和需要、原有知识和技能以及教学情境等条件因素。廖建玲提出，制定具体的教学目标时，一般涉及四个方面内容：等级水平、教学量、教学范围和交际功能。我们以此为基础，认为确定国际汉语教学的具体课程目标时，要决定好以下三个方面的内容：（1）等级水平或语言综合运用能力标准，即学习者需要达到什么样的汉语水平，是初级、中级、高级，还是更细致的分类，例如，每个大的级别下面再分小的等级，如初初、初中、初高、中初、中中、中高、高初、高中、高高等。由于不同地区和教学单位对这些级别的划分并不一致，有时教学目标需要明确达到什么样的语言综合运用能力，或听说读写技能分别达到什么样的标准。（2）教学量，即教多少个汉字、汉语词汇和语法点，以及多少种交际功能、交际任务或话题单元。（3）教学范围，即具体教哪些汉字、汉语词汇和语法点，以及哪些交际功能、交际任务或话题单元。

（二）规划课程组织方案

课程组织方案，也称课堂教学宏观策略，通常以教学大纲的形式体现出来。Breen 认为教学大纲应包括四项主要内容：目标、内容、方法和评价。他提出设计大纲时应注意以下几点：（1）大纲应该选择那些能体现总体目标的知识与能力，提供一个知识与能力的清晰框架；（2）大纲应该为教师与学生提供一种能持续发展的方向感；（3）在其他教师接手时，能知道课程中哪些内容已经完成；（4）能为评价学生发展状况提供参照；（5）能评判课程设置是否符合教学目标与学生需求。他进一步提出设计大纲的几个原则：（1）应该选择什么知识与能力？（2）应该选择哪些适当的内容？（3）这些内容如何进一步细化，以成为可以操作的教学单位？（4）这些内容应该如何按照语言的发展顺序排列？

国际汉语教学大纲一般包括下述内容：（1）课程一般信息，包括课程名称、课程代码、学分数、学年学期、上课时间、上课地点、任课教师、任课教师联系方式、坐班时间等；（2）课程描述，主要是描述本课程的开设目的和课程的属性（是什么类型的课程）等内容，有时还可以包括修读本课程的学生需要达到的语言基础或者先修条件；（3）教学目标，即学完本课程后预期能够达到的综合运用汉语的具体目标；（4）教学内容和教材信息，教材体现了具体的教学内容，教材其他方面的信息包括作者名、教材名、出版社和出版时间等；（5）授课方法，既包括课堂上采用哪些方式组织教学，也包括课外活动的组织方式；（6）成绩评估体系，包括评定学生成绩所包含的各项评价内容和所占比例，例如，出勤、参与、作业、随堂小考、周考、期中考试、期末考试等及其所占比重，也可以包括百分制分数与 ABCD 等级之间的对应关系；（7）课程要求，与课堂教学和成绩评估体系相呼应，提出具体的要求，例如，上交作业的要求、出勤与参与的扣分方式、考试的准备与补考说明、期中期末考试的说明以及语言誓约的要求等；（8）教学周历，具体列出每一周的教学时间和主要教学内容。

（三）设计课时教学方案

课时教学方案，又叫课时计划，简称为教案，是以课时为单元设计的具体教学方案，是备课的纪录、教学的“脚本”和讲课的依据，属于微观的“战术性”的课堂教学操作策略。杨惠元指出，教案设计应做到“精、新、活、实”四点。“精”，指的是设计的教案应当精要，突出教学的重点和难点；“新”，指的是教学设计要有新意，符合时代的要求，能够应用现代教学理念；“活”，是教学方法要灵活，帮助学生活学活用；“实”，即讲究实效，教案主要是写给自己看的，切忌华而不实。廖建玲认为，“进行教案设计是为了在有限的课堂时间内安排尽可能有效的教学环节，并让各教学环节更好地衔接与配套，以优化课堂教学的效率和有效性”。廖建玲把教案设计概括为三个步骤：确定教学内容及教学重点、设计教学流程、设计课堂活动。首先，教师须确认某一教学单元及课时的教学内容和教学重点是什么，是语音、汉字、词汇、语法、听说读写技能还是文化技能等。其次，教师要将所确定的教学内容进行排序，决定先教什么，后教什么。再次，教师需要根据教学流程确定每一个环节课堂活动的操作内容和方法。

教案设计落实到文本层面，就是撰写出来的教案。杨惠元把教案分为详细教案和简要教案两种，认为不管是哪一种，都要写好正本和附件。正本包括以下项目：（1）课型、教材、教师、教学对象、课题；（2）教学步骤与课时分工；（3）时间；（4）教学目的与要求；（5）教学重点与难点；（6）教学过程。其中，“课型、教材、教师、教学对象”是固定的，一个学期一般不会有变化，所以在第一课反映出来就可以了，以后的课时教案第一个项目只要写明课题就行。附件包括以下项目：（1）板书设计，包括写在什么位置、什么内容、用什么颜色的笔等；（2）教具准备，包括制作和如何使用教具等；（3）教学后记（在课后写）。每堂课后，教师应该花点时间反思自己的教学情况，反思的问题如：我的学生是否喜欢这堂课？这堂课上是否有足够的活动？课堂教学的哪个方面最成功，哪个方面最需要改进？有没有设法达到先前设定的教学目标（有何证据）?教学中遇到过哪些困难，是什么原因造成了这些困难？下次是否仍用同样的方法教学？这些反思内容可以写下来作为教学后记的主要内容。

（四）编制评价工具和规划教学评价实施方案

教学评价可以分为教学评定与教学评估两种。评定指的是那些目的是测定学习者成绩的活动，这一成绩可以看作是实施教学大纲、教学计划所产生的结果。评估则用来测定整个教学系统的一系列活动，评估的结果是一种反馈信息，使教师及时了解和掌握自己的教学情况，使学生得到成功和失败的体验，为调整教与学的行为提供依据，并依此修订教学计划，改进教学方法。教学评价是课程实施的保障，只有通过评价才可以检验教学活动的有效性，判断教学目标是否达成，发现教学中存在的问题，从而改进教学，促进学生的发展。教学评价主要有形成性评价、总结性评价、真实性评价和发展性评价等。形成性评价是指教学过程中为了获得有关学习的反馈信息，对学生所学知识的掌握程度进行的系统性评价。总结性评价是一种结果性评价，是在某一相对完整的教学阶段结束后对整个教学目标或学习目标实现的程度所做的评价。

第六章 跨文化交际视野下汉语国际教育教学模式与方法分析

第一节 跨文化交际视野下汉语国际教育教学模式

一、教学模式的基本概念

“教学模式”一词率先由美国哥伦比亚大学的乔伊斯和威尔引进教学论研究领域，他们的合著《教学模式》于1972年出版，该书一般被认为是教学模式理论研究开始的标志。乔伊斯等认为教学模式是“构成课程、选择教材、指导在教室和其他环境中教学活动的一种计划或范型”，并按照功能和方法论基础将教学模式归纳为四大类型：侧重于信息处理的教学模式、侧重于人际关系的教学模式、侧重于人格发展的教学模式和侧重于行为控制的教学模式。几十年来，教学模式研究受到了人们的广泛关注，不过不同学者对教学模式的定义并不完全一致，目前国内比较有代表性的看法是，教学模式是“开展教学活动的整套方法论体系，它实质上是在一定教学思想或教学理论指导下建立起来的、较为稳定的教学活动结构框架和活动程序。它是教学理论的具体化，又是教学经验的一种系统的概括。它既可以直接从丰富的教学实践经验中通过理论概括而形成，也可以在一定的理论指导下提出一种假设，经过多次实验后形成”。一般认为，教学模式需要具备如下五方面要素：（1）理论基础；（2）教学目标和内容；（3）教学过程，主要指教学工作的操作程序，尤其是课堂教学的基本步骤结构；（4）教学的基本操作策略；（5）教学评价策略。

对外汉语教学界对教学模式的界定，也有几种比较典型的表述。崔永华把教学模式界定为“课程的设置方式和教学的基本方法”。赵金铭认为，所谓对外汉语教学模式，“就是从汉语、汉字及汉语应用的特点出发，结合汉语作为第二语言教学理论，遵循大纲的要求，提出一个全面的教学规划和实施方案，使教学得到最优化的组合，产生最好的教学效果”。吴勇毅把教学模式视为“一个在一定的教学和学习理论指导下，以实现教学各基本要素（教学目标、教学大纲、教学内容、教材、教学技术/手段、教学方法/策略、师生角色、教学活动和教学环境等）之间组合为最优化方案的系统，优化组合的结果体现为一种可以拷贝的标准样式”。比较上述三种对教学模式的定义，崔永华的定义比较窄，而赵金铭和吴勇毅的定义包含的内容更丰富些，考虑的要素更多一些。马箭飞指出，教学模式既是教学理论的具体化，也是对教学经验的一种系统概括，既可以直接从丰富的教学实践中通过理论概括而成，也可以在一定的理论指导下提出一种假设，经过多次实验后形成。吴勇毅认为，要形成一种汉语作为第二语言或者汉语作为外语的教学模式，需要解决以下方面的问题：（1）设定什么教学目标/学习目标，培养何种能力（语言能力、交际能力、跨文化交际能力）；（2）在教学中，如何处理语言和文化的关系；（3）在教学中，怎么解决语言和文字的关系；（4）在教学中，如何协调语言知识传授和语言技能训练的矛盾，包括知识传授的核心和技能训练的重点；（5）在教学中，怎么解决课型设置与技能训练的配合问题；（6）在教学中，采用何种/类教学策略与方法以快速高效地达到教学目标的问题；（7）在教学中，如何解决现代教（学）育技术/手段合理运用的问题；（8）在教学中，如何利用教学环境（包括社会环境与课堂环境）的问题。

二、国际汉语教学模式

对外汉语教学界一直比较重视汉语教学模式的研究，在长期的理论研究和实践教学中出现了许多各具特色的汉语教学模式，下面根据笔者接触到的资料，列举其中一些影响较大的汉语教学模式。

1.“讲练—复练”模式，也叫“结构驱动的（以结构为纲的）综合教学模式”。这种模式以当时北京语言学院《基础汉语课本》的课程设置和教学方法为代表，每天 4 节课，前两节为讲练课，后两节为复练课，其特点可以概括为“一套教材、一门课、四种技能综合训练”，“听说读写全面要求，突出听说，读写跟上”。“讲练—复练”模式是 20 世纪 80 年代以前中国大陆基础汉语教学中普遍采用的模式。

2.分技能教学模式，也叫“技能驱动的分技能教学模式”。这种模式的理念是，不同的语言技能要通过不同的方法来训练，听、说、读、写是四种不同的语言技能，习得和教学方法也不同，分技能教学是语言教学的最佳途径，应按照语言技能训练的要求组织和编排教学内容。分技能教学模式是从 80 年代中期至今国内各种类型的基础汉语教学中占主导地位的教学模式，各校的课程设置和授课方式大同小异。

3.“语文分离”的教学模式，该模式主张应分别建立口头汉语教学和书面汉语教学两种不同的教学系统，前者主要承担语音教学、听力教学和说话教学的任务；后者主要承担汉字教学、阅读教学和写作教学的任务。张朋朋（2007）把这种模式进一步归纳为“语文分开、语文分进的教学模式”，提出“语文分开”是指在教材编写上把“语言”和“文字”分开，编写专门教语言的教材和专门教文字的教材；“语文分进”是指“语言教学”和“文字教学”分开进行，分别使用不同的教学方法教授各自的内容。

4.任务教学模式，也叫汉语交际任务教学模式，或者是“基于任务”的教学模式。该模式提出，要建立一种汉语交际任务式大纲，从汉语语言交际的实际需要出发，把语言交际内容归纳为一系列交际任务项目，并按语料难易和繁简程度分级。任务教学模式主张以交际任务为教学组织单位，以任务统领全课的活动，形成一个任务链，学生在执行或完成这些任务的过程中接触语言、学习语言和使用语言，从而提高学生的汉语交际能力。

5.明德模式，指的是美国明德中文暑校采用的一套教学和管理模式，这种模式也为许多美国在华汉语教学项目所采用。这是一种沉浸式强化教学模式，综合了沉浸法、听说法、交际法、任务法等各种教学法之长，课堂教学主要采用大班讲练、小班操练与讨论、一对一个别谈话的模式，具有一套严格的操作程序和管理机制，其教学效率和效果得到了广泛的认可。

6.国外中小学沉浸式双语教学模式，该模式的教学对象是华裔和一部分说英语的学生，在美国、加拿大等国家的中小学比较流行。该模式主张同时使用英语和汉语两种教学语言，把语言学习和相关学科内容的教学有机结合起来，如用汉语教授社会、数学等课程，用英语教授科学、艺术、音乐等课程。不同教学项目对汉语和英语的使用比例由不同的要求，有 9:1，5:5 等不同比例，一般来说，在低年级使用汉语的比例更高，随着时间的推移，逐渐增加英语作为教学语言的比例。

国际汉语教学模式丰富多彩，以上提到的几种只是其中的一些代表。孔子学院总部/国家汉办 2014 年修订的新版《国际汉语教学通用课程大纲》中，特别列出了四种常用的汉语综合教学模式：常规模式、任务模式、主题模式和跨学科内容模式，这四种类型的教学模式是从汉语课堂教学内容的组织形式所做的分类，很有代表性：

三、理想的教学模式和实际运行的教学模式

对外汉语教学模式的早期研究主要是从理论设计上讨论教学模式的优劣，这些研究多侧重于课堂教学方面，而忽视了对其支撑系统的研究。随着研究的深入，人们开始关注教学模式中的管理及模式实效运行方面的问题，也就是说开始从语言项目的整个运行角度来探讨教学模式的有效性。汲传波把整体性作为教学模式的首要基本特征，认为这一点跟教学法明显不同，教学法一般是指课堂教学中所使用的方法，不涉及入学测试、课外活动评估等环节，而任何教学模式本身都有一套比较完整的结构和机制。曹贤文对明德模式与中国大陆高校常规汉语教学模式进行了比较，着重对比了两种教学模式在管理上的异同，及其所带来的教学效果上的差异。谷陵则首次明确把实施条件和管理纳入教学模式的研究范围，体现了从语言项目设计和运行系统上研究国际汉语教学模式的新理念。谷文把国际汉语教学模式界定为“在教学理念的指导下，以汉语作为目的语，结合教学对象、环境和资源的特点，在教学中形成或提出的教学（学习）范式及管理体系的完整系统”，并将国际汉语教学模式的构成要素分为三个层面：宏观层面（理念、设计和实施），中观层面（教学和管理），微观层面（操作层面的策略、程序、技巧和措施）。刘颂浩也明确指出，创建优秀教学模式需要重视管理机制的问题，认为“教学模式体现的不只是教学理论研究和实际教学水平，更是人才和资源管理水平……教学模式和教学有关，但更和管理密不可分”。汲传波从另一个角度提出，可以把教学模式的构成要件简化为：理论层面（教学理念和教学目标）、实践层面（教学程序和管理体系）。

国际汉语教学模式研究的最新进展表明，不能单纯从教学理论上讨论教学模式设计的先进性，而忽视模式的支撑系统、管理系统和实际运行的实效性。国际汉语教学模式是否有效，离不开教学模式的管理机制、师生员工和教学环境等支撑及制约条件。换句话说，国际汉语教学模式的有效性固然离不开先进的教学理念，但要落到实处、真正发挥其教学效能，则必须理论联系实践，从实践上提出一套切实可行的解决方案，形成针对一定的学习者，适应一定的教学情境、师资条件、资源设备、管理方式的有效教学模式。此外，教学模式与教学质量之间并没有必然的因果关系，某种教学模式不会必然导致某种教学质量结果，教学质量的提高不完全取决于教学模式本身，而是受到教学模式应用过程中种种因素的制约。同一种教学模式，如果应用得当、运转顺利，可以促进教学质量的提高；反之，如果应用失当、运转不灵，则会导致教学质量下降。同样的教学质量结果，也可以通过不同的教学模式来实现。赵金铭指出，不同的教学模式各有优缺点，关键是符合特定的教学情境，能够满足学习者的语言学习需求，适应师资条件、资源设备、教学管理等方面的现实状况，能够运用得宜。因此，汉语教学模式的国际化不是向世界各地推行某种普遍的教学模式，而应根据各地的特点发展出合适的教学模式和方法，“世界不同国家和地区的丰富多彩的汉语教学模式构成了汉语教学模式的国际化”。

综合已有的研究成果，笔者认为国际汉语教学模式实际上包括了两个不同的层面：教学项目层面和课堂教学层面，前者涉及的因素比较多，除了课堂教学以外，还包括项目系统中的教学环境、师生员工、项目管理、经费支撑、项目评估等各个方面的支撑因素，而后者只是比较单纯地涉及课堂教学层面的因素。根据这两个层面，我们可以把国际汉语教学模式分为两种：一种是侧重于语言教学项目整体设计的国际汉语项目教学模式，另一种是侧重于教学法设计的国际汉语课堂教学模式。国际汉语项目教学模式，比较典型的如明德模式、国内汉语教学常规模式（分技能教学模式）等；国际汉语课堂教学模式，比较典型的如任务教学模式、主题教学模式、“实况视听教学模式”等。汉语课堂教学模式的实施一般不需要过多考虑课堂教学之外的其他因素，而汉语项目教学模式则需要考虑到语言项目整个系统中的种种相关因素。国际汉语项目教学模式比国际汉语课堂教学模式处于更加重要的地位，前者体现的是整个教学项目系统的设计和运作，而后者只是课堂教学局部的设计和实施。就像教学法一样，理论上的课堂教学模式难有优劣之分，不过一旦放在教学项目中，放在整个教学系统中考察其运行的质量，就可以分出教学效果的高低。笔者下文对明德模式与国内高校常规汉语教学模式略做比较，以便读者对国际汉语项目教学模式有一个粗略的了解。

四、明德模式与国内高校常规汉语教学模式的比较

1.两种模式的选择

明德模式是美国明德暑校采用的一套独特的全浸式外语教学法，已为美国外语教学界广泛采用，也是许多美国在华中文项目所遵从的圭臬。明德模式以沉浸法为内核，并在发展中逐步加入了听说法、交际法和任务法的合理元素，是一种典型的强化教学模式。课堂教学基本采用“大班讲练+小班操练+一对一谈话”范式，同时针对不同年级，适当加上一些分技能课型。从总体上看，明德模式比较接近国内的“讲练—复练+小四门”模式。自明德暑校创校以来，明德模式的理论基础和基本格局一直没有大的变动，九十余年一以贯之，不但在美国赢得了很高的声誉，而且在世界上产生了广泛的影响。

对外汉语教学界从 50 年代初就开始了教学模式的探索，就基础汉语教学而言，先后得到广泛采用的教学模式主要有以下三种：“讲练—复练”模式，“讲练——复练+小四门”模式和“分技能教学”模式。“讲练——复练”模式定型

于60年代，70年代后期为了适应新的需要，开始在“讲练—复练”模式的基础上开设少量的口语、听力、阅读和写作课，逐步形成了“讲练—复练+小四门”模式。从80年代中后期开始，针对听说读写技能的“分技能教学”模式正式确立并开始在全国范围内推广，从此它一直在国内各种类型的基础汉语教学中占据主导地位。

2.教学实施步骤和操作程序

明德模式有一套严格的实施步骤和操作程序。每天、每课都有非常明确的目标，教师每一节课教什么、怎么讲解、怎么操练、怎么展开任务，上课的每一个环节包括操练的例句，备课时都计划得非常仔细；学生学什么、跟老师谈什么、做什么练习、每天的小考考什么、每周的大考笔试考什么、口试考什么，课表和每天的讲义上都写得清清楚楚。教师有精心设计的操作程序可以遵循，学生每天、每节课都有成就感。明德模式对操练程序也有一套严格的规定，操练时焦点明确，程序清晰，从“领唱”到“跟唱”，从“独唱”到“合唱”，从梯形合唱到替换练习，从句型转换到完成句子，从半开放问答到有控制的开放问答，从半真实的任务交际到师生的真实互动交际，上课以前每一步都设计得很清楚，具有相当可控的操作性。在明德暑校，如何提高学生的语言学习效率，是一切工作服务的中心，只要有益于这个主要目标的实现，教师和管理人员就可以为此付出更多的时间和努力。每个星期大班、小班和个别谈话都要重新编班、编组和排序，每周都要换一次课表，学生每周在不同的大班和小班里学习，老师每天轮流在不同的小班面对不同的学生上课。教师教学采用团体合作制，除了每天都要互相沟通教学情况以外，每周还至少专门安排两个半天的时间集体备课，用集体智慧讨论出的教学方案和统一进度安排授课。

而国内的教学为了节省教师的工作时间，常常把保持教师的个性和创造性放在重要位置，很多学校，不但同班级授课教师之间缺少对教学内容和教学方式等方面的沟通，同年级、同水平等级、同课型教师之间也缺少必要的交流，更遑论集体备课。由于缺少或不能遵循一套严格的教学操作程序，上课时教师随意的知识讲解所占比例较高。虽然我们很早就提出了“精讲多练”的教学原则，甚至有学者提出三七开、二八开一类的比例。

但实际教学中讲授所占比重太大，常常是一种“水漫式”的输入，无形中“练”就退居到次要位置。另外“精讲多练”也只是一个教学原则，在实际教学中怎么精讲，怎么多练，缺少一套严格的操作程序，随意性很大。

3.语言环境的利用

明德模式采用全浸式强化语言学习方式，其最重要的支撑基础是得到严格执行的语言誓约。语言誓约是明德模式的最大特色，这意味着不管在课堂上还是在平时的学习和生活中，都只能使用所学的目的语所为唯一的交际语言。为了保证全浸式强化学习的实施，明德暑校要求每一个来此学习的学生都必须在入学之初宣誓立约，一旦踏入暑校的门槛，就不得在此地使用包括英语在内的任何非目的语语言。誓约的全文如下："签此语言誓约，我同意在明德语言学校学习期间，只用（所学语言）作为唯一的交际语言。我懂得若违反此约，将被开除，既无学分，亦无退费。"由于暑校实行集训式的管理方式，所有的学生跟老师同吃同住，老师有义务在任何时候帮助和监督学生，因此在这儿语言誓约总是能得到全面的、不折不扣的监督和执行。

而国内的汉语教学坐拥资源丰富的汉语目的语环境，但对如何利用目的语环境却普遍缺乏明确的规定和硬性的执行措施。在课堂上，有的教师强调要使用目的语，但有的教师却带头"练习"英语；在课余时间，教室内外就像一个小"联合国"，学生使用各种语言自由交流；至于课外时间，学生有没有利用汉语目的语环境，更是无章可循、无则可守，基本上靠学生自觉～总之，在国内学习的外国学生是否能够充分利用汉语目的语环境，大多数学校缺乏明确的制度保障和切实的管理措施。

4.评价系统

明德暑校实行严格的师生评估与考核制度。在入学和学期结束时，所有的学生都要参加计算机自适阅读能力考试（CARPT）和口语能力考试（OPI），这两种考试属于语言能力水平考试，首尾两次考试成绩为学生分班、项目评估和学习者本人的比较提供必备的参考。学习成绩测试则有每天的小考、每周的口试和笔试、期中和期末大考等。另外，在第3、6、9周还分别给学生做三次综合评量报告，暑校结束的时候要根据每位学生的学习表现，给出书面评语，并根据学生的历次作业、日考、周考、期中期末大考、上课出勤和表现等统计出最终成绩。除了教师对学生的评定，学生也要对每一位教师和整个项目进行期中和期末两次书面评估，各个暑校的校长也要跟该校每个学生逐一面谈一到两次，亲自听取学生们对教学和管理的意见。学校办公室则把评估的结果和征询的意见汇集起来，及时反馈给老师和管理人员。学生的评估和建议是暑校改进暑期教学和聘请教师及管理人员的重要参考。国内的高校大多数在留学生汉语学习这一块缺少严格的教学评估体系，教师给学生的分数主观性较强，学生对学校管理和教学的评估常常束之高阁，即使有，也不起什么实质性的作用。

除了上述几个方面的差异以外，两种模式在生源、师资、语言环境、学习效率、后勤保障和投入等方面也存在一定的差异。因篇幅所限，此处暂不展开。单以投入为例，明德暑校的教学时间非常集中，教师投入精力特别多，工作强度很大，但因为学费高，师生比可以维持在 1：5 左右的水平。

与之相对照的是，国内高校的学费普遍偏低，以如此低廉的学费，要维持像明德暑校那样高的师生比，并且让教师和管理人员付出那样高强度的劳动是不可想象的。而从另一方面看，美国在华的许多项目，如 CET、PIB\IUP、HAB 和 ACC 等却都能采用明德模式，我们认为除了学术上的渊源以外，充裕的学费是必不可少的经济基础。因此，任何科学可行的教学模式，设计者在放眼远望的同时，必须保持一只眼睛盯着脚下。

5.精英模式与大众模式的互补

通过上述比较，从操作程序、环境利用、项目管理和学习效率几个重要的方面来看，明德模式的运行效果明显好于国内常规教学模式。那么是否意味着我们都应当放弃国内常规教学模式，转而采用明德模式呢？答案是否定的。明德模式是语言学习精英模式的代表，精英模式的特点是：学习动力非常强的高质量学习者、富有合作精神的高度专业化教师队伍、小班化个性化的教学方式、精致的教学实施程序、严密的自我评估系统、有效的管理方式以及高投入的运行成本等等。由此可见，精英模式对各方面的条件要求很高，不易于推广。目前“汉语热”在全球迅速升温，汉语学习人数大幅增加，采用高成本的精英模式不能满足如此庞大的学习需求，而大众模式对内外条件的要求相对较低，易于实施。再从另一个方面看，社会需求是多样的，学生个性是多样的，学校规格是多样的，教学单位的师资和物质条件也是多样的，这些都决定了教学模式的多样化，也说明汉语教学的大众模式和精英模式是可以互补的。我们应当鼓励少数各方面条件较好的学校采用精英模式，而大多数学校应当立足现实继续使用并逐步完善大众模式。因此，探索出一种或几种在投入偏低的情况下仍能高效运行的汉语教学大众模式是汉语国际教学工作亟待解决的课题。

第二节　跨文化交际视野下汉语国际教育教学方法

一、外语教学法的基本概念

外语教学法一词来源于英文的翻译，一般认为其英文对应词为“method”，但在不同学者的研究文献中，也出现过 way，approach，procedure，strategy，technique，甚至 methodology 相对应的词语，从这些词语的使用可以看出，人们对教学法的理解和认知存在一定的差异。吕必松指出，“所谓语言教学法，实际上就是把语言规律和语言学习规律统一起来的一种方法，就是根据语言规律和语言学习规律组成语言教学系统的一根纽带，就是对语言规律和语言学习规律进行综合应用而形成的一种应用理论”。Richard 编的《朗文语言教学与应用语言学词典》对“教学方法”的解释是：“（语言教学中）根据系统性的原则和程序教授语言的方法，也就是对如何能够最好地教学与学习语言的观点的应用。”语言教学方法多种多样，例如直接法、听说法、视听法、语法翻译法、静默法和交际法等，这些方法都是从对下列问题的不同看法发展而来：语言的本质，第二语言学习的本质，教学的目的和目标，所用的教学大纲的类型，教师、学生和教学材料的作用，所采用的技巧和程序。

美国知名外语教学法专家、匹兹堡大学教授 Edward M. Anthony 于 1963 年发表了“Approach，Method and Technique”一文，对与外语教学法相关的三个概念——教学理念、教学法和教学技巧进行了细致区分。他将教学过程牵涉到的主要方式因素分解为三种：教学理念（approach，也有人译为路子、路径或思路）、教学法（method）和教学技巧（technique）。他认为教学法是为了有序地教授语言内容而制订的总体计划，其中必须前后一致，都要建立在所选择的理念上。理念是公理性的（axiomatic），代表了对语言教学的理论设想或基础，与哲学家、语言学家或心理学家的研究有关，其公理性在于它可以衍生不止一种教学法；而教学法是教学的策略，是程序性的，它必须基于某种理论或理念，其实施必须通过挑选的技巧使学习者产生该理论或理念规定的理想语言行为。教学技巧是课堂上具体的技巧、办法和教学手段等，它是实施性的，必须与某种教学法和谐一致，因此也必然与有关教学理念一致。

Anthony 对教学理念、教学法和教学技巧的三层区分，这种区分有助于我们从不同层次上准确理解教学法的含义。不过在任何一种教学法的设计和实施中，都无法做到像 Anthony 的理论阐述那样的整齐和透明，一个方面的原因是，一种教学法的设计并非都是源自某种教学理念的演绎性理论推导，而是融合了多种因素；另一方面，教学法在实践中都要对其面临的教学任务和可利用资源进行某种衡量或决策，以某种综合的方式达到最佳或可行的教学效果，这些方式有时很难与某种具体的理论直接挂钩。以交际教学法为例，在理念上它综合了 Hymes 的交际能力概念以及第二语言习得理论；在大纲设计上，应用了 Wilkins 的意念功能概念和 Breen，Candlin 等有关教学过程的看法；在语料选择上，则使用 Widdowson 的语篇理论；在实施方法上，除了强调语言习得和语言学习、准确与流利等不同视角以外，还直接使用了 Moshowitz 和 Sterick 等人提倡的人本主义理念。因此，在涉及如此复杂、动态和多变量教学法设计和实施过程中，要确定教师在使用中贯穿了哪种具体思路的教学法，是一件异常困难的事情。

二、外语教学法的缘起及变迁

过去一百多年外语教学的历史，其基本特征是探索更加有效的外语教学方法。在一百多年的大部分时间，学界认为构建一种理想的教学法是针对语言教学的种种问题最根本、最有效的解决办法。这种教学思潮的结果是造成了所谓“设计者的方法时代”或“贴标签的方法时代”。今天我们重新回顾这段历史，再次审视外语教学法的缘起及发展变化过程，并反思外语教学法的理论基础及其局限性，对推动国际汉语教学和研究不无益处。

谈到外语教学法的起源，我们要先回顾一下几个世纪以前人们对拉丁语的学习情况。中世纪时，欧洲各国在教育、商业、宗教和政府管理等重要场合使用的语言中，拉丁语占据着支配地位。到了 16 世纪，由于欧洲政治格局的变化，法语、意大利语和英语等语言逐渐取得重要地位，并取代拉丁语作为口头和书面交际语。从那时开始，拉丁语作为一个“活的”语言逐渐在公众场合消失，它变成了学校课程中的一个特殊科目，对它的学习也就具有了与以往不同的功能。人们学习拉丁语不再是为了人际交流的需要，而是为了阅读用拉丁语写的书籍，以便吸收古代文化；或者是作为能够发展智力能力的课程来学，把拉丁语的学习视为一门“智力训练课程”。那时的课堂教学采用对语法规则的死记硬背、词格变化、词语组合、翻译和造句练习等形式。当十八九世纪，法语、英语等活的“现代”语言开始进入欧洲学校的课程，由于找不到新的教学方法，人们仍然使用教拉丁语同样的基本程序来教这些语言，而且到了 19 世纪这种基于拉丁语教学的方法已经成为学校外语教学的标准方法。这种外语教学方法就是众所周知的语法翻译法。

到了 19 世纪中叶，欧洲不断增长的交际机会对提高外语口头表达能力产生了新的需求。为了应对这一新要求，语言教学专家开始探索新的方法革新现代语言教学，并对语法翻译法提出了质疑。另外，当时语言学开始复兴，特别是对语音系统进行科学分析和描述的语音学也已经确立，例如，1886 年成立了国际语音学协会，其成功设计的国际音标使得任何一种语言的声音都可以被精确地转录。语言学家们开始强调口语而非书面语才是语言的根本形式。因此口语的学习得到了极大的提倡，而语法翻译法在这种新形势下显得完全无能为力，语言学家开始对探索外语教学的最佳方法产生兴趣，并进行了热烈的讨论。当时一些教学改革者提出外语或第二语言教学应该仿照儿童的母语学习，采用自然的原则，认为外语教学应该直接用外语讲练外语，不需要翻译或使用学习者的母语，也无须做太多的语法分析，这些自然的原则作为理论基础推动了直接法的诞生。

直接法产生后，受到许多国家教育当局的重视，一些国家把它当作法定的教学法。例如，德国、法国、俄国等都曾用行政命令的办法来推行过它。在教学法理论方面的影响是，直接法的产生及围绕它的讨论直接导致了教学法的概念的产生，标志着外语教学进入了教学法时代。在后来许多关于外语和第二语言应当怎么教的辩论中，关于直接法的争论是发轫之作。从直接法开始一直到在 20 世纪的大部分时间里，形形色色教学法的不断上升和消退始终贯穿了语言教学的历史。这些教学法都是基于下面的假设：

一种教学法是指一套在理论上一致、在语言教学实践中最好的教学程序，如果准确地遵循某个特定的教学法，将会取得比其他教学法更有效的教学效果，教师使用这种“最佳”教学法，将会提高语言教学的效果和质量。自直接法开始，由于教育机构对特定教学法的偏好，由于学校对某些教学法的支持或反对，由于出版商不断推出根据最新教学法编写的教材，也由于教师不断寻求语言教学最佳方法，教学法的观念不断得到加强。

继直接法被视为比语法翻译法进步而在 20 世纪早期受到了热情的拥抱之后，到了 20 世纪 50 年代，听说法又被认为体现了语言学和心理学的最新成果而被接纳为一个更好的方法。随后它又被交际法取代。同期，沉默法、全身反应法和暗示法等也纷纷揭竿而起。到了八九十年代，内容法和任务法作为新的教学法呼之而出。还有一些本来从普通教育发展而来的教学法，如合作学习法、整体语言法、多元智能法等，也延伸到外语和第二语言教学中。对于这些前赴后继的教学法，Richards&Rodgers 在《语言教学法》一书中详述了 17 种之多。

在目睹了流派林立、诸说各异不断涌现的各种教学法诞生、死亡、再生这类无止境的循环之后，外语教师和研究者们发现一百多年来人们研究探索语言教学法的高涨热情并没有收到令人满意的效果，外语学习的效率也没有明显提高。人们终于醒悟到用寻找更新更好的教学法来解决语言教学中的一切问题只能是一个不可企及的幻想。外语教学法的发展历程给外语教学带来的实际效果促使语言教学界进行反思：只要我们还停留在教学法的迷宫之中，我们就会继续纠缠于一种得不到任何结果的研究，而这类研究将驱使我们不停地重复循环和再包装同一个老观念，要跳出这一困境的唯一选择是树立后方法时代（post-method era）的意识。因此，到了 20 世纪末，主流语言教学研究者不再把教学法作为衡量语言教学成功与否的关键因素；一些人甚至谈到教学法的死亡，后教学法时代的革命正式拉开帷幕。

三、后方法时代的外语教学方法

在经历了教学法纷繁的兴衰历程之后，语言教师和研究者们已经深信“没有对语言的单一看法，没有对学习的单一解释，也没有学习者每天学习能依赖的单一基础”。“任何科学的教学法都必须以自己的教学对象为出发点，扎根在自己教学实际的土壤中，脱离对象，脱离实际，无所谓科学的教学法”。赵金铭指出，自 20 世纪 80 年代以后，对外汉语教学界业内大部分人都认识到，学习者千差万别，学习目的各不相同，不同的教学阶段有不同的教学任务，不同的教学任务又有不同的训练方法，而教师风格又因人而异，因此不可能有一种放之四海而皆准、万能的语言教学法。在认清追寻某种最佳教学法是一种乌托邦思想之后，人们开始支持一种折中主义（eclecticism）的观点，主张在外语教学中采取折中主义的立场，权衡各种理论、方法、途径，吸收其优点，使之用于多样化的教学环境。然而“折中主义”通常采用的是“掺和”手段，往往是随意的权宜之计，没有一套成熟的理论方案，提不出什么有效的原则或策略来指导在教学活动中如何进行判断和选择，它只是让教师根据个人的经验和感觉去判断。正如 Stern 指出的那样，折中观点“既未提供任何准则供我们确定哪一个是最佳理论也未提供任何原则供我们参照，以便对当今的各种理论和实践进行取舍，这种取舍全凭个人的判断”，因此“我们要克服毫无限制的折中主义的不精确性和模糊性，建立能涵盖语言教学不同方面的、具有内在一致性和完整性的理论框架”。

赵金铭指出，“语言教学需要的不是一种教学理论或一种教学方法，而是一个更大的研究框架，其中多种教学理论并存，多种教学模式共现，各种教学方法各有所用”。因此，需要我们决定的是某种教学模式适合什么教学对象，某种教学方法用在什么情境下、用在什么层次上，不能把一种具体的、局部的研究领域所取得的教学模式或方法，应用到整个语言教学上。我们应该以积极的态度来接受世界上语言教学法的不同思潮、不同派别，采取包容、理解的立场，以一种中立的态度，使用综合的处理办法。针对后方法时代教学方法，学者们纷纷提出应该遵循一定的语言教学原则或理念来灵活选择和运用。例如，刘珣提出了汉语作为第二语言教学的十条基本原则，靳洪刚总结了现代语言教学的十大原则，吴中伟提出了三条最基本的原则及一些下位原则，赵金铭则提出了一系列的教学理念，这些原则和理念在本书第一章已有详细介绍，此处不赘。

如上文所述，20 世纪语言教学研究对最佳教学方法寻求的结果表明，“没有一种方法可以适用于所有的教学对象或环境，过去没有，今后恐怕也不会有”。不过，即便如此，语言教师在课堂上进行教学活动时必定要讲究教学方法，否则我们的教学活动就是盲目的。换句话说，对有效教学方法的探求仍然是语言教学研究的核心主题，教学方法的研究和探索不仅可以丰富教学理论，更可以推动教学实践的深入，促进教学效率的提高。因此，我们仍然需要研究教学方法，探索教学方法，驾驭教学方法，传授教学方法，只是不要被教学法所左右，过于迷信方法，神化方法。当下，我们需要做的工作也许是研究并确立一套理论和操作框架，在国际汉语教学中“视教学对象、学习目的、教学环境而决定采用什么样的教学法”。

四、新形势下的国际汉语教学方法

吴勇毅指出，21 世纪蓬勃发展的国际汉语教学，与以往相比呈现出三个显著的变化，这三种变化也带来了我们对国际汉语教学性质和多样性认识的深化：（1）在来中国学习的留学生人数继续大幅增长的同时，世界各地“本土”的汉语教学持续升温、“遍地开花”，这一状况使得我们更加注意汉语作为第二语言教学与汉语作为外语教学的差异；（2）学习汉语的对象由过去主要是成人变为有越来越多的青少年开始学习汉语，这一变化使得我们更加注重成人学习汉语和青少年学习汉语之间的差异；（3）华侨、华裔子弟汉语学习的“回归”，这一变化使得我们清楚地意识到华裔学生与非华裔学生汉语学习的不同，也从另一个角度认识到对外汉语教学不等于华文/华语教学。

这些新的变化表明，新形势下的国际汉语教学需要更加关注学习者和学习环境的变化对教学方法的影响。首先，国际汉语教学更加关注外语环境下的教学体现了工作重心从对外汉语教学向全方位的汉语国际推广转变，从将外国人“请进来”学汉语向汉语加快“走出去”转变。从世界各地各种各样的汉语教学情境来探索汉语教学方法，而不再只是关注中国国内的对外汉语教学，这种视角的转变和视阈的扩大，需要我们采用一种更为宏观的框架来探索新形势下的国际汉语教学方法。其次，国际汉语教学更加关注海外青少年儿童的汉语教学，研究表明，学习者的年龄对外语学习有着显著的影响，儿童具有“内隐学习”（implicit learning）的优势，而成人则具有“外显学习”（explicit learning）的优势。换句话说，儿童的模仿能力强，善于获取当时当地具体的语言信息输入，具有隐性习得语言系统的优势，但自身“监控”能力低；而成年人自我“监控”能力强，逻辑思维能力强，愿意探究语言本身的规律，在显性语言学习上优于儿童，但模仿能力较差。因此，应根据教学对象的年龄特点，采取不同的教学方法，因势利导，发挥各自所长，提高教学效果。对儿童的外语教学，沉浸法、交际法、全身反应法比较理想；对成年人的教学，则可以更多采用关注语言结构形式的教学方法。过去我们对海外儿童的汉语教学方法关注不够，今后需要大力加强。再次，国际汉语教学更加重视华裔和非华裔学习者的特点和教学方式的差异，这跟近年来在国外正规教育系统中华裔汉语学习者人数的不断增多，以及“继承语”教育理论在世界范围内的兴起具有密切的关系。

进入21世纪以来，随着我国经济社会快速发展、国际地位大幅提升，世界各国更加重视发展与中国的友好合作关系，“汉语热”迅速升温，汉语加快走向世界的步伐，世界各地汉语学习者人数正在不断增多。在这一背景下，探索针对海外各种汉语学习者群体的特点和需求、适合当地各种实际情况的有效汉语教学方法成为国际汉语教学工作的中心。赵金铭指出，探索对世界有影响力的、与国际第二语言教学潮流同步的、基于汉语和汉字特点的、适应各种学习群体和学习需求的、丰富多彩的海外汉语教学模式和方法，仍是重要的研究课题。教学模式、教学方法不求整齐划一，一定要适合当地的实际情况。还要关注海外学习者有效的学习时间，适当考虑教材的内容量，兼顾学习者的学习动机，选用学习者感兴趣的内容，因地、因人、因时地开展汉语教学。因此，我们应该兼收并蓄，因地制宜，根据学习者的特点、需求和各种教学目标，考虑到现有的条件和可以创造的条件，采用与之相适应的教学法，或几种方法的结合，为提高国际汉语教学效果服务。“教学法的选择，只要遵循语言教学的基本原理，可依据当地国情，做灵活处理。只有掌握了汉语作为外语教学的一般规律，当我们走向世界各地进行汉语教学时，才能结合当地的实际情况，开展有针对性的汉语教学，形成当地汉语教学的特色。世界各地各具特色的汉语教学，才能共同打造蓬勃发展国际汉语教育的宏伟局面。”

第七章　跨文化交际视野下汉语国际教育教学资源与评估分析

第一节　跨文化交际视野下汉语国际教育教学资源

学生、教师和教学资源是教学的三大基本要素。近年来，国际汉语教学界对教师、教材、教法——“三教”问题相当重视，不过其中的教材视角仍不够宽广，也就是说从教学资源的开发和利用角度来做的研究还不够丰富。实际上不管是教师的教还是学生的学，都离不开教学资源，教学资源的开发和利用情况对教学效果具有直接的影响。

一、有效教学的资源观

1.教学资源的概念

教学资源，也叫“课程资源”，是决定着“有效教学”的理想能否兑现为课堂教学实践的关键因素。传统的教学主要依靠“一支粉笔一本书，一块黑板一张嘴”的方式，在这种传统的教学中，“教学资源观”基本上等同于“教材观”，教科书被当作主要的教学资源。随着教育改革所倡导的由“教教材”到“用教材教”教学观的转变，传统的“教材观”开始被“教学资源观”取代。不过对于什么是教学资源，人们的看法并不完全一致。徐恩芹、刘美凤认为，教学资源是指为教和学设计出来的、支持教师的教（备课、上课、自身发展）和学生的学（课上和课下）的软件资源，不涉及硬件、环境和人力资源。从载体形式上包括计算机、电视、幻灯、投影等各种载体，也包括模型、标本、实物等等。从表现形式上，具体包含文本、音频、视频、数字等资源。乌美娜认为，“教学资源一般指支持开展教学设计活动，解决教学问题的所有人才、物力和财力”。戴双翔则认为，教学资源除了服务于教学的文献资料、设备设施和物质器材、现代媒体资源、社会信息资源以及教学的时空资源等“物性”资源以外，还包括教学环境、师生群体及其互动模式、教师的智能结构，甚至教师的教学艺术等“心理性”资源，“所有这些对教学起作用或产生影响的事物都属于教学资源概念的范畴”。

高慎英、刘良华明确把教学资源划分为“课程物质资源”和“课程人力资源”两类。“课程物质资源”主要指学校的教材、教师数量（师生比例）、图书馆、活动场地、教学时间、教学设备和设施、学校环境等等。“课程人力资源”主要指教师和学生的主动精神、知识结构和人格品质以及教师与学生的相互关系。如果说“课程物质资源”所倚赖的物质条件更多的是一种固定化的、消费性的、“耗散材料”式的资源。那么，“课程人力资源”所倚赖的“教师和学生的知识结构、主动精神和人格品质”等更多的是一种发展性的、生成性的、精神性的资源。余胜泉认为，可以从狭义和广义两个角度来理解教学资源，从狭义上来讲，教学资源主要包括教学材料、教学环境及教学后援系统；从广义上来讲，教学资源可以指在教学过程中被教学者利用的一切要素，包括支撑教学的及为教学服务的人、财、物、信息等。

2.培养教师的教学资源意识

随着教学观的发展，教学资源概念本身经历了由“教教材”到“利用教学资源”，由“课程物质资源”到“课程人力资源”，由“显性教学资源”到“隐性教学资源”的转变。以前一些不认为是教学资源的事物，现在也成为重要的教学资源。然而，很多教师的教学资源意识还没有跟上时代的发展步伐，杨晓奇把教师缺失教学资源意识的主要表现总结为以下几个方面：（1）把教科书视为主要乃至唯一的课堂教学资源，这是以往课堂教学的主要特征。教科书的“金科玉律”特征与教师的独尊地位彼此强化，形成了我国“尊课程，重教学”的传统，其实质是对于教科书这种近乎唯一的课堂教学资源的极致推崇所致。（2）过度倚赖“物性”的教学资源，“物性”的教学资源主要包括教学中的“实物资源…‘设施资源”和“现代化媒体资源”。（3）忽视课堂中的生成性教学资源，生成性教学资源是随着教学活动的展开而逐渐显现的一种教学源，主要包括预设之中的生成性资源和预设之外的生成性资源。预设中的生成性资源是教学活动中必然出现的教学资源，教师往往会忽视的是预设之外的教学资源，譬如课堂教学中出现的“突发事件”“学生的错误…‘学生间的差异性思考”等类似于“插曲”的资源。（4）教学资源运用的简单化倾向，在微观的课堂教学中，课堂教学的时空环境、具体的教学方法、师生自身的生活经历、课堂中的文本素材、师生所营造的师生关系等都是教学资源。然而，在使用这些教学资源时，教师往往存在教条化和简单化倾向。（5）对教学资源的开发意识和能力不够，当教师缺乏教学资源的开发意识时，教学就只能在长期形成的惯性中前行，教学创新也就无从谈起，课堂教学的吸引力、影响力和感染力就会大打折扣。

作为课堂教学的组织者，教师只有具备一定的教学资源意识和资源能力，才能对教学资源进行筛选、整合和运用，因此，培养教师的教学资源意识和开发运用能力十分重要。对此，杨晓奇提出了四条积极的应对措施：（1）努力提高教师对教学资源的认识，首先要让教师认识到教学资源对于课堂教学变革和学生成长的重要性；其次，要让教师明白教学资源有哪些类别和样态；再次，要从思想上强化“教学资源是改善课堂教学的主要依托”这一观点的紧迫性、针对性和有效性。（2）逐渐用教学资源观替代原有的教学材料观。教学资源观，就是要让教师从比较狭隘的教学观、教材观、学生观、教师观等诸多观念中走出来，用教学资源来解释和指导自己的教学行为，用教学资源观来统领教学活动。（3）积极加强教师的教学资源能力建设，教师的教学资源能力建设是指教师搜寻、筛选、处理、整合、优化教学资源的综合性能力。首先，教师要在能力所及的范围内搜寻到尽可能丰富的教学资源，譬如文本资源、媒体资源、网络资源、教学经验资源、课例资源、学生资源等，要具备最基本的教学资源能力，如知识能力、判断能力、甄别能力和处理能力等；其次，教师要对教学目标、教学内容、教学方法、教学资料等资源要素进行区分和取舍；再次，教师在教学过程中要关注生成性教学资源要素。（4）在教学实践中不断反思、拓展教学资源观念，随着教师教学反思意识的加深，教学资源的概念和观念也在逐渐拓展。教师应该随着时代对课堂教学提出的要求，不断反思教学活动，这其中也包括对教学资源的反思和重新认识。

3.教学资源的开发和利用

根据现代教学资源观，如何有效开发和利用课堂内外的教学资源，直接影响到课堂教学的有效实施，我们参考高慎英、刘良华（2004）对教学资源的划分和论述，从以下几个方面来讨论一下教学资源的开发和利用问题。

（1）“教材”的再度开发

“教材”包括“课本”以及相关的“教辅材料”，例如与“教材”配套的音频视频材料、教师参考用书、教学挂图、教学仪器设备、学生练习册等等。教材是理所当然的基本的课程资源，一般由出版社提供。但无论出版社所提供的教材和教辅资料如何“完美”和“精致”，都不会完全适应每一个班级、学生或老师，教师仍然需要对这些教材进行加工和改造。创造性地使用教材是教师的一项基本功，“备教材”是教师“备课”的一个部分，所谓“备教材”主要是指对教材进行再度开发，“不只是教教材，而是用教材教”。因此，我们应当做到课内外结合，准确把握教材。根据实际大胆调整教材顺序，活用教材。

应该结合本地的教学情境和学生的学习准备等情况灵活、大胆地筛选和补充、调整教材。教师可以根据教学内容适当补充那些既能引起学生兴趣，又与现实生活有密切联系的素材，供学生课内外学习。

（2）充分利用“网络资源”与“现代教育技术”

互联网和多媒体技术的广泛使用，给教学方式带来了前所未有的机遇和挑战。重视对网络资源的开发和利用，是现代教学改革的一个基本趋势。除教材等传统资源之外，教师需要根据教学的需要，从网络资料、影视资料或现代教育技术开发有价值的教学资源。“网络资源”的开发和利用实际上是对人类的传播方式变革的一种回应，从古到今，根据传播媒介的不同，人类的传播形式大体有四种：口头传播、书籍传播、利用广播电视为代表的大众传媒、网络传播。基于互联网传播技术的网络教育将改写教育模式，重新定义“教学”和“学习”。网络教育提供的学生学习环境是一个开放式的、自由的空间，以及丰富全面的学习资料，它鼓励学生按自己的爱好、环境、心境，选择适宜自己学习方式的内容和过程，从而创建和形成个性化的学习方式。除网络资源之外，教师在日常教学中可以根据教学的实际需要借助“现代教育技术”来开发和利用相关的课程资源，例如，多媒体学习课件、“慕课”材料等等。不过，现代教育技术是否能够发挥它的力量和魅力，取决于教师的恰当使用，以便真正能够实现“现代教育技术与课程的整合”。在开发和使用过程中，教师既要考虑到实用的原则，也要考虑到经济的原则，需要考虑利用现代教育技术开发课程资源时所花费的成本，包括在开发资源时所花费的时间、精力和材料等。如果不计资源成本或使用不当，就可能“弄巧成拙”。

（3）开发和利用“社区资源”

传统的教学观把学校和社区作为两个彼此隔离的系统，人们理解的教育往往局限于学校，忽视了社区课程资源的教育功能。现代教育理念认为，“教育即生活”，学校和社区被视为相互交融的一个系统，社区资源日益受到了人们的重视。相对于学校而言，社区是一个更广阔的资源区域。社区课程资源包括学生家庭乃至整个社会中各种可用于教育教学活动的设施和条件以及自然资源、人文活动和资料，其中社区的图书馆、博物馆等都是宝贵的课程资源。就国际汉语教学来说，海外中国城、华人社区，甚至中餐馆、商店等都是可以开发和利用的汉语教学资源。学生家长与学生家庭的图书、报刊、电脑、学习工具等都是不可忽视的课程资源，对海外华裔汉语学习者而言，家庭常常意味着最自然的汉语学习环境和最好的语言学习资源。如果是在以汉语为目的语的社区学习汉语，社区里的汉语布告栏、宣传标语、门牌、广告、超市的促销宣传单等含有汉语的素材资料，以及去商店购物、去餐馆吃饭、去中介租房、参加社区活动等，都是取之不尽、用之不竭的社区资源。

（4）开发和利用教师资源

教师本身就是一部丰厚的“活教材”，其已有的知识结构、汉语语言文化知识、在课堂上规范的语言表现、与学生互动中的言谈举止，都属于极其重要的教学资源，对学习者影响巨大。另外，教师还是其他教学资源的“过滤机”，决定着课程资源的鉴别、开发、积累和利用，对课程资源的选择、开发和利用发挥着主导作用，因此，教师自身就是课程实施的首要的基本条件资源。教师的素质状况决定了课程资源的识别范围、开发与利用的程度以及发挥效益的水平。为了更好地开发和利用教师资源，发挥教师的“主动性”，需要鼓励教师“主动学习”、终身学习，并以此建构和优化自己的知识结构，提升专业素养。

（5）开发和利用学生资源

开发和利用学生资源首先意味着学生已有的知识结构、个性特质等都是可资利用的教学资源。在国际汉语教学中，学习者常常具有不同的语言文化背景、不同的生活经验、年龄特征、语言学能、学习动机、情感态度、认知风格、学习策略和汉语水平等，我们可以针对学习者的这些不同特点因材施教，进行针对性的教学。其次，学习者还是开发和利用其他教学资源的“基准”或依据。无论是编制、选择教科书及其辅助材料，还是引进网络资源及其他社会资源，或者引导学习者进入社区进行言语交际完成任务等，都需要参照依据学习者原有的汉语水平、学习目的、学习兴趣等基本条件，即“以学习者为中心”进行设计和实施。再次，开发和利用学生的资源需要引导学生的“主动学习”，引导、促进、激励和唤醒学生的“主动性”。学生的“主动性”是学生学习乃至整个教学活动的“发动机”，我们需要重视激发学习者对自身资源的主动利用。

（6）开发和利用“师生互动”中的生成性资源

如上所述，教师和学生虽然可以相对独立地成为重要的教学资源，但在真实的课堂教学过程中，教师自身所蕴含的教学资源和学生自身所蕴含的教学资源只有在“师生互动”的过程中才充分地显示出来。从一定程度上讲，有效教学就是“师生互动”的教学，因此，一个好的教师需要善于激励和唤醒学生主动学习、主动发展，并能利用跟学生的互动，从学生的主动学习、主动发展中寻找和利用相关的信息资源。传统的教学资源观往往只把教材、教具、图书馆等作为教学资源，没有注意到教学过程的“师生互动”中所生成的即时智慧资源，更不会想到学生的“错误”、学生的“差异”也是一种课程资源：大量的课程资源往往就在“互动教学”“对话教学”的过程中不断涌现和生成，它们具有瞬时性、不可预料性和不可重复性等特点，需要引起我们的重视，并进行有效的开发和利用。

二、国际汉语教学资源

1.国际汉语教学资源的新认识

如同上文所述教学资源观的发展变迁历史，我们对国际汉语教学资源的认识也经历了一个发展过程。对外汉语教学界一向重视“教材”问题，最初是“教材编写和选用”，然后是“教材发展和使用”，一直到最近开始提出“教学资源的开发和利用”，这些关键词语的变化体现了人们对教材和教学资源认识的不断拓宽和深入。武汉大学召开了汉语国际推广教学资源建设研讨会，会上首次集中讨论了“汉语国际推广教学资源”的中心议题，会议纪要指出，“汉语国际推广教学资源”是指直接服务于汉语国际推广教学工作的可以广泛使用、反复利用的各种资料、设计、工具等等。“汉语国际推广教学资源”概念的提出，突破了传统上的“教材”概念，体现了教学资源多类型、多载体、容量大、使用方便灵活等特点,不过这一概念及其所阐述内涵仍然主要是强调资源的“物质”形态。

同年，孔子学院总部——国家汉办颁布的《国际汉语教学通用课程大纲》中开始出现国际汉语“教学资源”的理念，在国际汉语教学策略中明确列出了“资源策略”一项。《国际汉语教学通用课程大纲》的各级目标中提到的“汉语教学资源”非常广泛，包括汉语教科书、图片、图解字典和词典、多媒体、图书馆、互联网、报纸、杂志、教师、同学、学校、社区、工作环境等所负载的各种汉语信息，其策略则包括查找、获取和使用这些汉语信息资源的方法。在此基础上，郭睿进一步总结了国际汉语教学资源的概念和范围，郭文提出，“一切有利于使学习者具备汉语综合运用能力的教科书、图片、字典、报纸、杂志、图书馆、互联网、教师、同学、社区等素材或条件都可以称之为汉语教学资源”。他把汉语学习资源分为素材性资源和条件性资源两类。前者是指能够直接成为汉语教学内容的资源，是学习者要掌握的对象，比如教科书、教师手册、字词典、例句、语料等。后者虽不是教学内容，但是保证汉语教学顺利进行的条件，同时还影响甚至决定汉语教学的范围和效率，比如语音实验室、教学时间、空间和投入资金等。

随着研究的深入，人们对国际汉语教学资源的认识有了进一步的发展。李泉、金香兰认为，“一切可用于汉语教学的文字材料、网络多媒体材料，一切有助于增长学习者汉语知识和能力、有利于强化学习者动机和情感的方法与策略，都可以视为汉语教学资源”。他们把汉语教学资源分为四类：文字材料资源、网络多媒体资源、知识与能力资源、方法与策略资源，并认为“文字材料资源”和“网络多媒体资源”是显性的语言教学资源，是语言教学资源的基本形态；而“知识与能力资源…‘方法与策略资源”是语言教学的隐性资源、“软实力”资源，同样是语言教学必有的资源。“文字材料资源”主要包括汉语教科书、汉语教学读物、汉语工具书、各类汉语教学大纲、频率字/词表以及非汉语教学的中文读物（报纸、小说、散文、时评文章）等等。“网络多媒体资源”包括多媒体课件、教学资源库、汉语语料库、汉语中介语语料库、各类教学和学习网站、影视及生活视频材料、中国文化图片及多媒体资源等等。“知识与能力资源”主要包括学习者的母语、教师的外语、师生之间的媒介语、汉语（即中国教师的母语、外国教师的外语、学习者的目标语）及师生共有的知识与技能等等。“方法与策略资源”指有助于增长学习者汉语知识和能力、有利于激发学习者汉语学习动机和兴趣的各种教学方法与手段、理念与策略。

2.国际汉语教学资源的开发和利用

由上面的讨论可知，国际汉语教学新的资源观已经把各种可用于国际汉语教学的元素，包括物质的、人力的、精神的等等，以及对这些元素的有效利用都属于国际汉语资源的开发和使用范围。然而，作为国际汉语教学的组织者，很多国际汉语教师对于这种新的教学资源观还缺乏必要的认识，因此，有必要加强国际汉语教师对教学资源的新认识，树立新的教学资源观，提高主动利用教学资源的意识。国际汉语教师要对教学资源保持一种独特的敏感性，能时刻认识到显性教学资源，有针对性地挖掘潜隐性教学资源，注意教学活动中的生成性教学资源，并能在教学中恰到好处地使用各种教学资源要素，进而促进和优化汉语教学活动，提高汉语教学效果。

汉语走向世界需要有效教学资源的支撑，汉语教学国际化的过程也是不断开发、丰富和应用汉语教学资源的过程。国际汉语教学资源的开发和利用，是国际汉语有效教学的重要内容。关于如何开发和有效利用国际汉语教学资源，郭睿从创造性地利用教科书资源、开发和利用教师本身所蕴含的资源、开发和利用学习者身上的汉语教学资源、开发和利用社区里的汉语教学资源、开发和利用网络、电视上的汉语教学资源等五个微观层面进行了详细的分析。李泉、金香兰则结合教学案例重点探讨了“知识与能力资源”“方法与策略资源”这两类隐性教学资源的构成与开发，侧重讨论在汉语资源开发的视野下，“汉语”本身以及教师所掌握的“外语”均是汉语教学的重要资源；而借助具体的教学内容来深化和拓展学习者的汉语知识与能力，是汉语教学资源开发的核心取向。

上述学者的论述对于如何开发和利用国际汉语教学资源很有启发意义，本书不再赘述，只想强调一下在互联网时代大家普遍关注的互联网资源和新教育技术的运用问题。自20世纪90年代中期商业化运作以来，互联网在全球得到迅速发展和空前普及，以计算机和互联网为代表的当代信息技术，正以惊人的速度改变着人们的生存方式、学习方式乃至思维方式。

“世界已经不只是一个现实世界，还有一个更重要的世界展现在我们面前，那就是‘虚拟世界’。现实世界的生活越来越依赖虚拟世界，虚拟世界也越来越深地介入现实世界。”网上网下两个世界相互交融的网络时代使国际汉语教学工作面临着全新的要求和挑战。目前，互联网和新教育技术正改变着学校的教学环境、教学内容和教师的教学方法。它们为教学提供了更多的选择，给语言学习提供了海量的信息和资源、弹性的学习时间、真实的学习环境、图文并茂的学习内容、发现式与探究式的语言练习形式以及过程化评估方式，这一切无疑将会更加有效地提高语言教学和学习的效率。在互联网时代，如何将新的教育技术融入教学活动中，我们需要思考三个主要问题：什么样的汉语教学网络资源和新教育技术是我们所需要的？如何利用新教育技术制作汉语教学材料？怎样合理利用这些资源？海伦娜·柯顿和卡罗尔·安·达尔伯格在《美国外语课堂教学指南》中，详细列举了关于如何将计算机技术融入学习项目中以便提高主题单元学习效果的一些具体建议，可以为我们在教学实践中开展基于新教育技术的活动提供借鉴。

（1）创建一个使用文字处理或者画图程序的菜单。

（2）选取带有文化元素的剪贴画并使用目的语做一张问候卡片。

（3）学生使用数码照片来设计一张海报，在“家长之夜”时向新同学、教师或家长做自我介绍。

（4）以某个故事或者诗歌为模板，用剪贴画或使用画图工具创建一个故事或者一个片段。将所有学生的作品打印出来，制作成班级书籍。

（5）制作一本书，包括一个能够反映故事内容的封面、几页故事的概要以及包含作者信息的封底。

（6）创建班级报纸或者简讯。

（7）为某个使用目的语的城市或国家做一本宣传册——并且让学生去动员

班里的同学和其父母到他们宣传的城市或国家去参观。宣传册的信息可以从因特网上搜索，另外可以从网上下载一些图片来把宣传册做得更漂亮。

（8）制作一个广告来宣传某个有重要文化意义的产品，用图片来表现其文本。

（9）用目的语建立个人的“图解词典”，记得是要用图片来解释单词，而不是将词语翻译成母语。

（10）收集目的语文化中某位名人相关信息，然后利用各种资源来制作一个“猜猜我是谁”的游戏，可以用图片来表现相关内容，并且用第一人称来叙述。把答案写在最后一页背面的底部，当反过来折叠时，就可以看到答案。

（11）听一段播客——可以由教师或学生制作，也可以选取地道的博客文件加深对某个主题的了解，或者听完后与同学分享听到的内容或进行讨论。

（12）让学生用 PowerPoint 做一个报告来介绍自己或者其他主题，报告中需使用学过的单词，并使用教师提供的格式。学生可以用上传的照片和剪贴画来表现其报告的内容。

（13）让学生用 Voicethread 网站创建一个数码故事。该网站可以让多个用户在同一页幻灯片上提供他们的文字、音频或者评论。也可以让你上传图表、照片和视频，你也可以添加自己的文本、音频以及（或者）视频评论。

（14）让学生制作一段关于本地野生动物的播客或者影像播客与目的语文化的班级分享。他们可以用图片来说明自己的观点并把图片编辑进演讲样本中。

（15）让学生创建、提交或者加入关于环境问题的话题或者博客的讨论。

（16）让学生与目的语文化中的同龄学生在视频会议中就健康生活方式的选择交流意见。Skype 是一种免费的在线电话服务，允许多人上线，同时谈话，只要有一台带有麦克风的联网计算机就可以使用。

（17）学生可以通过访问目的语文化中的一所学校的网站来获取关于饮食习惯健康方面的信息，比如，可以看看该学校食堂的菜单。

第二节　跨文化交际视野下汉语国际教育教学评估

一、教学评价的基本概念

教学评价的概念是由美国俄亥俄州立大学的泰勒（R.W.Tyler）教授于 1930 年首次提出的。当时为了把社会的要求、学生的需要反映在课程与测验中，泰勒提出了一套以教育目标为核心和依据的课程与测验编制的原则，并正式采用了“教育评价”的概念。现在一般认为，教学评价是以教学目标为依据，按照科学的标准，运用有效的技术手段，对教学过程及结果进行测量、分析和评定并为教学决策服务的活动。教学评价一般包括对教学过程中教师、学生、教学内容、教学方法、教学环境、教学管理诸因素的评价，其中主要是对学生学习效果和教师教学工作过程的评价。对学生学习效果进行评价的主要形式是考试与测验；对教师教学工作的评价，主要是对教学设计、组织、实施等及教学效果进行评价。崔永华指出，“适当的教学评价，可以提高学习者的动机水平、学习兴趣，增加学习者的责任感，也可以使教师及时获得反馈，了解教学效果，对教学的不足加以补充，调整教学进程和方法，保证每个教学环节的教学效果和总体教学效果”。具体来讲，教学评价主要有以下几个方面的作用：

（1）诊断功能

有效的教学取决于教师对学生的知识、能力、兴趣、动机和情感等方面情况的了解，这种了解是提出现实的学习目标，并操纵适当的学习情境去帮助学生达到既定目标的基础。通过进行诊断性测试和分析，教师可以了解某个学生在特定学科的特定阶段，其知识、技能和能力已达到的水平和存在的问题，特别是可以发现学生学习的困难之处，并作为改进教学方法或进行补救教学的依据。此外，诊断性测试也可以帮助教师和学校对学生分班分组，予以适当安置。

（2）反馈功能

通过教学评价，能使教师和学生知道教学过程的结果，及时地提供反馈信息。反馈信息在教学中具有重要的调节作用，实践表明，教学评价的结果不仅为教师判定教学状况提供了大量反馈信息，而且也为学生了解自己的学习情况提供了直接的反馈信息。通过教学评价的结果，教师可以了解自己的教学方法和教学过程组织中的某些不足，以便及时地调节自己的教学工作；学生获得评价的反馈信息，能加深对自己当前学习状况的了解，诊断出学生在学习上存在的问题与困难，从而调整自己的学习。

（3）导向功能

在教学实践中，教学评价的导向功能是显而易见的。一方面，教师的教学目标、教学内容、教学重点等都要受到教学评价的制约，因为教学评价的标准是用来衡量教师教学活动是否有效的依据；另一方面，教学检测的内容、评价的标准往往会成为学生学习的内容和标准，从而左右学生努力的方向、学生学习的重点及学习时间的分配，必然受评价内容和评价标准的影响。因此，如果教学评价的标准和内容能全面反映教学计划和大纲的要求，能体现学生全面发展的方向，那么，教学评价所发挥的导向功能就是积极的、有益的，否则，就有可能使教学偏离正确方向。

（4）激励功能

教学评价可以及时反映出教师的教学效果和学生的学习成绩。经验和研究都表明，教学评价可以调动教师教学工作的积极性，激起学生学习的内部动因，维持教学过程中师生适度的紧张状态，可以使教师和学生把注意力集中在教学任务的某些重要部分。这是因为，适时地、客观地对教师教学工作做出评价，可使教师明确教学中取得的成就和需要努力的方向，促使教师进一步地研究教学内容、教学方法，以提高自己的教学水平。对于学生来说，记录成绩的测验对其学习动机具有一定的激发作用，如果评价较高将可以激发学生向更高目标努力的积极性，如果评价较低，也能引起学生的反思，对促进学生起到推动和督促作用。

根据评价在教学活动中发挥作用的不同，通常把教学评价分为诊断性评价、形成性评价和总结性评价三种类型。

（1）诊断性评价

诊断性评价也称教学前评价或前置评价。一般是在教学活动开始前，对评价对象的学习准备程度做出的测定性评价，以便采取相应措施使教学计划顺利、有效实施。诊断性评价的实施时间，一般是在课程、学期、学年开始或教学过程中需要的时候。其作用主要是确定学生的学习准备程度并适当安置学生。

（2）形成性评价

形成性评价又称过程评价，是在教学进行过程中，为调节和完善教学活动，保证教学目标得以实现而进行的确定学生学习成果的评价。其目的是及时了解阶段教学的结果和学生学习的进展情况、存在问题等，以便及时反馈、及时调整和改进教学工作以获得更加理想的效果。形成性评价通常在教学过程中多次进行，就提高教学质量来说，重视形成性评价往往比重视总结性评价更有实际意义。

（3）总结性评价

总结性评价又称事后评价，一般是在教学活动告一段落时，以预先设定的教学目标为基准，对评价对象达成目标的程度即教学效果做出评价。总结性评价注重的是教与学的结果，借此对被评价者所取得的成绩做出全面鉴定，区分等级，对整个教学方案的有效性做出评定。按评价所参照的标准，总结性评价可划分为目标参照评价和常模参照评价。

孔子学院总部/国家汉办编制的《国际汉语教学通用课程大纲》，着眼于学习者的角度把教学评价定义为“以学生实际水平事实为基础，从目标和需求出发，通过各种测量，对学生汉语程度和学习做出价值判断的过程”。为了方便教师系统收集学生相关信息，确定学习者行为变化，根据教学目标和标准对学生的学习进行测量，确保教学效度和信度，

《国际汉语教学通用课程大纲》中设计了“汉语教学常用评价活动建议表”，从定义、特点、实施时间、评价目的、评价内容、方法类型、评价标准、

评价活动等方面分别对诊断性评价、形成性评价和总结性评价三类评价形式进行了纲领性描述，很有参考价值。从学习者的角度讨论教学评价无疑抓住了问题的核心，不过，我们觉得教学评价只讨论学习者的发展还不够，还需要对教师的教学行为、教学过程以及项目管理等整个项目系统的其他方面进行评价，才能得出更加全面、系统的结论。下面我们分别从国际汉语教学评价的两种最主要形式——国际汉语测试和国际汉语教学评估进行讨论。

二、国际汉语测试

语言教学出现后便有了语言测试，语言测试是教育评价的主要手段之一，也是外语教学活动的一个主要环节。依据不同的分类标准，可以将语言测试分成不同的类别。根据测试目的和用途的不同，可以分为以下五类：

（1）水平测试，如 HSK，OPI 等。这种测试用来测量考生的语言水平，一般是大规模的标准化考试，多由专门的考试机构来进行研发和实施。这种考试的理论基础是某种语言能力理论，参照的是某种语言能力/表现或水平的标准，不与一定的课程或特定的教学内容直接关联。

（2）成绩测试，也叫“学业测试”，如单元测验、期中考试、期末考试等。这种测试一般由教师或教学单位负责命题、组织、实施，通常依照“教什么学什么考什么”的原则，与一定的教学内容密切相关，用来测量学生在学习的某个阶段的学习进展或学习成果，是基于一定教学内容或教学大纲的测试。

（3）分班测试，也叫“分级编班测试”。这种测试的目的是根据学生的不同语言水平将他们编入不同进度或水平的班级，然后采用不同的教学大纲、教学内容和教学方法进行针对性教学。分班测试区分等级的多少取决于办学规模和新生数量的多少，需要安排的班级层次越多，测试区分考生语言水平的等级就越多，区分的难度也越大。

（4）学能测试，如现代语言学能测试（MLAT）、语言学能测试（LLAMA）、高水平语言学能测试（Hi-LAB）等。学能测试是对学生学习外语的潜能进行测

量的测试，测试的成绩用来预测学习者学习外语的能力以及最终能够达到的外语习得状态。

（5）诊断测试，这种测试主要是用来识别学生在学习方面的优势和劣势，特别是检查学生在哪些项目上有欠缺，以便在教学上采取改进措施，从而确定未来的教学方向。与水平测试和分班测试等不同，诊断测试需要提供关于考生需要在哪些语言项目进一步提高的信息，而不仅仅是给出考试分数。

此外，根据测试语言要素（语音、汉字、词汇、语法等）及语言技能（听、说、读、写）的分合的不同，语言测试可以分为分立式测试和综合式测试；根据测试所用手段的不同，语言测试可分为纸笔测试、口试和电脑语言测试；按照评分方式或答题方式的不同，语言测试可以分为客观性测试和主观性测试；按照对测试分数的解释方式，语言测试也可以分为标准参照测试、常模参照测试、标准—常模参照测试三种，等等。下面，我们简要介绍一下国际汉语教学中影响比较大的两种水平测试：汉语水平考试（HSK）和汉语口语表现测试（OPI）。

汉语水平考试，根据汉语拼音首字母缩写为 HSK，是为测试母语非汉语者的汉语水平而设立的国家级标准化考试。1984 年，北京语言大学（原北京语言学院）成立了“汉语水平考试设计小组”，开始承担研制汉语水平考试的任务。经过十多年的努力，先后完成了基础 HSK、初中等 HSK 和高等 HSK 等不同级别汉语水平考试的研制工作，构成了一个水平由低到高的较为完整的 HSK 考试系统。这套汉语水平考试分为基础、初中等和高等三种，总共 11 级，曾经作为国家级考试，产生过很大影响。2009 年以后，国际汉语教育形势发生了新的变化，海外学习者人数不断增长，多样化趋势日益增强，为了服务于新的目标和要求，国家汉办组织专家开始研发新的汉语水平考试系统，并于 2009 年 11 月推出了新汉语水平考试（HSK）。目前旧汉语水平考试已经停考，海内外考试完全进行新 HSK 的考试。

现在的 HSK 考试系统包括四种考试：

（1）新汉语水平考试 HSK，这是一项国际汉语能力标准化考试，重点考查汉语非第一语言的考生在生活、学习和工作中运用汉语进行交际的能力。新汉语水平考试 HSK 包括 HSK（一级）、HSK（二级）、HSK（三级）、HSK（四级）、HSK（五级）和 HSK（六级）。

（2）汉语水平口语考试 HSKK，主要考查考生的汉语口头表达能力，包括 HSKK（初级）、HSKK（中级）和 HSKK（高级），考试采用录音形式。

（3）新中小学生汉语考试 YCT，用于考查汉语非第一语言的中小学生在日常生活和学习中运用汉语的能力。新 YCT 分笔试和口试两部分，笔试和口试是相互独立的。笔试包括 YCT（一级）、YCT（二级）、YCT（三级）和 YCT（四级），口试包括 YCT（初级）和 YCT（中级）。

（4）商务汉语考试 BCT，重点考查第一语言非汉语考生在真实商务或一般工作情境中运用汉语进行交际的能力。商务汉语考试由 BCT（A）、BCT（B）和 BCT（口语）三个独立的考试组成。BCT（A）面向商务汉语初学者，考查考生运用汉语完成日常交际和基本商务交际任务的能力。BCT（B）面向商务汉语中高水平学习者，考查考生运用汉语完成较为复杂的商务交际任务的能力。BCT（口语）面向全部商务汉语学习者，通过网考形式，采用个性化、针对性的试题考查考生运用汉语口语完成各类交际任务的能力。

OPI 全称“Oral Proficiency Interview”，是美国外语教学学会（ACTFL）开发的一种外语口语能力考试。与采用机考的口语水平考试不同，OPI 相当于一种“口语能力面试”，通过主考入与受试者的面对面问答或者采用电话一对一问答来获取语料，其操作全程一般为 30 分钟左右，分为四个部分：热身（Warm-Up）、摸底（Level Checks）、探顶（Probes）和结束（Wind-Down）。每一部分的设置，都是从心理学、语言学及语料的可评估性三方面考虑的。

最新版的 OPI 把口语能力分为初级（Novice）、中级（Intermediate）、高级（Advanced）、优秀级（Superior）和卓越级（Distinguished）五个主要等级。其中，初、中、高三级内又各分低、中、高三等，优秀级和卓越级内不再细分。这样，共分出五级十一等：上述每个等级都订出了具体的测试标准，主要从任务类型、话语内容、交际情境、准确性和篇章类型等多方面考虑。在考试过程中，考官不断地、有目的地提出问题，并根据考生的语言表现调整考试任务和预设程序，最终将考生的语言表现与 OPI 测试标准进行对照确定成绩。作为一种标准化的外语口语考试，OPI 在美国外语教学界产生了巨大影响，并越来越多地应用到国际汉语口语考试中。

三、国际汉语教学评估

从历史演化过程来看，汉语教学评估研究源于早期的汉语测试研究。二者关系虽然很密切，但又有所不同。“评估”是综合性活动，包括的内容比较广泛，需要经历若干阶段和步骤，而“测试”却是单一性活动，作为一种测量工具，它只是“评估”的某一阶段中的某一步骤。“测试跟评估关系密切，但二者又有所不同。评估的方式多种多样，测试只是其中的一种方式。”教学评估有广义与狭义之分。广义的教学评估是指对影响教学活动的所有因素的评估，主要“包括教学单位评估、课程评估、课程教学评估、课堂教学评估等”。狭义的教学评估则是根据一定的教学目标和标准，对教学活动进行系统检测，并评定其价值及优缺点，以求改进的过程。就评估的主体而言，主要包括领导评估、同行评估、教师自我评估与学生评估等方式，一个好的评估系统，需要将这些不同的评估有机地结合起来。

课堂教学评估是目前国际汉语教学评估中采用得比较多的一种评估方式。杨惠元指出，“课堂教学评估可以在期末和期中，这是‘完成时’的教学评估；也可以随堂进行，这是‘进行时’的教学评估”。杨惠元把课堂教学评估分为课上评估和课下评估两类，前者包括学生自评（口头回答问题、调查问卷），教师记录学生课上的表现，学生互评，教师总结等方法；后者包括：学生访谈、调查问卷、教师自评及写教学后记等方法。我们认为，课堂教学活动和教师课堂教学行为的有效性是国际汉语教学评估的核心内容，下面我们将根据海伦娜・柯顿、卡罗尔・安・达尔伯格和顾百里关于外语和汉语课堂教学观察和评估的主要内容，从课堂教学各个环节，列出评估国际汉语教学有效性时需要考虑的具体因素。

1.教学大纲和课程计划

（1）教学大纲（包括课程目标、教学内容或教材信息、出勤规定、评分标准、教师联系信息等）是否合适、清晰？

（2）课程计划是否参考了国家的外语学习标准，每个单元是否与一个主要的指导性主题保持联系？

（3）课程中的语言成分是否包括了人际沟通、理解诠释和表达演示等不同沟通模式？

（4）课程是否避免了反对其他文化或其他形式的成见？

（5）课程计划是否体现了语言、文化和科目内容之间的平衡（主要是中小学）？

（6)课程内容与学生早先的学习是否有联系？是否能为学生将来下一个阶段学习做好准备？

（7）课程是否整合了新的和熟悉的材料？同时，教师有没有为学生搭建框架，帮助学生理解新材料？

（8）课程内容和活动是否适合特定的年龄段和课堂的发展阶段？

（9）课程计划是否整合了不同认知水平、认知风格和智力水平的活动？

（10）教学材料是否是由授课教师选择的？是否合适？

（11）课程内容或者教学材料里是否适当融合了一点本地的地理、历史、艺术、语言或文化等方面的材料？

2.教室环境

（1）教室是否安静并有利于语言学习？

（2）灯光、空调和通风设施是否有利于语言学习？

（3）教室里有没有合适的地图、张贴图和简易教具？

（4）教室环境是否适当地反映出了目的语文化（在有固定教室的教学项目中）？

（5）教室是否装配了合适的教学技术设备？

（6）教室里的桌椅等安排是否合适？

3.开始上课

（1）教师上课是否准时？

（2）对于迟到的学生教师是否给予恰当的处理？

（3）上课是否是以一种合适的活动开始的？

（4）在开始上新课前是否有对上次上课内容的复习？

（5）是否有小考？小考是否简洁（不超过 5 分钟）？

4.教师的课堂角色和课堂气氛

（1）教师的衣着打扮是否符合职业标准？

（2）教师是否站着并且在教室里走动？

（3）教师使用的手势是否合适？

（4）教师是否对所教主题感兴趣并且有热情？

（5）教师对学生是否有耐心？

（6）教师能否与所有学生保持眼神接触，并注意观察学生的表情和反应？

（7）课堂气氛是否活泼，但又不是太松弛或非正式，而是有组织、充满活力地进行？

（8）是否所有学生都集中注意力？还是有人在睡觉或者闲聊？

（9）教师是否能处理好纪律问题？

5.对目的语的使用

（1）教师是否将目的语作为正常的、期待中的课堂沟通方式来使用？

（2）教师是否将母语的使用与目的语的使用清晰地区分开来？

（3）教师是否使用了不同的策略使语言为学生理解？

（4）教师是否将避免使用翻译作为一种教学策略？

6.对于学生差异的敏感性

（1）教师对学生的性别、种族、体貌特征和学习风格等是否敏感？

（2)教师是否选取各种不同的教学方法并调整教学程序来最好地满足不同学习者的各自学习需要？

（3）班上成绩较好的学生是否有充分的挑战性？

（4）班上成绩较差的学生是否给予了充分的关注和鼓励？

（5）教师是否对华裔和非华裔学生采用了针对性的教学策略？

（6）针对华裔学生的教学是否合适？

7.教师的语言运用和一般素质

（1）教师自己的汉语运用是否正确？

（2）教师对中国语言和文化的讲解是否正确？

（3）使用学生母语进行的翻译或者讲解是否正确和合适？

（4）教师说话是否清晰？

（5）教师说话的音量是否恰当？

（6）教师说话是否使用自然的语速？

（7）教师对当前的新闻事件是否了解？

（8）教师对所教话题是否具有合适的内容知识？

8.教学行为和时间管理

（1）课堂教学指令是否清晰易懂？

（2）采取的课堂活动是否具有教学意义？

（3）教师能否在集体操练/练习和个体操练/联系之间保持平衡？

（4）有没有小组活动和多种互动形式？

（5）教师是否避免给出过分的长篇大论的语法解释？

（6）教师对所教内容是否有准备？

（7）教师在不同的活动间是否进行了有效的转换，同时课堂有动力、有方向感？

（8）教师是否使用了不同的教学策略，包括由可视教具和具体物品协助的亲身体验。

（9)语法点和词汇是否在有意义的情境中引入并采用多种方式进行练习？

（10）课堂上的每一分钟是否都得到了充分利用？

9.改错和反馈

（1）教师是否对纠正错误保持敏感？

（2)教师改错是否充分？是否确保学生理解并重复正确的话语？是否找到了强化正确话语的方法？

（3）教师是否表扬好的表现并且批评不好的或者准备不充分的表现？

（4）教师是否使用不同的、适当的反馈？

10.问学生和回答他们的问题

（1）教师是否只是针对单个学生问问题？是否总是自己回答问题？

（2）教师是否知道并用学生的名字？

（3）教师是否变换让学生回答问题的顺序？

（4-）教师是否给予每个学生平等的注意和在课堂上使用中文的机会？

（5）在提出问题后，是否给学生适当的思考时间？

（6）对于学生提出的问题是否能用合适的方式处理？

（7）学生是否既提问也回答问题？

11.使用教具帮助教学

（1）教师上课前需要用的教具是否都已经准备好了？

（2）教师是否能合理地使用黑板？

（3）教师站立的方式是否能让黑板不被遮挡？

（4)教师是否能避免在课堂上花费大量的时间写黑板？而采用提前写或者使用电子手段？

（5）能否合理地使用小道具辅助教学？

（6）能否合适地使用教学技术？

12.口头技能

（1）教师能否使用学生最近学过的生词和语法进行教学？

（2）在进行操练时，教师能否从后往前进行长句子的操练？

（3）在进行操练时，教师是否仔细在听学生所说的话？

（4）在学生练习对话时，教师是否让他们有问题问教师或者别的同学而不只是查词典？

（5）教师是否尽可能用互动的方式教学？

（6）教师是否给学生机会练习怎么问问题？

（7）教师是否避免说得太多？

（8）教师是否总是尝试把学生推向更高的水平？

13.书面技能

（1）阅读课的课堂时间是否主要用于讨论阅读到的文本？

（2）教师在黑板上写的字（简体/繁体）是否正确？

（3）教师在黑板上写的汉字是否清晰和可以让全班同学都易于认读？

（4）读写课是否有足够的书面写作练习？

14.课堂结束时

（1）所有的考试和家庭作业是否已经批改并还给了学生？

（2）教师是否准时下课？

（3）学生对他们的家庭作业是否清楚？

（4）课堂学习和课外学习的内容是否有合适的平衡？

15.测试和评估

（1）上课时教师是否不断地监控学生的理解情况？

（2）学生是否能定期收到与他们的学习进步有关的反馈？

（3）是否使用多样的、正式的和非正式的实践评估工具（包括测试和问卷式评估表等）？

（4）是否为教师和学生的自我评估和同伴评估提供了机会？

（5）教学项目是否有定期的形成性评估和终结性评估的安排？

16.海外（在中国）学习

（1）有没有让学习者密切接触周围社区的教学活动？

（2）学习研究是否要求在当地社区中使用目的语来完成具体的任务？

（3）完成学习研究是否需要尽可能使用各种语言技能？

（4）学生是否有一个指定的老师来帮助他们完成田野任务？

（5）在开始田野任务前，是否有合适和充分的准备？

（6）教师是否陪同学生进入社区来完成任务？

（7）教师是否静静地观察和记录学生的表现？

（8）是否有听取报告的活动？

（9）高水平的学生是否受到鼓励去听取当地大学的课程？

（10）如果是，教授们的教学方式对非母语的学生是否合适？

（11）有没有实习的机会？

（12）在实习项目开始前，是否有相关文化、习俗方面的培训？

（13）在实习期间是否有足够的机会使用汉语？

（14）实习是否要求使用正式和非正式的语体？

（15）实习学生是否有机会定期跟一位语言教师或者辅导老师见面问问题和改正错误？

第八章　跨文化交际视野下汉语国际教育词汇基础知识教学

第一节　汉语词汇基础知识教学的作用

什么叫词汇？

词汇就是一种语言中全部词的总和。

我们说的每句话都是由词组成的，词是语言的建筑材料，比如：我喜欢吃葡萄。这一句话就由“我”“喜欢”“吃”“葡萄”四个词组成。所以说词是语言的建筑材料，是说明它的重要性，就同砖瓦、木头和房子的关系一样，没有砖瓦、木头就不能建筑房子。

举例说明：

你领着上幼儿园的小弟弟到街上去，他看见高层建筑就不知道怎样形容才好，只会说：“哎呀，这么高，这么大。”但是你看到了肯定会说“高层建筑雄伟壮观，巍然屹立”。又如你把小弟弟领到五泉山公园去玩，游过之后，只会说“好玩”。要叫你说或者写文章，你肯定会用许多词语进行描绘：“五泉山公园松柏青翠，杨柳多姿，清泉流水，泠泠作响，在这春意盎然之际，显得十分幽雅”等。为什么同时观察一个事物，一个人能说得形象生动，另一个却说不出来呢。这就与掌握词汇与使用词汇有关。我们学习词汇的目的就是为了掌握和使用它。

世界上有 4000 多种语言，各种语言都有自己的词汇，汉语是词汇最丰富的语言之一。例如，表示风的词有：细风、和风、微风、轻风、凉风、逆风、春风、秋风、狂风、天风、雄风、黄风、黑风、寒风等；表示笑的词有：微笑、大笑、傻笑、哭笑、冷笑、讥笑、嘲笑、耻笑、奸笑、皮笑肉不笑、笑里藏刀等。学习汉语，如果能掌握丰富的词汇，准确地理解词义，善于使用，不论口头表达还是书面表达都会得心应手。

第二节　汉语词义教学

一、什么是词义

词义就是词的意义，也就是词所包含的反映自然界或社会中特定事物本质的内容。如：“笑”，它的词义一般是表示高兴的脸部表情。“哭”，一般表示痛苦的情感促使泪水流出的样子。

二、词义的性质

（一）词是由读音和意义两个部分组成的

如“虎”这个词，读音是“M”，意义则是一种哺乳动物，像猫，毛黄色，长五六尺。

词义的形成是人们在生产、生活、社会活动中，对事物经过反复认识，形成了概念，用一个字或几个字把它固定下来。

如：“候鸟”（hóu niǎo）这个词，它概括了各种各样候鸟的特征，如“杜鹃、燕子、大雁、野鸭、鹬、金行鸟”等，表示“随季节的变迁而迁徙的鸟”（所有候鸟都在一定的季节要迁徙）。

（二）词是声音和意义的结合体

词的声音和意义两者是紧密联系着的，但它们的联系又不是必然的，而是约定俗成的。例如“书”这个词，汉语用“shū”表示，英语用“book”表示，俄语用“Knira”表示，同是一个意义，由于各个国家所形成的语音形式不一样。就是同一种语言内，一个词的意义也可以用不同的语音形成表示，如：苞谷，也叫玉米、苞米、棒子、珍珠米等八九个名词。有许多词，都有不同的语音形式，但这些语音形式不是随心所欲创造出来的，而是人们约定俗成的。

三、词义的变迁

由于历史的发展词义有了很大的变化，归结起来，大体有四种。

（一）词义的扩大——后来的词义范围比先前广泛了

如“脸”字，古代解释是“目下颊上也”。实际上，“脸”是面上搽胭脂的地方是颊，所以古人称“脸”限于妇女。公元6世纪以后，才有“脸”字出现（胭脂在汉代就有了）。

如：“芳莲九蕊开新艳，轻红淡白匀双脸。”（晏殊词）“轻匀两脸花，淡扫双眉柳。”（晏几道词）

所谓“双脸”“两脸”，可见当时一个人有两个脸，实质是指两个面颊即我们说的脸蛋。不像现代人把整个面部称作脸，没有两个脸的说法，这是“颊”意引申到“面”的意义。

又如：“健康”，原指生理机能正常，没有病，现在含义已经扩大了，也可以指事物情况正常，没有缺陷。如“思想健康”，“爱国卫生运动健康地开展起来”。

（二）词义的缩小——词义比原来的范围缩小了

如：“舅姑”，在上古时期有两个主要意义。舅：一个是“母之兄弟”，一个是“夫之父”。关于“母之兄弟”就不举例了，我们举“夫之父”例。《礼记·檀弓下》：孔子过泰山侧，有妇人哭于墓者而哀。夫子式而听之。使子路问之日：“子之哭也，一似重有忧者，”而日：“然昔者，吾舅死于虎，吾夫又死焉，今吾子，又死焉。”夫子日：“何为不去也”，日：“无苛政”，夫子日：“小子识之，苛政猛于虎也？”

这里的“吾舅”，就是我丈夫的父亲，或我的公爹。

姑：有两个词义，一个是“父之姊妹”，一个是“夫之母”。“妾身未分明，何以拜姑嫜。”（《杜甫·新婚别》）

古代，女子出嫁三日，拜见公婆家的人和祖坟，以区分辈分 98 汉语教育研究——对外汉语教育实践与研究大小，婚礼就算完备。这两句中是说她的丈夫，刚结完婚就被拉去服兵役了，所以新婚妇人说，我的身份都没有分明，怎么去见婆婆、公公。这里的“姑”是“夫之母”即“婆婆”。

舅和姑在今天各只用一个意思，“母之兄弟”和“父之姊妹”，所以词义缩小了。

又如“浑家”本义是“全家”，范围比较广。后来只变成“妻子”的代称了，这在《水浒传》《西游记》里都可以看到，如：《西游记》第十九回这样写道：“那八戒摇摇摆摆对高老汉唱个喏道，……丈人啊，你还好生看待我浑家，只怕我们取不成经时，好来还俗，照旧与你做女婿快活。”

有些词：其义扩大后使用一个时期，又缩小了。如“虫”字。上古时，曾经一度扩大到动物的总称。如：“蜩与学鸠笑之……之二虫又何知”（《庄子逍遥游》），又如：曾经把老虎也称“虫”，而现在意义范围则很小了。

（三）词义的转移——由说明这一事物，变为说明另一事物

如：“抬举”在现代汉语里是“看中某人而加以夸奖和提拔”的意思；在古代还有“照看”“扶养”的意思。

例如：“马都知抬举驴子”（《太平广记》卷二百五十引《玉堂闲话》），

“明早，复展步而至，主人亦曰：‘马都知抬举驴子’”，这里是“照看”的意思。

又如：“想看他咽苦吐甘，偎干就湿，怎生抬举”（《神奴儿》），“抬举”是“扶养”的意思。《水浒传》第十二回中“只说杨志在梁中书府中，早晚殷勤，听候使唤。梁中书见他殷勤，有心要抬举他，欲要迁他做个军中副牌，月支一分请受。”这里“抬举”是“提拔”的意思。

又如：“臭”，上古“臭”字词义是“气味”，“古者香气秽气皆名为臭”。《易经》“其臭如兰”，意思是说：“气味像兰花一样地芳香”。

“臭”由“气味”义向“恶臭”义转化，战国末年就开始了。

《吕氏春秋》有一段话可以证明：人有大臭者，其亲戚兄弟妻妾知识无能与居者，自苦而居海上。海上人有说[悦]其臭者，昼夜随之而弗能去。（遇合篇）

以上可看出：“臭”由气味已变成“难闻的味”之义。

又如：“恶”，在上古时期，凡“不好”就叫作“恶”。“士志于道，而耻恶衣恶食者，未足与议也。”（《论语·里仁》）这里的恶衣、恶食是指不好的衣服和食物。现代汉语里“恶”是不善、凶狠的意思，词义已发生了转移。

又如：“伯”和“叔”，在上古只用于排行。“伯”是老大，“仲”是老二，“叔”是老三，“季”是老四。

现在用于父亲的哥哥都称“伯伯”，父之弟弟都称“叔叔”，延伸到比父亲大的人都要称“伯伯”，比父亲小的人，但比自己年龄大得多的人都称叔叔。词义发生了转移。又如“烈士”“牺牲”“亡”等词。

四、多义词

（一）单义词与多义词

单义词：

只有一个义项的词叫单义词。例如：上海、兰州、铅笔、钢笔等，科学术语、专有名词等。

多义词：

有的词同时存在着既互相联系又有区别的几个义项，这类词就叫多义词。例如：动词“打”，打铁（锻）、打鱼（捞鱼）、打水（提水、吊水）、打电话（叫电话）、打草稿（写草稿）、打主意（想主意）、打票（买），每个词中的“打”字意义均不一样。又如“甜 t①糖的味道——西瓜很甜；②香、踏实——他睡得很甜；③嘴会说话——这人嘴甜。

（二）多义词的基本义和转义

多义词不同的义项地位并不完全相等，其中必然有一个义项是基本的、常用的，称之为这个词的基本义。如“打”，常用的义项是“敲”“击”，这是基本义。其他的义项是由这个义项发展转化来的，则叫作转义。

转义包括引申义和比喻义。

引申义：

在基本义的基础上经过推演发展而产生的义项则是引申义。如“跑”的基本义“用两只脚或四条腿迅速前进”，在这个基本义项的基础上“跑”推演为“为某种事物而奔走”，如“跑采购、跑生意”，又推演出“物体离开了应该在的位置”的义项，如“火车跑轨了”“跑线了”，这些都是引申义。

比喻义：

借用一个词的基本意义来比喻另一种事物，这时所产生的意义是比喻义。例如“帽子”，基本义是“戴在头上保暖、防雨、遮日光或装饰的生活用品”，后来用它比喻“罪名和坏的意义”，例如说“对同志乱扣帽子是不对的”。又如“包袱”本来指用布包着东西，后来用它比喻“思想上解不开的疙瘩和问题”。如“××同学思想上背了包袱”，这都是比喻义。

第三节　汉语同音词、同义词以及反义词教学

同音词、同义词、反义词都是词与词之间意义关系上的现象。

一、同音词

两个词（或者两个以上的词）意义不同而语音相同，它们就构成一组同音词。

如：“骄气”和“娇气”，“冰”和“兵”，“糕”和“羔”等。

同音词的作用：

同音词在修辞学有很重要的作用，“双关语”“歇后语”都是利用同音词形成的。

如：毛主席的《蝶恋花·答李淑一》：“我失骄杨君失柳，杨柳轻扬直上重霄九。”两句中的“杨柳”表面上指杨花柳絮轻轻飘扬，直上九重云霄之外，实际上是指杨开慧和柳直荀二烈士，忠魂升天，永垂不朽。

又如：“大河流水流不尽，苦泪若汗积成川；手捧琵琶山上去，艰难苦情

向谁弹。”这里的“弹”字谐“谈”之音，字面上的意思是“弹”琵琶，其实质是“谈”话的“谈”。艰难苦情向谁诉说。

又如：王蒙的作品《表姐》里描写大表姐相信梦见鞋（邪）就会倒霉，梦见鱼（余）就会顺心。揭示了迷信者由词的同音联想到其他意义。

有些歇后语也是利用同音词组成的，显得非常有趣、幽默、活泼、语义鲜明、耐人寻味，富有启迪性和感情色彩。

如：嗑瓜子嗑出个臭虫，什么仁儿都有。“仁”和“人”同音。意即“什么人都有”。

“小葱拌豆腐——一清二白”；

“旗杆上绑鸡毛——好大的掸子（胆子）”；

“飞机上挂水壶——高水瓶（水平）”。

二、同义词

意义相同或相近的一组词叫作同义词。

如：妈妈一母亲爸爸——父亲立刻——马上——立即

同义词的发展使汉语词汇极其丰富。有时同义词意义虽然相同，但使用有一定的区别。如：“儿童”和“孩子”是同义词，但不是所有的地方都可以通用，如“我的孩子上小学五年级了”，就不能说成“我的儿童上小学五年级了。”

又如：“死”和“逝世”是同义词。对自己尊重的人或同志死了用“逝世”就比用“死”好。

又如：“宰”和“杀”是同义词，有些地方用“宰”比用“杀”好，老舍的《龙须沟》第一幕将结束的时候，恶棍冯狗子闯进了“小杂院”，打了程疯子——一个连苍蝇都不肯得罪的人。还在病着的赵大爷实在忍不下去了，从屋里赶出来边抄起菜刀边喊道：“我宰了这个王八蛋”！二春和程娘子也接着喊：“宰他，宰他！”这里用“宰”就比“杀”确切、有力，并表现出憎恶、仇恨的感情，但不一定真的杀了。又因为“宰”和牛、羊、猪等牲畜联系在一起，用这一个“宰”字，显然就把冯狗子看成像“牲畜”一样。

三、反义词

两个词含有相反或者相对的意义，它们就构成一组反义词，

如：生——死公——私自——黑大——小粗——细苦——甜深——浅多——少等。

反义词的应用：

应用反义词，在写作中可以更明确地表达自己的思想感情，使读者清楚地

了解、认识作者的意图。如：一个人坚强还是懦弱？诚实还是虚伪？文明还是粗野？文雅还是粗俗？慷慨还是自私？温柔还是粗暴？好学还是懒惰？审美观点对不对？生活趣味高不高？道德观念强不强？……这一切……是别的职能部门不大好管，不便多管的，是任何政策、法律难以规定的。

这段话前半部分用排比手法的七个句子都用了相对的反义词，准确、鲜明、深邃地表达了作者的主旨。

第四节　汉语用词中的常见错误

一、用词不准确先举一些用词不准确的例子：

20 世纪 30 年代，军阀韩复榘的笑话流传很多，如说他讲演时常用一些驴唇不对马嘴的话。有一次，他给大学生讲话说："今天到会的人十分茂盛，敝人实在是很感冒。你们都是大学生，懂得七八国的英文，我不懂这些，今天真是鹤立鸡群了。"

鹤立鸡群，鹤站在鸡群中一样。比喻一个人的仪表或才能在一群人中显得很突出。但根据前面话看来，此人故作谦虚，想表达自己比大学生差，但错误用词，适得其反。

用词不当，往往是由于不了解词语的确切含义和使用范围所引起的。前面说到韩复榘就是对"茂盛""感冒"等词语的含义不了解。

另外，由于两个词同音，平时没把词的含义分辨清楚，造成误用。如"枇杷"和"琵琶"两个同音词有的人就混淆了。

二、词义搭配不合适

词义搭配指在一个句子里各个有关成分所用的词在意义上相互搭配。词义搭配应该得当。怎样才算搭配得当？一般指词相互搭配符合语法规律和表达习惯。如："吃饭"，不能说成"饭吃"，也不能说成"吃石头"。有一首儿歌实际是说词义搭配的问题："吃牛奶、喝面包、夹着火车上皮包，看见一个人咬狗，拿起狗来砍砖头，反让砖头咬一口。"它应该是"喝牛奶，吃面包，夹着皮包上火车……"作者故意颠倒了搭配的次序，让人们在笑声中领悟到词义搭配的重要性。

国外有一个幼儿园经常让外国记者参观，他们给小孩教会怎样回答外宾的问题：你们吃的什么？牛奶、面包。你玩的什么？飞机、大炮。你们家有谁？

大哥、二哥。动物园里有什么？狗熊、大象。

有一个外国记者知道这个情况，故意把问题次序颠倒了：你们吃的什么？飞机、大炮。你们玩的什么？牛奶、面包。你们在动物园里看到什么？大哥、二哥。你们家有谁？狗熊、大象。在场的人都忍俊不禁。

显然，小孩子只死记了，不知道有些词序变了不能搭配。

第五节　汉语词组教学

什么叫词组？

人们在说话写文章时要表达清楚自己的意思，就要应用较多的词，而这些词又分别组织在每句话里。除在上下文特定语境之中，用一个词是无法说明问题的，必须有数个词组织到一起才能表达完整的意思，如：我打篮球。

我们发现，在一个句子里，按顺序取掉一定的词，剩下的几个词仍然互相有联系，虽然不成句子，但仍然表明一定的意思。比如，上述例句，取掉“我”，剩下“打篮球”两个词，这两个词结合在一起，不能表达是“谁”在打篮球，但它们也不是一个词，而是两个词。这种情况叫它句子也不对，称它为词也不对，应该叫什么呢？人们把同类事物组合在一起，称为“组”，把几个词组合在一起也称作词组。

词和词组合在一起称为词组，那么这种组合是不是随意的，堆砌在一起就行了？比如说，把句子中“打”换成“不”，成为“不篮球”，或者把“篮球”换为“聪明”成为“打聪明”，看来都不行，因为不能表明一个意思了。“不篮球”中“不”是副词，一般不能修饰限制名词，“打聪明”中“聪明”是形容词，“打”是动词，不能作为“打”的宾语，这样说人们会莫名其妙、不知所云。这又为什么？因为它不符合语法规则。一提语法规则，一些人可能望而生畏了，其实不必。什么叫语法规则呢？我们换句话说，就是人们在进行语言表达时（包括说话写文章）形成习惯的共同遵守的规则。这个规则不是任何人规定的，是从人类口头语言产生开始，在相互口语交际中，形成了共同遵守的语法规则。遵守大家都认可的规则，人们互相都能表达清楚自己的意思，听清楚、听懂对方的意思，违背这个规则就不行了。词组正是按一定语法规则组合的。

现在我们了解了，词组必须按语法规则，把两个词或两个以上的词联系在一起。给它下个定义：按照一定的语法规则组合起来的一群词叫词组。

前面讲到词组是词与词之间按一定的语法规则构成的，我们看看它有哪些规则？构成哪几种词组？

（1）动宾词组：动宾词组就是前边的动词支配后边的名词、代词的词组。

以前面举过的例子来说明，“打篮球”中“打”是动词，后面“篮球”是名词，是宾语，受“打”的支配。把这样的词组称为动宾词组。还有如：爱祖国、驾驶汽车、看足球赛等。

（2）联合词组：词和词并列地联合在一起，它们之间谁也不修饰谁，就是联合词组。

如果说，你不只是打篮球，也打排球、乒乓球，要构成一个新词组表达即是：打篮球、排球、乒乓球。其中词组“篮球、排球、乒乓球”中的三个词虽然都是“打”的宾语，但它们之间没有什么联系，它们之间谁也不修饰谁，只是并列地联合在一起，因此，它是联合词组。

联合词组往往是同类词连在一起，并且用“和、又、及、而”等连词连接，或用“顿号”分开。

（3）主谓词组：构成后面的词说明前面的词的词组，叫作主谓词组。

如：鲜花盛开。“盛开”是说明前面“鲜花”的。又如：工业发达，“发达”说明“工业”怎么样。“鲜花”和“工业”起主语作用，“盛开”和“发达”起谓语作用，这就是主谓词组。

（4）偏正词组：词组的词与词之间有修饰和被修饰、限制和被限制、补充和被补充的关系，这一类词组叫偏正词组。

如：美丽的朝霞。“朝霞”是一个词，给它加上一个修饰语“美丽的”则组成这个词组，我们称它为偏正词组。为什么叫偏正词组呢？“正”就是指被修饰的词，也叫中心词，如“朝霞”；“偏”指修饰的词，如“美丽的”。

又如：“故乡”这是一个词，给它加上一个限制词“我的”，组成“我的故乡”，这也是偏正词组，“故乡”是中心词。

综上所述，词组的类型主要有四种，即：动宾词组、联合词组、主谓词组、偏正词组。

第九章　跨文化交际视野下汉语国际教育句子基础知识教学

第一节　汉语句子基本概述

句子就是由字、词和词组按照一定的语法规则构成，能够表达一个完整意思的语言单位。

所谓能表达一个完整意思，指四种情形：

能够先告诉别人一件事，向别人问一件事，要求别人一件事，或者表示自己的某种强烈情感。这四种情形代表了句子有四种类型：陈述句、疑问句、祈使句、感叹句。这跟英语是一样的，英语的句子也分四种类型，但英语句子的词序和汉语不同。下边对句子的四种类型分别进行说明：

陈述句：叙述一件事情的句子。如：桌子上有一本书。

英语：There is a book on the table.

（倒装，“书”在前，桌子在后，和汉语词序相反）

疑问句：提出一个问题的句子。如：你有一本书吗？

英语：Do you have any books？

英语疑问句有四种形式：①一般疑问句。②特殊疑问句。③选择疑问句。④反义疑问句。

祈使句：表示请求或者命令的句子。如：请用英语说。

英语：Say in English，please.（和汉语词序相反）

感叹句：表示说话时带有高兴、忧伤、喜爱、憎恶等感情的句子。如：他工作得多努力啊！（表示赞赏）

英语：How hard he works！（和汉语词序相反）

上面谈到的陈述句、疑问句、祈使句、感叹句都是根据句子的使用目的不同、语气不同划分的。下面我们再说说按照结构划分的两种类型：单句和复句。

第二节　汉语中的单句教学

什么叫单句？

单句就是具备主语和谓语两个部分，能够独立表达完整意思的一个句子。单句又分简单单句和复杂单句。

我们看一个句子：猴子吃西瓜。

这个句子“猴子”是主语，“吃”是谓语，“西瓜”是宾语。它们是：主+谓+宾。

我们把只含主语、谓语及宾语的句子叫作简单单句。

我们要把“猴子吃西瓜”的情况，说得详细复杂一点，就还得增加词。如，我们说清楚是怎样的猴子，什么地方的猴子，这可以在猴子前面加上“小”，在“小”前面可加上“动物园”，在“动物园”前面还可再加“五泉山”，这样由原来的“猴子”变成“五泉山动物园的小猴子”，前边加上的词都是限制猴子的，我们把它叫作定语。我们再说，猴子吃西瓜吃得怎么样，在“吃”前面加上“津津有味地”说明吃的情形，这个词充当状语。我们在“西瓜”前也可以再加“半个”“生”，这样，这个句子就成为：五泉山动物园的小猴子津津有味地吃着半个生西瓜。

现在我们可以看到这个句子比前面“猴子吃西瓜”增加了好几个连带成分，有了定语、状语，变得复杂了，我们把这样的句子叫作复杂单句。

我们再看一下什么叫定语、状语。

定语：用在主语、宾语前表示“谁的”，“什么样的”，“多少”等意思的句子成分。其后常带“的”字，也算一个语法标志。

状语：用在谓语前，表示“怎么样地”“几时”“哪里”等，其后常带“地”字为语法标志。

前面例子没有举上补语，我们补充说一下。

补语：一般用在谓语后面，补充说明动作、形状，（谓语是动词、形容词）其后常带“得”字，也算一个语法标志。如：皋兰山高得很。

“高”是形容词，在这个句子里充当谓语，后面加“很”，进一步补充说明它高的程度，非同一般。

我们再回过头来说，一开始为什么要介绍词组呢？从所举的例句中我们可以看到所加的定语不是一个词，而是几个词，也就是词组，因此我们可以明白，词组可以充当句子的成分。词组充当句子的成分以后，使句子变得复杂起来。

还有一种情况也使单句变得复杂起来，就是单句的谓语部分动词和动词连用，构成复杂谓语。

复杂谓语又分两种情况：

（一）谓语的连动式

什么谓语的连动式？

先看例句：我吃苹果要削皮儿。

分析这个句子的谓语部分，有两个表示动作的词，“吃”和“削”，那么是不是有两个谓语呢？我们说，不是。这种形式叫作“谓语连动式”，也就是在谓语部分有两个动词，接连表动作，所以叫作谓语连动式。

又如：他躺在床上睡着了。

（二）兼语式

复杂谓语的又一种情况是兼语式。

先举一个例句：我劝你懂得真正的美。

我们先划出它的主谓部分，主语是“我”，谓语部分是“劝你懂得真正的美”，其中也有两个动词，“劝”和“懂”，那么这是不是连动式呢？不是的，因为它和连动式有区别。连动式中的两个动词都是说明主语的。而这个句子里两个动词“劝”和“懂”，分别说明两个对象，“劝”是说明“我”的，“懂”是说明“你”的。而“你”字，又是前一个动词“劝”的宾语。假如把“我劝”两个词取掉，剩下的是“你懂得真正的美”，它也是一个完整的句子，“你”在这个句子里充当主语。这样看“你”字兼有作“宾语”和“主语”的两种作用。

所以兼语式就是谓语部分有两个动词，其中第一个动词的宾语兼有主语作用。“兼”是象形字，表示一个手握着两根禾苗，一种事物同时具有两种职能。

第三节　汉语中的复句教学

什么叫复句

两个或两个以上的单句构成一个比较复杂、意思完整的句子叫作复句。

复句从组合的单句多少来分，有两个单句的叫二重复句，有三个单句的叫三重复句，有四个单句的叫四重复句。

复句根据分句之间的意义关系来分，又可以分为九种：并列关系，连贯关系，选择关系，递进关系，转折关系，假设关系，条件关系，因果关系和目的关系。

这九种关系，常常用关联词语表示，下边我们分别讲一讲。

（一）并列关系

几个分句平排并列，在意义上没有从属关系。

所用关联词语：

“也”“又”，“既……又……”，“一边……一边……”，“一方面……另一方面……”等。

例：（1）李启勋一边穿衣服，一边习惯地抬头巡视星空。

（2）我们既要有先进的科学技术，又要有现代化的工农业。

（3）这就是说，我们既要学好专业知识，又要学会做人。

（二）连贯关系

几个分句按时间顺序说出连续的动作或事件，关联词语一般用“就”“便”“于是”“接着”“跟着”等。

例：（1）战士们扔出手榴弹，接着就冲出了战壕。

（2）过了那林，船便弯进了叉港，于是赵庄便真在眼前。

（三）选择关系

几个分句分别说出几件事情，需要从中选择一件。所用关联词语有“或者……或者……”，“要么……要么……”，“不是……就是……”。

例：（1）我或者参加百米短跑，或者参与百米跨栏。

（2）要么把老虎打死，要么被老虎吃掉。

（四）递进关系

后一个分句比前一个分句有进一层的意思。所用关联词有‘不但……而且……”“不仅……也……”。

例：（1）在体育上要取得优异的成绩，不仅要有不怕苦的精神，也要有不怕输、不服输的思想。

（2）郎平不仅球打得好，而且有高尚的体育道德。

还有“尚且……何况……”也是表示递进关系的关联词语。

例：许多老先生尚且那么刻苦地学习，何况我们青年人呢？

（五）转折关系

两个分句意义上不是顺接着说下来的，后一个分句表述的事实同前一个分句的意思相反或相对。这种复句一般都要用关联词语“虽然（虽）……但是（但）……”，“尽管……还是……”。有时单用“但是”“可是”。

例：（1）虽然金子很名贵，但我还是要做一块钢。

（2）冬天，同学们刻苦训练，尽管天气很冷，还是浑身出汗。

（六）假设关系

前边的分句提出一种假设，后边的分句推论结果。常用的关联词语有“如果……就……”，“假如……那么……就……”，“即使……也……”。

例：（1）如果年轻时不抓紧好时光学习，将来就会一事无成，后悔也来不及了。

（2）即使不会也没有关系，好好学习就是了。

这里注意“即”和“既”的区别。“即使”，假定的意思，用在假设关系的复句里。“既”①已经，如既成事实；②表示把两个意思并在一起说，“既……又……”用于表示并列关系的句子里。

（七）条件关系

前边的分句提出一种条件，后边的分句说明具备这种条件就能产生的结果。常用的关联词语有“只要……就……”，“只有……才……”，“除非……才……”。

例：（1）只要有恒心，就一定会学好汉语。

（2）除非身体实在支持不住，他才休息。

除非身体实在支持不住，否则他不会休息。

注意这两种用法，前一种“除非”表示“除了这个条件都不行”，“除非”等于“只有”，后一种表示“除了这个条件之外”的意思。

（八）因果关系

前边的分句说出原因，后边的分句说出结果。常用的关联词语：“因为……所以……”，“由于……因此……”。

例：（1）因为我们是一个革命者，所以有缺点错误不怕别人批评指出。

（2）由于他对自己要求不严格，因此犯了错误。

（九）目的关系

前边的分句表示行为，后边的分句表示这种行为的目的。常用的关联词语：为的是，用以，以便，以，好。

例：我们上大学，为的是给中华民族作出更多的贡献。

第四节 汉语句子结构常见错误

一、词序不当

词序就是指词在句子里所摆的位置。词序不当是指词在句子里所摆的位置不恰当。

汉语的词序很重要，如果位置摆得不对，就会发生歧义（即另一种意义）或意思表达不清。

例如：“雪白”倒过来就成“白雪”，“电费”倒过来就成“费电”。

“一会儿再谈”表示现在不谈，把“一会儿”放在“再谈”的后面，“再谈一会儿”，表示还要继续谈。

1960 年发行过一种邮票，底下有四个字，从左往右念“猪肥仓满”；从右往左念是“满仓肥猪”。好在邮票上的画儿很清楚，是一头肥猪，一大口袋粮食，证明第一种念法是对的。

新中国成立前，江西景德镇出产的茶壶，盖子上经常有五个字，围成一个圆圈，你可以从任何一个字开始念，“可以清心也”“以清心也可”“清心也可以”“心也可以清”“也可以清心”。

这五个字，虽然经过设计者巧妙的设计，从任何一个字开头都可以念通，但是细细揣摩，词序不同，句子表达的意思还是有区别的。又例：

从前有个人带兵打仗，老打败仗，但是他又不能不把真实的情况向皇帝报告。他在奏折里写下“屡败屡战，屡战屡败”的句子，后来他手下的一个文书给他改了一下，成为“屡战屡败，屡败屡战”，前一种次序说明败得不可收拾，经过一改，说明虽然失败，但很顽强，等待时机，东山再起。

再举一个例子：

“我”“你”“找”三个词序排列不同可以排出六句话来：

①我找你。②你找我。③我你找。④你我找。⑤找你我。⑥找我你。

细细揣摩意思都有差别。

二、搭配不当

（一）主语和谓语搭配不当

如：（1）西北师范大学第五届运动会已于四月十五日比赛。

（2）感情洪流翻滚、浑身的热血在呼啸。

例（1）的主语是“运动会”，谓语是“比赛”。体育运动中的某一个项目可以说“比赛”，如篮球比赛、排球比赛。但运动会不能说比赛，可以说“开幕”“开始”或“闭幕”“结束”，这样主语与谓语才能搭配。

例（2）“热血在呼啸”中“热血”是主语，“呼啸”是谓语，“呼啸”指发出高而长的声音，如“山呼海啸”。因此，它作为谓语与主语“热血”不能搭配，应改为“沸腾”。

（二）谓语和宾语搭配不当

如：（1）报纸上登载着许多学习先进经验的精神。

（2）我们学校必须树立并且发挥艰苦朴素的作风。

例（1）的谓语是“登载”，宾语是“精神”，也就是动词“登载”所涉及的。但是“精神”显然不能“登载”。因此，谓语动词与宾语搭配不当，应改为“消息”或“文章”。

例（2）是由两个并列的动词“树立”“发挥”带着一个共同的宾语“作风”，但是“树立”可与“作风”搭配，“发挥”却不能，作者只注意了前者而忽视了后者，造成谓语和宾语不搭配，把“发挥”改成“发扬”，两者就能并列地与“作风”搭配了。

（三）联合词组充当句子的成分造成搭配不当

1．联合词组作主语或谓语

由于顾此失彼，其中有一部分不能搭配。

例：化肥厂、农具厂、托儿所等都已建成，并投入了生产。

这个例句中用联合词组“化肥厂、农具厂、托儿所”做主语，其中“托儿所”怎么能说“投入了生产”呢？其搭配不当显然因为受其他两个词的影响。

2．联合词组作宾语

联合词组作谓语共带一个宾语，出现动词与宾语不能搭配的毛病。

例：（1）党的指示进一步坚定了我们走社会主义道路的信心和勇气。

（2）每天晚上我都纠正和学习发音不对的地方。

例（1）中的“坚定”为谓语动词，信心和勇气是一个联合词组充当宾语。但是“坚定”可以和“信心”搭配，而不能同“勇气”搭配。

例（2）中的“纠正”和“学习”是两个动词的联合词组，充当谓语，“发音不对的地方”是宾语，其中“纠正”可以和它搭配，“学习”就不能和它搭配。

3．句子的其他成分是联合词组和中心语搭配不当

例：（1）她那灿烂而深沉的感情惊动了四座。

（2）我们把房子打扫得干干净净，整整齐齐。

例（1）中“灿烂而深沉的感情”，“深沉”可以和“感情”搭配，但“灿烂”却不行。

例（2）中“打扫得干干净净”可以说，“打扫得整整齐齐”就不通了。

（四）主语与宾语搭配不当

例：雷锋同志的光辉事迹是我们每个青年学生的好榜样。

“事迹”本身不是“榜样”，“榜样”指某个人来说。

三、残缺和多余

（一）缺少主语

例：在党的培养下，成了三好学生。

这个例句中“谁”成了三好学生，缺乏主语。

（二）缺少谓语

例：小学生对“科学童话”都十分兴趣。

这一句里在“兴趣”前面缺少动词谓语“有”或“感”。

（三）缺少宾语或宾语残缺

例：我们要继承和发扬革命前辈。

显然，宾语残缺。应是“继承”和“发扬”革命前辈的优良传统。

（四）多余的定语

例：同学们迎着早晨的朝阳，来到自己的学校，又开始了一天的学习。

（五）多余的状语

例：中朝友谊永远万古长青。

（六）多余的补语

例：我们把防空洞又往里深挖了十几米深。

第十章　跨文化交际视野下汉语国际教育成语知识教学

第一节　汉语成语基本概述

先看一段话：

工作队进村以后，没有深入群众，了解情况，一开始就发号施令。结果，村里的男女老少都把他们当外人看待，碰上后绕道走，半月的时间，什么情况也掌握不到，工作无法开展。

上面一段话，从“结果”之后，可以用一个成语进行概括，改为：结果，半月时间，工作开展不起来，简直像“瞎子摸鱼”。

用了“瞎子摸鱼”这个成语以后与前面的表达有什么不同?

（1）从“结果”之后，由原来的46字变为20字。除了“结果”“半月时间，工作开展不起来”是原字而外，“瞎子摸鱼”4个字代替了26个字。这说明成语的形式简练，意义深刻。

（2）用了“瞎子摸鱼”这个成语后，形象生动地说明了他们

进村以后，工作十分被动和不顺利。可见成语的意义是十分精辟的。

“瞎子摸鱼”，这是人们长期用的习惯用语，不能任意增加和减少字词，如说“瞎子的摸鱼”和“瞎摸鱼”都不行。也不能任意调动次序，如说“摸鱼瞎子”意义就截然不同了。这说明成语的形式是固定的。

所以给成语下定义：成语是人们长期以来习惯应用，形式简练，意义固定、深刻、精辟的固定词组。

第二节　汉语成语来源

成语，人们往往认为是古代产生的，这是个错误的认识。从产生的时间来说，有的古代就有，有的是近现代产生的。

从材料来源来看，有四个方面：①来自古代文献；②来自民间口头流传；③来自外民族语言；④来自现代创新。

一、来自古代文献

来自古代文献的又存在三种情况：①历史事实概括；②故事的概括；③摘取、节缩作品的语句。

（一）历史事实的概括

有许多重要历史事件，当时记载于史书，有的被写成各种文学作品，后人又用简练的词组或短句对它们加以概括，广泛地流传开来，形式固定不变，也就成了成语。

如："草木皆兵"出于《晋书·载记第十三·苻坚》。

东晋时代，秦王苻坚控制了北部中国。公元383年，苻坚带领军队，南下攻打东晋。东晋派谢石、谢玄领兵抵抗。晋军在安徽寿阳洛涧，打败了秦军的前锋，于是水陆并进。苻坚听到前锋大败的消息，同他弟弟苻融到寿阳观察晋军的动静，看见晋军布阵严整，又远望寿阳北面八公山上的草木，以为都是晋兵，在这里遇到劲敌，面有惧色。后来人们把这一历史事件概括为"草木皆兵"，来形容人的极度恐慌，逐渐成为成语。

又如："纸上谈兵"出于《史记·廉颇蔺相如列传》。

战国时代，赵国有个赵括，年轻时就把兵书读得烂熟，军事理论谈得头头是道。后来秦国攻打赵国，赵王任用赵括为大将，命令他领兵抵抗。由于赵括没有实际作战经验，只生搬硬套兵书上的条文，结果全军覆灭，赵括本人也被乱箭射死。以后人们就用这一成语来比喻空发议论，不解决实际问题。

另外，还有"破釜沉舟""四面楚歌"等都是历史事实的概括。

（二）故事的概括

包括寓言、神话、传话等（注意：史实是历史上确有其事，而故事是想象虚拟的）。

如："朝三暮四"来自《庄子·齐物论》的寓言故事：

有个养猴子的人拿橡子喂猴子，他对猴子说，早上给每个猴子三个橡子，晚上给四个。猴子听了很生气。他又说，早上给四个，晚上给三个。猴子就都高兴了。原来比喻用诈术欺骗人，后来用以比喻反复无常。

另外，像大家熟悉的"杞人忧天""愚公移山""狐假虎威""叶公好龙""黔驴技穷""刻舟求剑""坐井观天""自相矛盾"等都是古代寓言故事概括成的。

还有来自神话传说的如：开天辟地。

根据神话传说，人类社会产生以前，天地浑为一体，宇宙是个黑暗的混沌气体，样子好像鸡蛋，盘古孕育在其中。过了一万八千年，盘古醒来一看，自己眼前漆黑一团，很有些生气，突然抓来一把斧头用力一挥把气团劈成两半，轻的部分上升变成天，重而浊的部分变成大地，从此宇宙之间有了天地之分。以后天日渐增高，地日渐增厚，这样就形成了天地。成语“开天辟地”来源于此。

此外还有“精卫填海”“夸父追日”“含沙射影”等也是来自神话传说的。

还有来自其他故事的如：惊弓之鸟。

《战国策·楚策》里的故事：战国时代有一位射箭技术很好的人，叫更赢。有一次他和魏王站在一起，看见天空飞过去一群鸟，就对魏王说：“我只要拉一下虚弓，扣一下虚弦，就会把鸟射下来。”魏王听了有点不信，恰好天上飞来一只孤雁，更赢立即发了一下虚弓，大雁掉下来了。魏王一面感到惊奇，一面又称赞更赢的射箭技术。更赢解释道：“这个鸟飞得慢，叫得悲，是因为受伤，失了群。由于它创伤未好，惊心未去，所以听到弓弦声就掉下来了。”人们把这故事概括为“惊弓之鸟”，用来比喻受过挫伤，再经不起惊恐和打击。

另外像“破镜重圆”“杯弓蛇影”“鸡鸣狗盗”等都是从故事中概括的。

（三）摘取和节缩作品的语句

如“万寿无疆”摘取《诗经·七月》最后一句：“跻彼公堂，称彼兕觥，万寿无疆。”

“挟（xie）泰山以超北海”从《孟子见惠王》摘取：“曰，‘挟泰山以超北海’语人曰：‘我不能，是不能也。”’

又如“老骥伏枥，志在千里”，出自曹操诗《步出夏门行》。

二、来自民间口头流传

有文献可查的如：“桃李不言，下自成蹊。”《史记·李将军列传》最后谚曰：“桃李不言，下自成蹊；此言虽小，可以喻大也。”

还有一些在民间口头流传，尚不明来源，如：

有气无力、狼吞虎咽、半斤八两、一干二净、七嘴八舌、不三不四等。

三、来自外民族语言

在历史上汉族与兄弟民族及外国经常友好往来，进行文化交流，学习了它们语言中好的词汇，有的照原样译过来，有的经过改写，丰富了汉语词汇。

其中绝大部分来自佛经：

如“一尘不染”“阿弥陀佛”，无量寿佛，佛教称西方极乐世界的救世主。

“昙花一现”出自《妙法莲花经》，昙花：印度佛语称作优昙钵花。这种花开的时间极短。比喻事物一出现很快消失。

“回头是岸”源于佛语“苦海无边，回头是岸”。

“五体投地”，佛教行最恭敬的礼拜时，两肘、双膝和头都着地，叫五体投地。比喻敬佩到极点。《楞严经》“五体投地，长跪合掌而白佛言。”

其他如“放下屠刀，立地成佛”；“种瓜得瓜，种豆得豆”。

还有像“火中取栗”“象牙之塔”这两个成语是从法语中翻译过来的。

“火中取栗”：

17 世纪法国寓言诗人拉·封登的寓言《猴子与猫》里说：“猴子骗猫给它取出火中的栗子。猫因为想吃栗子，所以就去取，结果猫不但没有吃着栗子，反倒把脚上的毛烧掉了。”比喻受人利用，冒了风险，吃了苦头，却没捞到好处。

“象牙之塔”：

原是 19 世纪法国文艺批评家圣配伟批评同时代诗人维尼的话。后来泛指“为艺术而艺术”的文艺家脱离社会现实的个人主观幻想的艺术天地。

四、现代创新

如：一穷二白一分为二只争朝夕古为今用洋为中用

又红又专广开财路破旧立新一不怕苦，二不怕死

第三节　汉语成语特点

成语多由四字组成，根据统计，不下万条的成语中四个字的占了 97%，五个字的占 2%，三个字的占百分之零点几。

四个字的我们就不举例了。

三个字的：下马威闭门羹破天荒口头禅莫须有

五个字的：皮笑肉不笑桃李满天下小巫见大巫

六个字的：敢怒而不敢言一传十十传百

七个字的：英雄无用武之地无可奈何花落去

八个字的：三天打鱼两天晒网

我们不一一举例，还有九个字、十个字、十一个字、十二个字的，最多达

十四个字的。如：

“酒逢知己千杯少，话不投机半句多。”

“山重水复疑无路，柳暗花明又一村。”

成语里为什么四字组成的多？

因为四个字容易上口，把汉语的四个声调都可以包括进去。说和读的时候，抑扬顿挫，平仄相间，形成一种有节奏的音乐美感。

我国古代有许多书籍都是采用四字句式的，如：《诗经》风、雅、颂三百零五篇，大部分是四字句式。还有《尚书》等历史书籍及汉魏时期的骈体文。启蒙读物中的《百字姓》《千字文》等的句式也是四字句：《百家姓》“赵钱孙李，周吴郑王，冯陈褚卫，蒋沈韩杨……”，《千字文》“天地玄黄，宇宙洪荒，日月盈昃，辰宿列张……”

又如“四言杂字”等。

汉语中的四声，既区别了字音，又可以在语句中平仄相对，节奏明显，形成音乐的美感，格律诗词充分表现了这一点。成语里多数以四字组成，也有这样的作用。如：千秋大业、千秋万代、东山再起等是“平平仄仄”，又如大言不惭、大书特书等是“仄平仄平”，有的四字四调，更为美妙，如：神通广大、神出鬼没等。

第四节　汉语成语意义

一、成语表示的意义

表示人或事物的，如：良师益友、混世魔王等。

表示动作、行为、状态，如：奔走相告、指手画脚等。

表示数量、时间、范围等，如：成千上万、一朝一夕、四面八方、五湖四海、长年累月。

说明一个道理，如：得道多助，失道寡助、骄兵必败等。

二、成语的原义、直义、引申义、比喻义

（一）原义

是指原来的意义，也就是我们前面讲过的本义，成语的本义有的现在已经不用了。如：“钩心斗角”它的原义是形容宫室建筑的结构错综精密，《阿房宫赋》“各抱地势，钩心斗角”这个意义现在不用了。现在比喻思想品质不好的人，善用心机，明争暗斗。

有些成语原义现在没有改变，如：同甘共苦、通宵达旦等。

（二）直义

直义即字面上的意义。

有的成语，使用的意义完全是它字面上的意义，就是使用的直义。

直义浅显易懂，一看便理解，如：“进退两难”，“身不由己”等。

（三）引申义

引申义是由原义引申出来的意义，它必须以原义为基础，进行发展和扩大成语的意义。例如：“千军万马”原指军队很多，后引申指人很多，队伍庞大。意义显然由军队发展，扩大到所有的人群。

引申义既然以原义为基础，由原义派生出来的，那么两者之间的联系是什么？我们说有两种联系：

1．相似

如：引人入胜——胜：胜境，美妙的境地。

原意指吸引人进入优美的境地，后引申指风景或文艺作品非常吸引人。

如法炮制——原意为依照古法烧制中药，今引申照现成的样子做。

2．相反

标新立异一一过去多用于表示为了显示自己而故意另搞一套，现又表示敢于创新的精神。

对牛弹琴——原义比喻对蠢人或外行的人讲话不起作用，枉费口舌，有讥笑听话的人的意味。现在也引申为讥笑说话的人不看对象。

个别成语还一再引申，有几个引申义。

如：“一尘不染”原为佛教语，佛家把色、声、香、味、触、法叫作“六尘”，把耳、眼、鼻、舌、身、意叫作“六根”，并认为“六尘”产生于“六根”，因此把所谓“六根清净”的，叫作“一尘不染”，也就是佛教徒修行，摒除种种欲念，保持心地洁净的意思。

后来用以形容清净、纯洁。后又引申比喻不沾染一点坏的思想和习气。现在又把“尘”作“灰尘”解释，用来形容环境非常清洁、干净。

成语的引申义跟其他词汇的引申义～样，使词语的意义更丰富，使用范围更广。

（四）比喻义

比喻义是成语长期用作比喻而定型的意义。例如：铁树好多年才开一次花，人们常用“铁树开花”比喻那些极难实现的事情，用的时间长了，人们都共同理解和熟悉了，便成为它的比喻义。大家熟悉的“釜底抽薪”“鼠目寸光”“一盘散沙”“急风暴雨”等都用的是比喻义。

凡比喻义都不是直义，不能从字面上去解释，比如：“如意算盘”比喻随心所欲的设想、计划或计算。不能说是“称心如意的算盘”，说有个人写过这样一个句子“昨天妈妈给弟弟买了一把如意算盘，弟弟高兴极了”，这岂不是笑话吗！

成语的比喻义，使成语的内容生动、精彩，富于表现力。它能引起人们对于事物的联想，构成形象。有的成语的比喻义还带感情色彩，帮助人们表示鲜明的爱憎，如“丧家之犬”“狐假虎威”等。

词与成语多义的比较：

大多数成语只有一个意义，少数成语有两个意义，意义在三个以上的成语仅仅是个别的。这一点和词不同。词的一词多义现象是普遍的，有的词甚至有十几个到几十个义项。

第五节　汉语成语的使用教学

一、在了解其词面意义的基础上，要搞清它的实际意义怎样搞清楚成语的实际意义？应注意以下几个方面：（1）对从典故中来的成语，必须搞清其典故的内容及其比喻意（2）成语的意义有多种，切忌望文生义，不清楚必须查词典。（3）有些成语，准确理解个别字义十分重要，特别是古今词义不同的词，容易以今律古，对整个成语的意义就理解错了。

如：走马观花。从字面上理解，好像人骑在马上，让马走着欣赏花的艳丽，但实际意思是：骑在奔跑的马上看花。唐孟郊诗“春风得意马蹄疾，一日看尽长安花”，现在比喻粗略地观察一下。这里有个关键字，就是“走”，古代汉语中当“跑”讲，如果按现代汉语的字面意思讲，就不能正确理解这条成语的意思。

又如：登峰造极。从字面理解意思是登到山峰上制造最好的东西。其实际意义是，比喻成就达到最高境地。这里有一个关键字即“造”字，不当现代汉语中“制造”的“造”讲，当古代汉语中的“到”讲。

又如：壮志凌云。关键字：凌，高出的意思。这个字一看就清楚这个成语的意思了。伟大的志愿像在云霄之上。

又如：接踵而来。关键字：踵，脚后跟。

二、注意成语的褒贬色彩

举个例子：我们的郝排长整天上蹿下跳，忙个不停。“上蹿下跳”一语为贬义，形容上上下下到处串连，煽动，干坏事。本来要赞扬排长，结果错把贬义当褒义，反而变成批判了。可换为“跑上跑下”。所以用成语时要注意它的褒贬色彩。

三、注意应用的对象、范围、场合

有些成语只能应用于一定的范围、对象、场合。如：“德高望重”只能用于道德修养高尚的老年人。要说某个小孩子“德高望重”那就会笑掉大牙的。

“天真烂漫”“聪明伶俐”只能用于少年儿童。不能说，这个老头儿活泼可爱、天真烂漫、聪明伶俐。又如：“血气方刚”只用于青年人。

“以身作则”，“身先士卒”是对干部来说的。

又如：“成千上万”“举不胜举”“不可胜数”“罄竹难书”都表示“多”的意思，可应用的范围不一样。“成千上万”形容人多。“举不胜举”形容同类事例很多。“不可胜数”形容数量多，没法数。“罄竹难书”只用来形容罪恶多。罄：尽，用尽，器皿空。竹：古代无纸，写文书用竹简，即竹板子，“册”字即竹简串起之形。难书：难于写尽。

四、注意意义相同或相近的成语差异

如“一举两得”和“一箭双雕”，都含有“做一件事有两方面的收获”，但“一举两得”所“得”的是“好处”，即做一件事同时得到两方面的好处，用的是直义。而“一箭双雕”，引申指目的、目标或对象。不是具体的人或事物，比喻采取某种行动或计策，达到两个目的或目标，用的是比喻义。又如：“本末倒置”和“轻重倒置”都有“颠倒”“摆错位置”的意思，但“本末”指开头与结尾，“轻重”指重要的和次要的。在程度上，前者要比后者严重。

第十一章　跨文化交际视野下汉语国际教育教学中的文化沟通

第一节　外国留学生对北京文化的解读

21 世纪初，随着外国人学习汉语这股热潮的掀起，越来越多的人以求学为目的，来到中国学习汉语、了解中国社会文化。留学生的国籍比较复杂，有东亚、东南亚的邻近国家，如日本、韩国、越南、缅甸、蒙古泰国、印度尼西亚等，也有非洲国家喀麦隆等，当然也少不了美国、英国、法国、澳大利亚等欧美国家的留学生。他们的文化背景与中国有或大或小的差异，更好地了解留学生来华后生活与心理上的适应情况，了解留学生眼中的中国与我们自己感受的中国有何差异，了解他们的所见所闻、所思所感，从而能设身处地地了解留学生，找到课堂话语互动的话题，实现有效的沟通，这些对于做好对留学生的汉语教育工作无疑都是十分重要的。北京作为中国的首都，理所当然成为留学生的首选之地。本节是以北京高校外国留学生 2008 年“留学生眼中的北京”汉语演讲比赛稿和 2012 年“我与北京”征文比赛稿为材料，依据跨文化适应过程性的理论，从以下 5 个方面介绍和展现外国学生如何通过留学，接触真实的中国和中国人，逐步克服定型观念和对中国社会文化误读，适应并爱上北京的真实感受和体验过程。

一、想象中的北京

来北京的留学生大多是第一次来到中国，对于这个他们即将开始新生活的陌生城市，留学生总是怀揣着对北京的种种希冀和猜想。虽然是第一次踏上中国这片土地，他们对北京也并非一无所知，他们了解北京的途径可谓是五花八门。有听祖父辈、汉语教师、朋友介绍的，也有通过书籍报刊获知的，还有通过电视电影来了解的。不同的国家、不同的途径，通过自己眼睛和大脑的解读，逐渐形成了“北京印象”。一位美国学生这样写道：

北京跟祖父母的描述完全不一样。我似乎再也想象不出他们以前是如何辛辛苦苦地过日子的情景。我原来以为北京是一个落后的城市，不那么发达，人们的衣着也很朴素。大家都把自行车当作主要的交通工具。房屋都很低矮破旧，城市和乡村差不多，没有高楼大厦，只有胡同和平房。居住在这里的只是黄皮肤，黑头发的。在我的想象中，北京没有超级市场，主妇们买菜都去露天市场，更没有什么酒吧或舞厅。

生活在古老城堡里的北京人具有古朴的特征。热情、朴实，个个都是“侃爷”，卷着舌头说话，是好多留学生对北京人的遐想。北京城里应该到处都是胡同；老人们下象棋、打麻将；大家伙儿在茶馆里一边喝茶一边欣赏京剧；四合院里家家户户门口都挂着红灯笼，生活一派悠闲气息。悠久历史也使一些留学生对中国人留有这样的印象：他们的血脉里永远留着一股生生不息的热情、豪情和激情。更有趣的是，中国功夫电影的全球播映，还使少数留学生相信中国有能在空中飞来飞去、在水上轻松踩踏的高人，认为中国人不好惹，因为他们个个都武功高强。从这些浪漫的想象中，我们看到的是留学生心目中古老传统又纯朴可爱的北京城。很多留学生也坦诚地告知，他们来北京之前，印象中的北京只能算是一个落后的大城市。

外国留学生在来北京之前，可能与中国有过接触，可能从其他渠道对北京有了一些间接了解。其实更多的人只是凭主观想象认定北京作为中国的城市，应该具有哪些特征，北京人作为中国人这一群体中的成员，应该具备哪些特征。“这种整齐划一的做法，极容易导致人们把某一群体、民族乃至国家所有的成员都当成是一类人，而且会把积极和消极的成分加以夸大”①形成所谓的“定型观念”。

北京作为中华人民共和国的首都，是政治、经济、文化的交流中心，是世界历史名城，拥有三千年的建城史，近八百年的建都史。凭借着各类有关中国的历史文化书籍，抑或是旅游类图书，留学生了解到了中国的悠久历史文化，阅读了中国古老神话故事《女娲补天》《哪吒闹海》等，知晓了长城、故宫等名胜古迹。受北京的历史影响，外国留学生在来北京之前大多认为北京就是这么一个充满古老、传统、神秘气息的历史文化博物馆。有些英美国家的留学生是抱着探访东方神秘古都的考古学的好奇心而来的。

总之，留学生对北京的认识也许是朦胧的，也许是清晰的。但无论是正面的，还是负面的印象，似乎都不可避免地停留在各个画面的阶段。北京在他们心中要么是抽象、遥远的概念，要么是皇家园林式的、具体的历史遗迹。这些都不是真正的北京，只是他们对北京的先入之见或定型观念罢了。

二、到北京后的惊诧与冲击

学者们把初到异国他乡的人遇到的“cultural shot”称作“文化冲击”或“文

化休克”。其实两个中文词的差异很大，按英文词的原意，翻译为“文化休克”更为恰当。1955 年，利兹格勒（Lysgard）提出了文化适应的 U 曲线理论。他认为文化适应是一种动态的过程，旅居者刚进入一种新文化中，由于被新文化刺激了好奇心，感到非常兴奋。但一段时间后，旅居者开始出现语言问题，并由此带来的挫败感、迷惑、误解和孤独感，而“兴奋”和“好奇”的感觉渐渐没有了。再过一段时间，旅居者开始适应当地的社会和文化环境，情绪逐渐回升。把这个适应过程描绘在以时间为横轴，以情感变化为纵轴的坐标

图中就会呈现出 U 形曲线。奥伯格（Oberg）在 1960 年首次提出“文化冲击”一词，用来描述初到异国的人跨文化适应的四个阶段：蜜月阶段、敌视阶段、回避阶段、整合阶段。他认为，文化冲击是“突然失去所熟悉的社会交往符号和象征，对于对方的社会符号不熟悉，而产生的一种突如其来的忧虑和无所适从的深度焦虑症”。结合两位学者的观念来看，“文化休克”是一种因突然失去所熟悉的一切而产生的无所适从的忧郁和焦虑不安的心理不良反应；而“文化冲击”从字面上看极易混同于文化诧异。诧异只是一种情感上的快速反应，与惊异、吃惊、出乎意料同义。

一般来说，当留学生开始在北京的生活时，事实与想象产生了一定的距离。他们融入现实的北京城，体验着异国生活，有欣喜，也必然有很多诧异和新奇。

首先呈现在留学生面前的是繁华的大都市，先前认为北京破旧落后的留学生更是惊讶于北京的经济发展。眼前的北京已不再是那个古老的京城，而是传统与现代的完美结合，现代化的立交桥、高楼大厦都让留学生惊讶于北京的发展速度。生活在北京，生活方式、习俗的差异，着实让留学生感到非常新奇。

从饮食来看，美味佳肴恐怕不是一桌满汉全席就能囊括的。选料的精细、烹饪技术的精湛，带有地方特色的菜系，这些着实让外国留学生诧异。在惊叹菜品丰盛之余，也惊讶于饮食文化习惯的不同：中国人吃饭时喝热水而不喝冰水，光吃菜不吃饭；外国人偏爱宫保鸡丁、麻婆豆腐，却不喜欢里面埋着花椒地雷；香菜的味道也让各国留学生难以接受；最令他们纳闷的是，明明做了一桌子好菜却总说没什么好吃的。且不说吃遍南甜北咸东辣西酸各地风味菜式，单说各地琳琅满目的小吃也都是尝不胜尝。

从人际关系来看，北京人的热情周到成了留学生眼中弥足珍贵的情感。无论是早起一起牵手晨练老年夫妇，还是一起逛超市的中年夫妻，抑或是为供兄弟姐妹上学而甘愿放弃学业外出打工的青年，都令外国学生感动不已。

中国学生中朋友间无距离的情感交流，空间的留学生感到惊诧。来到北京

后，也令来自日本、欧美等需要保持交往看到这个城市里的人主动和不认识的人交谈，会主动邀请外国人去自己家过年过节，这份久违的纯朴善良让他们体味到了北京人的深厚情谊。父辈与子辈的关系，更是让西方国家的留学生纳闷。在北京，父母为儿女贴征婚广告，老人们甚至为孙子孙女们找对象。这些在西方会让年轻人觉得很没面子的事，在北京的公园里却司空见惯、非常自然。当外国留学生为了体验老北京生活，搬进大杂院时，生活就更是充满惊奇了。憧憬中与现实中的大杂院有太大的出入。一间小小的平房，连厕所、厨房、暖气都没有。在公共厕所时，人们还会一边方便，一边抽烟、问候。在好奇北京日新月异的同时，留学生也对胡同里人们的生活状态感到诧异。

每个留学生的文化背景不同，所以他们对生活中诧异的事物也会有所不同。有人诧异于北京融洽的人际关系，也有人对人们之间的交往方式感到不适，中国朋友不打电话就随意来访，这些都让他们体验到文化的差异和北京人行为方法的不同。

三、体验中的北京

在初到北京感受新奇的心理归于平静后，留学生成了北京的一分子，感受着北京的社会文化和特有的风土习俗。

传统与现代的融合，是北京的一大特色，这不仅表现在建筑上，也表现在饮食、服装等生活的各个方面。北京，作为一座创造历史奇迹的古城，依然承袭着古代的建筑格局，以故宫为城市中心，建筑呈对称分布。名胜古迹数不胜数，现存的古寺庙有 2600 多座，古文化遗址 51 处。天下奇观长城、壮观的皇家园林、古塔、皇陵、坛庙，这些存留下来的名胜古迹无一不展现出北京城浓厚的传统文化底蕴。

城市深处的胡同、四合院，更是北京城历史活的博物馆。坐在人力三轮车上，穿梭于老胡同中，体味着老北京人下棋、打麻将、喝茶、聊天儿的悠闲自在生活，感受胡同里深沉热情的古朴之风。老舍、郁达夫、周作人、朱自清等一批文化名家们在作品中留下的老北京痕迹，带领我们领略北京的传统风格。京剧里粉面朱唇、锦衣绣裙的女子，配上那荡气回肠又不失温婉柔美的唱腔不知迷倒了多少中外朋友。相声的风趣幽默与讽刺睿智，也是引得外国留学生竞相模仿，欲罢不能。

说起中华美食，外国留学生们更是垂涎三尺，掰着手指说菜名，北京烤鸭、涮羊肉、驴打滚儿、炒肝儿，等等。从名胜古迹到身边的胡同，从京剧相声艺术到中华美食，可以说是传统味儿十足。

很多留学生都提到，北京的魅力就在于它的矛盾性。矛盾体现在传统与现代之间，矛盾存在于沉寂与繁华之间。北京的古老美在于有现代化的衬托，美在它古老却仍风华不减，充满着现代的活力和希望。现代化的北京，经济迅速发展，宽阔的街道，林立的高楼，鳞次栉比的商场，王府井、西单的都市气象，长安街的繁荣，俨然一副国际大都市景象。现今的北京就如一

个聚宝盆，各种商品应有尽有，豪华轿车川流不息。日新月异的资讯科技，为北京注入了更多的活力。中关村成了高科技电子产品的代名词，爱国者、联想、方正等大批知名品牌见证了北京科技的发展。全国一流的IT人才汇聚于此。各大院校人才济济，为今后的发展培养中流砥柱。再看人们的衣着，越来越新潮时尚。饮食也向国际化方向发展，韩式、日式、意式、美式，随处可见。

生活在“矛盾”社会的北京人，也可以说是传统与现代的产物。北京人秉承着热情纯朴的本性，在保持一定传统生活方式的同时，也大方宽容地接受外国的一些生活方式。他们善良、和气、乐于助人，幽默、豁达、不拘小节，温暖着外国留学生。老北京人的生活依然那么悠闲，早晨练太极、扭秧歌儿、遛宠物，紧张的午后也要喝上一点酒，抽上一根烟，延续着老北京传统的生活习惯，保持着那份平和的心态。北京人勤劳、积极向上，每天努力学习工作，融入现代快节奏的生活。北京入骨子里的傲气，不仅来源于他们特有的生活方式，也来源于他们拥有海纳百川、不狭隘排外的胸怀。

外国留学生流连在什刹海胡同，沉醉在三里屯的酒吧中，迷恋上中华美食，感受着京腔京韵，同时品味着北京的古香古色和国际化都市的现代与繁华，体验着传统和现代化的结合以及在这种环境下北京人生活的独特氛围。

四、克服困难适应北京

身处异国，外国留学生需要面对文化差异带来的各种难题。跨文化接触带来的不仅仅是新奇与发现，更多的是压力体验，是一个充满挑战的历程。语言和文化上的差异更进一步加剧了留学生的适应难度。

大部分留学生在来到中国之前已经掌握了一些汉语，但是置身于北京，必须依靠汉语进行所有的交际时，仍然会感觉到语言方面的困难。有在自己本国学过了汉语，掌握了基本的词汇和语法结构，仍感到学习困难的；也有在中国南方，如厦门，学了汉语，却发现来到北京后，完全听不懂北京普通话的；还有学习到一定阶段时停滞不前，为自己汉语不进步而苦恼的。语言学习中遇到的坎坷，不仅给留学生的生活带来了一些不方便，更重要的是使他们产生了挫败感，而且这种挫败感往往不是短时间就能克服的。

由于人际关系、生活方式、价值观念各个方面的差异，在生活中，困难更是接踵而至。就气候而言，北京夏天炎热，冬天寒冷，春风又刺骨，数秋天最宜人，但又过于短暂。北京的交通状况让很多留学生感到恐惧，人多车多，直让人发怵。中国饮食过于油腻；真诚，却也不反感利用朋友追逐利益，空气质量令人担忧；朋友之间虽热心关系是那么微妙，难以理解；北京人对外国人好奇的盯视，要求留学生具备一定的心理承受力；长辈对晚辈的过分关心，让住在胡同的留学生觉得少了自由空间；吃饭付钱时候的“争斗”，让留学生不知所措；坐车、买东西、进电梯、过马路，所有的地方都那么拥挤；北京的生活节奏过快，对于习惯了悠闲生活的留学生来说，过于仓促。

学习、生活上的困难带来各种精神压力，只身处在异国，陌生感、孤寂感时常使留学生烦躁不安，造成一些人情绪低落。这些都是留学生在适应北京的过程中普遍出现的问题。

五、为第二故乡北京建言献策

身为北京的新成员，留学生针对北京现状的一些优势和不足，也为北京未来的发展提出了一些建议，企盼着北京更美好的明天。

在钢筋水泥的城市里，北京人还能主动与陌生人说话，这种温馨的人际关系让本在北京漂泊的留学生有了家的温暖。与世界其他大城市里的冷漠相比，这份温暖弥足珍贵。留学生更是深切地感受到了这份温暖，因此他们希望北京在经济发展的同时，也保留下这份热情。

作为发展中国家的城市，北京仍处在不断发展的过程中。经济水平较之发达国家，仍有进一步努力的空间。发展过程中的忧患，也不容忽视。北京的古老文化独具韵味，而无秩序的开发.致使传统的城市景观在逐渐消失；老北京的四合院、各种民俗文化也在慢慢流失，新北京的发展不应以古香古色老北京的消失为代价。为此，很多留学生提出应重视遗产的保护，遗产不仅包括物质遗产，也涵盖了文化遗产。越来越少的人对诸如书法这些文化遗产感兴趣，对传统关注的萎缩，应引起广泛的重视。

绵延不断的堵车，交通秩序的混乱，现实中的交通问题亟待解决。留学生不仅提倡人和车子各行其道、遵守交通规则，更建议北京借鉴他国经验解决私人车辆迅速增加等棘手问题。在建设过程中，高楼大厦如春笋般涌现，但却只重建房速度，而轻房屋质量，最明显的是隔音效果普遍差。随着不断发展，北京的商业化味道越来越浓。每一个传统的建筑，每一条胡同，每一个具有中国文化特色的地方，逐渐变成一些盈利的工具，商品化的趋势使北京正在失去它的美妙。

一些生活习惯、过时观念应及时摒弃。比如，请客时剩下过多饭菜才代表主人热情好客，却造成大量食物浪费。要成为现代化城市，北京市民必须学会耐心地排队，保持市容整洁安静，提高道德素质，注意礼节问题。只有当公民都具有现代文明意识，北京才具备发展的潜力。留学生从经济、遗产、交通、公民素质各个方面对北京的发展提出了宝贵的意见。

总之，通过以上的陈述，我们可以更好地了解留学生在北京的跨文化适应情况，以及他们的所思所想，为师生课堂上的跨文化交流互动提供话题材料。在留学生的参赛作品中，既有对北京这座古老而又现代城市魅力的敬仰与探寻，也有对北京各色景点美食的欣赏与迷恋；不但有对学校生活和师生情谊的怀想与感念，也有对热情好客、助人为乐的北京人的赞赏与感激。留学生从遇见、发现北京，再到移情、爱上北京，经历了跨文化冲击带来的压力和困惑，也在不断包容理解中适应成长。他们从中体味了人性人情之美，感受到中华文化精神的气脉。令人欣慰的是，参加比赛的各国留学生们无论怎样看待中国，无论持什么样的态度，有一点是共同的，就是他们有幸见证了北京的快速发展和中国的腾飞过程。无论经历过什么，他们都相信北京的明天会更加美好，这里已成为他们第二或第三故乡。

第二节　孔子学院的文化考量

一、21 世纪“孔子学院”的兴建与质疑声

进入 21 世纪，随着中国经济实力和综合国力的快速发展，中国作为东方乃至世界大国的形象重新为世界所认识，在全球范围内掀起了由各国政府和教育机构倡导的新一轮的汉语热。为满足国外突如其来的强大的汉语学习需求，从 2002 年开始，教育部和国家对外汉语教学领导小组就开始酝酿借鉴英国、法国、德国、西班牙等国家语言推广机构的经验，在海外设立语言推广机构。2004 年 3 月，国务委员陈至立宣布将中国设在海外的语言推广机构正式定名为“孔子学院”。同年 11 月 21 日，全球第一所“孔子学院”在韩国首都首尔挂牌，从此这个由国家大力推广、中外联合办学的教育机构如雨后春笋般蓬勃发展。据国家汉办统计，截至 2014 年年底，全球已建立 475 所孔子学院和 851 个孔子课堂，分布在全球 126 个国家和地区，派出约 18000 名汉语教师志愿者。国家汉

办孔子学院工作处对于“孔子学院”的定位与定性是：“孔子学院是中外合作建立的非营利性教育机构，其宗旨和使命是增进世界人民对中国语言和文化的了解，发展中国与外国的友好关系，促进世界多元文化发展，为构建和谐世界贡献力量。孔子学院开展汉语教学和中外教育、文化、经济等方面的交流与合作。所提供的服务包括：面向社会各界人士，开展汉语教学；培训汉语教师，提供汉语教学资源；开展汉语考试和汉语教师资格认证业务；提供中国教育、文化、经济及社会等信息咨询；开展当代中国研究等。”

针对“孔子学院”这一新生事物，各种意见、讨论从四面八方袭来。其中争议颇多的是：这样一所开展现代汉语和中外教育文化合作交流的学院，何以用“孔子”命名？其中刊登在香港《语文建设通讯》2006 年第 84 期上的《必也正名乎》（以下简称“《必》文”）一文集中列举了三种反方的意见和看法：其一，孔子是 2500 年前的思想家、政治家、教育家，以“孔子”为名推广现代汉语，似名实不符；其二，儒家提出的“仁爱”等普世价值并没有普及，而“礼教”的等级观念却深入人心，已形成基因，至今尚受其害，以“孔子”为招牌，似颇有反讽意味；其三，现代汉语诞生于 1919 年的“五四运动”，应选用那一时代或以后的人物命名。如巴金学院、蔡元培学院、鲁迅学院、沈从文学院等。一时间，改名之说不绝于耳。

关于孔子学院命名的争议，说到底，是一个如何看待文化传统的问题，如何评价和对待以孔子为代表的中华民族传统思想、道德价值体系的问题。因此，有必要借汉语推广机构命名“孔子学院”的话题，从跨文化的视角，展开对中国传统文化中思想价值观念的反思与检省，以便国际汉语教师端正自身的文化态度和文化价值取向，更好地开展汉语国际教育与中华文化传播工作。

二、从中国文化考量“孔子学院”的命名

尽管众说纷纭、各抒己见，但如果我们经过冷静的思考，站在跨文化的视野来俯视所有疑虑，就会发现选择“孔子”作为汉语文化在世界推广的招牌，有其客观必然性，是符合中国历史文化发展规律的。下面将从孔子对中国本土文化的影响，及其所具有国际的影响力进行全面的考量。

首先，孔子（公元前 551-前 479）是春秋末期的思想家、教育家、政治家，儒学学派的创始人，曾修《诗》《书》，定《礼》《乐》，序《周易》，作《春秋》。孔子是中国创办“私学”的第一人，他“三十而立”，并开始授徒讲学。他开创了中国的平民教育，凡带上一点“束修”的，都收为学生。相传，他一生培养弟子三千余人，身通六艺（礼、乐、射、御、书、数）者七十二人。私学的创设，打破了当时“学在官府”的传统，进一步促进了学术文化的下移。孔子一生的主要言行，经其弟子和再传弟子整理，编成《论语》-书，成为后世儒家学派的经典。《论语》带给人的启示是多层面的，单从教育教学方面的贡献与成就来看，它都足以成为经典。孔子的一些认识和做法，在 21 世纪的今天看来仍十分科学和受用，有很强的现实指导意义和启发价值。他在教学实践中总结出的教育思想理论已形成一个完整的体系，包括“有教无类”的教育方针；“因材施教”的教育方法；“礼、乐、射、御、书、数”的教育内容；“学而不思则罔，思而不学则殆”的学习方法；“教学相长”“言传身教”的教育理念。孔子的教育思想理论是整个儒学理论体系的重要组成部分。2500 多年来，对我国历代的私学和官学教育，对我国近现代教育都曾产生了深远的影响，很多方面至今仍有其积极的借鉴意义。总之，孔子是中国教育教学的鼻祖，举世闻名的中国古代教育家。中国民间一直流传“天地君亲师”之说，这里的“师”指的就是孔子。孔子的教育智慧博大精深，用“孔子学院”为海外汉语文化教育机构命名非常恰当，名实相符。

其次，孔子思想在几千年历史发展中已成为中华民族立身处世、日常生活行为的准则。一是“仁”的思想，表现了孔子的社会政治理想，即要建立一个人伦有序、重礼、融洽、和谐的社会；二是“礼”的思想，表现了孔子的人格理想追求，是“仁”的基础。孔子认为，如果社会中每个人都能恪守其分、各安其位、各司其职，克制一己之私欲，提高自己的道德修养，将尊卑长幼之分及君臣、父子、兄弟、夫妇、朋友、长幼之间的道义人情，融化为自己的第二天性，并做到视听言动无一不合于礼之规矩准绳，无一不体现礼之真实精神，则不仅社会秩序将得以良好维持，人世间亦将因每个人具备高尚品格和相互帮助关爱而变得无比和融与安乐，如此则国家不治而治。可见，孔子思想是有其积极向上的一面的，但我们也不能否认在长期的封建社会里，孔子思想被统治阶级拿来作为其思想武器，也有需要扬弃的部分。

儒家文化作为“东亚价值观”的核心源头，在 21 世纪的知识经济时代，仍然显示了广阔的发展前景和旺盛的生命力。日本、韩国和新加坡经济的成就和社会的发达，与儒家思想文化对其助推作用是分不开的。李光耀先生把儒家的“忠孝仁爱礼义廉耻”视为儒学思想的核心，提倡把这八个字作为新加坡的具体行动准则。“新加坡是推崇儒学文化之‘贤人仁政¨道之于德¨因民之利而利之’。它有力地说明，儒家文化在一定程度上成为新加坡维持社会秩序、改善社会风尚、协调人际关系，增强国家凝聚力的精神力量，同时它也预示着中国海外孔子学院未来的发展前景。”总体来看，儒家思想中有许多观点是具有真理性和正面价值的，值得我们继承和发扬。所以，《必》文认为“仁爱”等普世价值没有普及，而“礼教”等级观念却深入人心，是片面的，一概否定或全盘肯定都是不正确的。

最后，在给孔子以教育家、思想家、政治家冠名的同时，我们应清楚地了解他首先是一个品德高尚的智者。他为人正直、乐观向上、积极进取，一生都在追求真善美，一生都在追求理想的社会。他的成功与失败，无不与他的品格有关。他品格中的优点与缺点，几千年来影响着中国人，特别是影响着中国的知识分子。他的儒家思想历代相传，形成了中华民族的文化核心，至今影响不衰，因而被尊为“至圣先师”，处于至高无上的师长地位。而蔡元培是中国近代革命家、教育家，倡导西学；巴金、鲁迅、沈从文等人是中国现代文学的开拓者、奠基人，他们都是“五四”时期新文化运动的领军人物。但他们早年所受的仍然是“四书五经”这些传统思想文化的教育，甚至我们接受现代教育的每一个人，身体里依然流淌着中国传统思想文化的血液，这些思想已深深的融入我们的意识之中，挥之不去。可以说，每一个中华儿女都潜移默化地受到孔子思想等传统思想文化的熏陶，成为其立身处世、日常生活的行为准则。所以，有人认为应选用“五四”时代或以后的人物给学院命名。这种以“徒弟”命名而把“师傅”撇置一边的做法，未免本末倒置了。同时也违背了中国人“尊师重道”的传统。在文化思想界尽管名人辈出、群星灿烂，但就其个人魅力和深入人心来说，无人能与孔子相比。儒家学说远播韩日、东南亚，建立起了儒家文化圈，人们只要听到孔子的名字，就会联想到中国，就会对古老的中国文化产生敬畏感、亲近感。诚如陈有为所说：“孔夫子是中国能够向外推出的，与任何世界文化名人相并列的唯一一张具有普世价值的文化思想大品牌。”张西平告诫说：“中国人需要逐步恢复文化自觉，但不要回到文化保守主义中。近百年来.中国不断地抛弃自己的文化，走向现代化。中国日益变成世界强国，但任何一个大国的崛起同时伴随文化的崛起和复兴，中国完全用西方文化作为价值核心是不可能的，我们必须清理 19 世纪以来过度崇洋的思想。……在多元价值之中，中国传统文化是主流文化的底色，这不容动摇。”

三、对“孔子学院”命名的跨文化解读

这里的跨文化解读分为两个方面。一是“他者”的认知与解读；二是“自我”的认知与解读。先从孔子对世界产生的影响来看。

首先，孔子是我国最早被介绍到西方的“东方智者”。著名的汉学家李约瑟在《中国科学技术史》中推测：“早在公元2世纪，关于儒家的一些传说似乎已传人欧洲。”1582年，意大利传教士利玛窦来华，在中国生活了27年。从1594年起，他穿起儒服，戴起儒冠，并自称儒者。诗人黄景说他“俨然人儒风格”。1594年，利玛窦出版了《四书》的拉丁文译本，这是儒家经典首次被译成西方文字，之后又转译成其他文字在西方流传。由于利玛窦在沟通中西文化方面做出的巨大贡献，他获得了不少雅号，诸如沟通中西文化的第一人、博学两儒、西方汉学的先驱、欧洲汉学的开山鼻祖等，而最著名的一个雅号则是基督教的孔夫子。孔子的学说被介绍到西方后，孔子就与希腊古代哲人苏格拉底、柏拉图一样享有盛名。莫格称孔子是“伟大文明奠基者”，为此，他写了《他说的仍在实行》一文，文中感叹道：“孔子的教诲属于全人类。他和莎士比亚一样，都有着实用主义哲学：相信和谐、等级、社会秩序和奉行爱国主义。”

绝大部分西方人对孔子尊敬有加。在西方人看来，孔子是人类历史上没有留下自己“亲笔”作品，但对人类文明产生了重大影响的三个伟人之一。流传下来的《论语》是由孔子的学生在他去世后整理完成的；记录古希腊苏格拉底思想的《辩白》是由他的学生柏拉图在他被处死以后撰写的；描述耶稣言行的《福音书》也是由他的门徒在他被钉上十字架后几十年里完成的。孔子思想在17至18世纪的法国引起了强烈的反响。它对中世纪神学统治下的法国，乃至整个欧洲，都起到了重要的作用。在18世纪的法国，中国受到上至王公贵族下至平民百姓的普遍重视，人们争相了解和谈论中国、研究中国。法国的伏尔泰说：“东方找到一位智者。”德国柏林得月园的入口处，矗立着两米多高的大理石孔子塑像。塑像花岗石基座上刻着孔子“己所不欲，勿施于人”的名言。德国人把孔子和康德共同尊为教育学的奠基人。德国前总统约翰内斯·劳说：“中国的先哲孔子在德国广为人知。他的至理名言至今依然能给人们深刻的启迪。这位古代东方哲人的形象出现在这个伟大哲学家辈出的国度的公共场所本身，就说明了孔子在德国人心目中的地位。”

其次，孔子不是宗教领袖，更易为国外文化所接受。西方不少儒学学者也往往从基督教文化的角度研究孔子。他们认同或欣赏儒家价值，致力于儒学及其现代意义的研究，但他们都信仰基督教，有的当过基督教传教士，有的是身居要位的神学家，有的还是宗教界有着广泛影响和特殊地位的学者。而许多宗教都是排他性的，对于其他有宗教嫌疑的文化内容，持排斥、抵制的态度。而孔子并不是宗教领袖，所以更易为国外文化所接受。1996年1月8日，伦敦《金融时报》刊登文章《孔子规则：在今后十年美国将保持在亚洲的经济领先，但它可能会从该地区学到更有价值的社会课程》。该文告诫美国人应向亚洲学习，“美国长期以来把自己看作其他国家理所当然的模范。但是这个模范的角色现在遇到了挑战，这个挑战不是来自僵硬的欧洲，而是来自东亚。”“美国如果鼓励美国人自愿地去采用一些孔子的教诲，其社会将会有莫大的受益。”再次，以本国的“世界级的名人”作为旗帜推广本国的语言、促进交流、扩大影响、传播文化是一件可行而有效的思路。孔子学院学习和借鉴了德国在世界各地建设的“歌德学院”和西班牙政府建立的“塞万提斯学院”的成功经验。美国 1980 年出版的《人民年鉴手册》曾列出世界十人思想家，孔子被推举为十大思想家之首。据统计，《论语》在全球最重要的十部名著中，被翻译的语种数量居第二位。孔子及其学说无论是在国内还是在世界上均具有十分重要的影响。向世界推广汉语的机构名称命名为“孔子学院”体现了中国历史悠久、博大精深的语言文化底蕴，也体现了 21 世纪中国语言文化将逐步融入世界的发展趋势。

最后，海外推广汉语的机构是应国外汉语学习的需求而建的，满足了海外汉语学习的迫切需求，无论叫什么名字，无论汉语易学难学。“孔子学院”设立的宗旨是在汉语国际教育的同时传播中国文化，这与海外需求者在学习汉语的同时想了解中国文化的意愿相一致。说到中国文化化，要选一个著名人物作代表，孔子首当其任。至于西方政府担心文化入侵，实与名字无干，就是改成其他任何名字，他们的担心也不会减弱。反倒是孔子之名，可以提醒他们：中华民族是以和为贵的扩张和称霸的民族。

总而言之，孔子思想属于中国，也适用于世界。用其名字命名我国海外的汉语推广机构，实至名归，是跨文化交际的一次成功之举。这从孔子学院的空前发展就可以看出。选择孔子作为汉语教学品牌是中国传统文化复兴、民族自信心增强的标志。“孔子学院”命名之争所暴露的问题说明，我们需要对中国传统文化重新加以体认，既要学习吸收外来文化，更要传承和发展中国传统文化，使之成为我们锐意进取、开拓创新永不枯竭的文化之根、精神之源。

第三节　美国名校来华留学生的误解

一、普林斯顿大学留学生解读“脱了裤子放屁”

虽说语言教学有时会涉及粗俗的词汇、语句，但在笔者所使用的汉语教材中，还没有看到一部像美国的汉语教材编者那样将“脱了裤子放屁”这一歇后语作课文篇名的。也许中国的教书先生们总爱讲点斯文，说点雅言，顾及点体面，总之，由于“脱裤子”“放屁”本是俗而不雅、为文化人所忌讳的字眼儿，中国人在正式场合绝不使用，尤其是文人雅士更是避而远之。然而，“脱了裤子放屁”一语却意外地受到来自哈佛、普林斯顿、耶鲁等美国名校汉语留学生的欢迎，甚至成为他们的“口头禅”。美国留学生不分场合、不顾“身份”、不顾雅俗地连说带演，构成了一幕令人“叹为观止”的西洋景。这一对外汉语教学中的跨语言文化的特有接受现象，十分值得我们语言工作者分析和思考。

“脱了裤子放屁”这句不太雅观的歇后语，之所以为美国学子所喜爱并被毫无顾忌地使用，从跨语言文化接受心理的角度分析，主要有以下几个原因。

其一，这是一个较为特殊的一语双关的“藏词”，既可用于挖苦他人，也可用于自嘲自讽，有“嬉笑怒骂”多种表达功能。用它来表达“多此一举”之意，要比成语更加形象生动。它还兼具滑稽和讽刺的色彩，美方教授喜欢它并借此来发发牢骚，授之以美国学子，就是很自然的事儿了。而这种生动形象、滑稽有趣的语言形式，恰恰投合了美国学生爱开玩笑、幽默开朗的天性，于是，对它一见倾心、一说就乐。美国留学生从这个通俗而形象的比喻中，解读出了蕴含其中的趣味性和幽默感。

其二，中美联合举办的“普北班”（普林斯顿大学北京暑期汉语培训班）实行的是一套快节奏、高效率的语言训练模式，学生们在炎热的天气下，每天八九小时的高强度的学习实在是辛苦。这“炼狱”般的生活对学生的肉体和精神都是一种考验。“脱了裤子放屁”具有无可替代的宣泄功能，学生们可以在玩笑中，发泄受“压抑”的情绪，并从中获得快乐，这给学生们繁重紧张的学习生活增添了一点轻松。教师理解其中的原委，并不指出该词使用上的问题，以宽容态度对待之。再加上这种“玩笑”确有融洽师生关系的积极作用，在以学生为上帝的美国教师看来，以牺牲“师道尊严”或个人的“脸面”来迎和学生是完全值得的。

其三，美国当代社会，尤其是大学校园盛行后现代多元文化。以往的传统观念大都被消解颠覆，像“脱裤子”这类写实镜头在美国影视剧，如《阿甘正传>《大话王》《为玛丽疯狂》等大众传媒中早已屡见不鲜、引以为乐。汉语的“脱了裤子放屁”正符合美国后现代颠覆中心权威、以“俗”为时尚的时代潮流和文化背景，因而它符合学生们的欣赏口味。于是，“脱裤子”“放屁”这些很不雅观的体态语，就成为美国名校生毕业演出中必不可少的“精彩”节目。有时是学生表演，有时则是让教授当场做表演。令人佩服的是，美国教授还真能大大方方、笑容可掬地为大家作象征性表演。

由此，我们清楚地看到，目的语词汇在跨文化解读与接受中语义和语用所发生的“变异”。正如当前的流行语“酷”虽来自英语却已被中国人用得面目全非了一样。但是，两者却有着本质的不同。“酷”（cool）一词在汉语中的引申与活用，是外来语汉化过程中的语义语用的丰富和发展；而美国留学生对“脱了裤子放屁”的解读，则属于母语文化背景对汉语学习的迁移影响。从汉语教学的角度来看，这无论如何都不能说是对歇后语的一种恰当的理解。美国学生依据美国社会文化心理对这个具有中国文化民俗色彩的歇后语做了简单化的解读，忽略了它的语用规则。毕竟美国人学汉语是要用来跟中国人进行交流的。在实际交往中，毕竟很少有人像汉语教师那样理解、偏爱和迁就自己的学生。如果真的用它来跟中国人说话，恐怕会被当成粗俗无礼、修养欠缺的傻“老外”。换句话说，这是句不雅的俗语，中国的文化人是不屑一说的。从美国高校一流名牌大学生，或从未来的汉学家和中国通们的口里说出来这样的话，恐怕会令中国人瞠目结舌、哭笑不得的。这一实例同样暴露出忽视对目的语社会文化背景知识、语用规则的了解及交际能力的培养，尤其表现在短期语言强化培训中。有些汉语暑期班实行的是一套不要讲解、重在反复操练的语言教学模式。该方法最大的好处是在短时间内强化并提高听说水平，可暴露出的弱点是中高级水平的留学生往往会因缺乏中国历史文化和交际礼俗知识而出现思想观点片面、语义不清和语用偏误的问题，结果在跨文化交际中常常“洋相”百出，知其一不知其二。有些教师只引导留学生记住“脱了裤子放屁”这几个字，而忽略了其所隐含的真实意义和语用限制了。

由“脱了裤子放屁”这篇课文的隐含义不难看出，世界汉语教学仍然存在着“教什么”和“怎么教”的问题。在笔者看来.外国人学习汉语的根本目的，不只是学会汉语的字、词、句，会听、会读、会说、会写，还要理解那个字、那个词、那个句的准确的文化内涵，并在目的语环境中恰当得体地运用。语言现象是一种文化现象，语言是文化的载体，是表达思想的工具。而外国学生往往是学到了汉语的某个词、某句话，却不能正确地理解和体会其中的文化内涵。

二、来华美国留学生的“洋相儿”

达慕斯大学在美国七所“常春藤”名牌高校中教学质量是名列前茅的。学生学完一年汉语公共课，都能说一口音调纯正的汉语普通话。从这点来看，该校的汉语教学水平的确是一流的。不过，尽管“洋腔洋调”改掉了，可他们大都初次来中国，“洋相”还真是出了不少，下面信手拈出四例。

（一）所里传来“救命”声

20 世纪 90 年代以前，外国人来中国感到最大的不便就是上厕所了，原因有三：一是当时的厕所几乎都是“蹲式”。欧美人从小没有蹲的习惯，他们不会像中国人那样两脚掌全部着地蹲下去，他们要蹲着只能前脚掌着地，后脚跟抬起来。因此，中国的“蹲厕”给他们造成了极大的不便和痛苦。正像一部分中国人上惯了“蹲厕”却坐不惯抽水马桶一样，欧美人来到中国重新学习“蹲式”，其困难是可想而知了。二是由于那些年许多公厕的隔间无门。中国人从小上惯了没门的厕所，一点也不觉得难为情。可外国学生把上厕所看成是个人的绝对隐私，他们习惯于隔间式有门的卫生间，因而，如果厕所没门，女生都不好意思进去，宁可在门外排长队等候，一个接一个地来，决不暴露或侵犯个人或他人的隐私。三是因为厕所里没有卫生纸。中国人如厕，有自带卫生纸的习惯。而美国的卫生间都备有卫生纸，美国人养成了不带卫生纸的习惯，来到中国一时难以适应新的情况，因而，厕所里常传出“救命”的喊声。某大学的留学生就有被从厕所里“救”出来的经历。这就成了学生之间开玩笑的“热门话题”，有的学生甚至还把“厕所经历”写成了作文。

（二）“买可卡因、海洛因”

美国大学留学生的人种构成可谓多姿多色，有英国、德国、俄罗斯血统，也有中国、韩国、越南、菲律宾人的后裔，其中亚裔占到了一半以上。然而，无论他们来自何方，一旦进入了美国，受到美式良好的教育，不论是思维方式和行为方式，还是性格爱好差不多都是美式的，大都具有活泼开朗、幽默风趣的性格。多数美国学生不但接受能力强，而且学习方法灵活多样，讲究实用和成效。再加上他们有爱开玩笑、出洋相的习惯，课堂气氛异常活跃，学习热情也十分高涨。对于美国学生来说，汉语词汇是他们学习的难点。暑期班一天一课，一课近 40 个生词；一周一次考试，记生词就成了重头戏。我们常用的方法有两种：一是做成彩字大卡片，所谓的彩字，就是用红、绿、蓝、黑四色分别标写四个声调的汉字，让学生识读。二是把生词句型编成一二百字的语段听写。虽说效果不错，可比起学生的画图猜字的游戏方法来，可就呆板多了。美国学生在学母语时常用画图猜字的方法。具体做法是把一个班的学生分成两组进行比赛，每组学生轮流到黑板上画图，下面对手组抢猜。没想到每个学生都有猜字画画的本领，常常是没等画完就明白大概了，可见他们之间的默契度很大。为了扩大他们的词汇量，教师还给他们补充了一百多个英译（主要是音译）汉语词汇。学生的兴趣很大，像可口可乐、汉堡包、麦当劳、三明治、啤酒、米老鼠、卡片、沙发、VCD 等词，一学就会，学了就用。他们对鸦片、可卡因、海洛因、尼古丁等有关吸毒的词语很感兴趣。班里有位韩国裔学生，学完这些词当天就决定跟学校商店的售货员开开玩笑。他穿戴整齐地走进了校内服务社，非常认真地对两位正在聊天的售货员说他要买“可卡因”和“海洛因”。当时是 1995 年，中国人对毒品名称还不太熟悉。把两位售货员说得大眼瞪小眼，听不懂他到底想买什么。最后他大声告诉售货员道：“我想要‘鸦片”，结果被缺乏幽默感的售货员沉下脸来拒绝了。

（三）男扮女装招摇过市

欧美学生一块儿喝酒聚会时喜欢改变装扮，最常见的是男扮女装。北京师范大学留学生曾举办“国际食品节”。这次食品节的表演主要以笔者所教的某大学亚非学院的二十几名学生为骨干。他们不仅组成了十人（五名男士身着超短裙）的舞蹈啦啦队，而且还有三位男士打扮得妖艳入时、妩媚动人地参加了女模特表演。这些平时一本正经、学习努力的英国绅士居然身着晚礼服、性感迷人地扭动身体、登台亮相。他们在女同学的精心打扮下，一举夺得冠亚军。当时，全场的气氛热烈，大家为他们的成功表演而喝彩，丝毫没有什么低级趣味之感。其实，“男扮女装”是西方较为寻常的娱乐的方式，这不仅需要男士们有出洋相的勇气，也需要女士们鼎力相助，共同参与。美国的汉语暑期班有个规矩，就是每星期教师都和学生们一起吃饭，遇到有学生过生日更要一起热闹一番。而像达慕斯大学这样的名牌大学，教师时时处处要为学生着想，把学生看成“上帝”。这次恰逢美国的领队和两位学生的生日，我们准备到一家很远的傣族餐馆用餐。集合的时间到了，可是却不见男生们的踪影。领队告诉我们，他们要给我们一个惊喜。果然，几位男生“花枝招展”地摇曳而来。他们穿着女生们的衣裙，结果路上引来中国人的注目和议论。

（四）“绿帽子”和“送钟”

对美国达慕斯大学的学生来说，戴“绿帽子”可谓是一道独特的景观了。美国学生普遍有一种习惯，就是不论天气有多热，都喜欢戴一顶厚棉布帽。很多学生一顶帽子可以戴一个夏天，不洗不换。美国学生之所以这样，除了可用它来遮阳顶雨外，大约跟校帽也不无关系。美国的七所常春藤名校大都有自己的校帽，校帽主要以帽子的颜色加以区分。达慕斯大学的校帽恰好是墨绿色的。而戴“绿帽子”在中国却犯了忌讳：妻子有外遇，就给丈夫戴了绿帽子，又叫戴绿头巾。因此，在生活中，人们都忌讳提及这个词，不但没有

人戴绿色的帽子，也不会把绿帽子当作礼物送人。然而，中国的这条忌讳

美国学生并不知道，他们不仅天天戴着绿帽子，还把绿帽子当作礼物送给中方教师。看门的师傅曾提醒他们不要戴这样的帽子，但学生们并不明白为什么不能戴，照旧我行我素。直到任课教师告诉他们原因后，他们才恍然大悟，反倒开心得不得了。

美国的学生较为热情大方，毕业晚会上他们会给每位教师送礼物，受礼者也会当场打开表示谢意。中国人送礼的忌讳是不要送钟，因为“钟”与“终”同音，送钟有“送终”的谐音意。在达慕斯大学汉语培训班的毕业晚会上，笔者目睹了一次送“钟”的场面。几位学生姗姗来迟，原来他们跑到王府井为带队教师买了份特殊的礼物——一个白色的座钟！一见此钟，在座的中方教师们都窃窃私语，但望着学生特意买来的礼物和一脸的真诚，作为教师又能说什么呢！

美国的汉语教学十分注重文化教学，每次达慕斯大学、威廉玛丽大学和加州大学的学生来中国留学都特别要求给他们开设中国文化课。那时的文化课不外乎现代文学、中国历史和经济，或是介绍中国的名胜古迹、历史传说、饮食服饰等知识，至于跨文化交际方式与礼俗，中外文化差异只能碰到什么讲什么，并没有硬性规定讲授内容。有关外国人怎样理解中国和中国人，怎样与中国人交往，怎样适应中国当代社会，这些最现实、最有用的知识在文化教学的体系中还应引起足够的重视。

第十二章　跨文化交际视野下汉语国际教育教学实践——以语用问题为例

第一节　汉语表扬语的跨文化语用策略

一、研究背景和范围

汉语表扬语作为人们交际中的用于表达积极情感的言语行为，能够维护交际者的面子，使说者和听者之间建立良好的人际关系。无论是国内中小学教师，还是国际汉语教师，包括立足于国内的对外汉语教师和赴海外传播汉语文化的国际汉语教师和志愿者，都常会用到表扬言语行为。但目前学界不仅对现代汉语中的表扬话语模式缺乏系统全面的描写，而且对汉语国际教师表扬言语行为的常用功能类型和跨文化语用问题也未作研究。

本节通过对小说《奋斗》《蜗居》《山楂树之恋》《贫嘴张大民的幸福生活》《北京娃娃》，电视节目《杨澜访谈录》，话剧《暗恋桃花源》《儿歌》，以及北京大学现代汉语语料库中的“表扬”话语进行采集、归纳，并从句法结构、典型词汇、典型话语标记，参照国内中小学“表扬语”的功能划分，从汉语国际教学的角度，归纳出表扬语六种常用的功能及相关句式，并重点分析汉语三种特殊表扬方式的跨文化语用问题，对表扬语的语用策略提出几点建议。

关于表扬言语行为，国外的研究成果颇丰。英国哲学家奥斯汀（J.Austin）建立了言语行为的理论模式。在此基础上有人从“构成性规则”和“策略性规则”角度，对表扬言语行为进行了分析。从 1981 年开始，美国学者琼 • 梅恩斯和纳沙 •沃尔夫森对美国中产阶层的表扬言语行为进行调查，发现了其规律性。马克 • 纳普、罗伯特 • 霍普、珍妮特 • 霍姆斯和唐娜 • M • 约翰逊等学者也从不同角度对表扬言语行为进行了一系列研究。除此之外，国内也有许多学者从心理学和教育学的角度对表扬言语行为进行过探讨。但从话语模式出发的研究成果甚少。广西师范大学的陈成辉采集桂林、济南、德州等地部分中小学教师的表扬语，把表扬的话语功能分为四类：肯定性表扬、启发性表扬、激励性表扬和批评性表扬。对其进行了词汇、句式、语义和会话等层面的研究，并与英语的表扬言语行为进行了对比，发现了两者的相似性和差异性。在汉语国际教学界对教师的表扬话语的模式，以及跨文化语用与策略问题还未做研究。

二、汉语表扬语的话语模式分析

《现代汉语词典》中对“表扬”的解释是：对好人好事公开赞美。“表扬”不同于“夸奖”“赞美”等言语行为。它必须是具有一定公开性的；且受表扬的事物必须有人为因素。但由于表扬、赞扬、欣赏和夸奖都属于教师课堂激励手段，在课堂教学中常常是混合使用，因此，以下例句中难免有交叉使用的情况。通过归纳例句，我们发现表扬言语中比较常见的句式结构主要有“受话者+副词+形容词”“受话者+有……+名词”“受话者十是……+名词“某人/某事+动词+得（+副词）+形容词”四种。这里的“受话者”指的是被表扬的成分，可以是人也可以是事物。

（一）句式结构层面分析

1.第一种句式结构

有时把“受话者”省略，有时把“副词”省略，或者把“受话者”“副词”都省略，也成立。

（1）“受话者+副词+形容词”完整结构

①“受话者+真+（褒义词）”

例 1：哈哈，老虎哥你真有意思，这是我听过最好笑的笑话。（《儿歌》）

例 2：OK！爸爸你真棒！我懂啦！（《贫嘴张大民的幸福生活》）

②“受话者+很+（褒义词）”

例 1：海萍乐了，摸着正雄的脸说：“牛就是厉害！厉害就是强！你很争气哦！”（《蜗居》）

例 2：大、美、有良好的校园环境，学生活泼开朗，老师很亲切，很好。（《北京娃娃》）

③“受话者+特别+（褒义词）”

例 1：这次《我的长征》我们的几个大学生特别可爱。（《杨澜访谈录》）

例 2：我说这手特别漂亮。（《杨澜访谈录》）

（2）省略“受话者”，用“副词+形容词”表示“真+（褒义词）”

例 1：杨晓芸：“真棒——真不错，你就住这儿啊？这是你的房子？”（《奋斗》）

例 2：真漂亮！我喜欢这风格！（《奋斗》）

（3）省略“副词”，用“受话者+形容词”表示“受话者+（褒义词）”

例 1：小伙子不错啊，看起来精明强干的，喝茶！（《奋斗》）

例 2：主意不错嘛，我支持，听老方说，灵珊天天陆涛哥长陆涛哥短的……（《奋斗》）

（4）省略“受话者”和“副词”，直接用“形容词”（褒义词）表示的有：

例 1：宋思明抬眼看看，笑了，说：“漂亮！晚上一起吃饭！”（《蜗居》）

2.第二种句式结构

“受话者+有+……名词”

例 1：我是发现这些年轻人有我过去从来没有发现的优点。（《杨澜访谈录》）

例 2：啊！老公，看不出你有这水平，你这半个月的水平赶我一个月的总和了！（《蜗居》）

例 3：后来我们的接触应该说是一帆风顺吧，他有很多优点，我们之间有一种别人达不到的默契。（北京大学中国语言学研究中心语料库《绝对隐私》）

例 4：她有一种特别的天分，能把许许多多的困扰烦恼转变成清朗平和，为全家带来幸福和快乐。（北京大学中国语言学研究中心语料库）

3.第三种句式结构

“受话者+是+……名词”

例 1：小天你是爽快人，我很看中你，过来跟我吧！（《儿歌》）

例 2：云之凡是一朵白色的山茶花。就是在最不留情的情况下，她也是一朵在夜空中开放，最诚恳的白色山茶花。（《暗恋桃花源》）

例 3：我们都知道他是非常优秀的老戏骨了，他所塑造的很多角色给我们留下很深刻的印象。（《杨澜访谈录》）

4.第四种句式结构

“某人/某事+动词十得（+副词）+形容词”

例 1：这位姑娘，你的笛子吹得（好）好、（好）纯、（好）美……（《暗恋桃花源》）

例 2：你们的气氛烘托得不错，这两人越聊越起劲。（《奋斗》）

例 3：你看这个龙的眼睛，绣得是雄壮威武，炯炯有神。尤其是这个凤的身材，就更不用提了。（《暗恋桃花源》）

例 4：再说老三人又长得好，脾气也好。（《山楂树之恋》）

以上句式结构，是所有采集例句中最常见、出现频率最高的。除此之外还有许多形式多变、结构复杂的表扬言语。由于它们的出现频率较低，且句式类型繁多，在此便不一一列举。

（二）词汇层面分析

除了句式上的特点之外，我们还可以从词汇层面来考察表扬言语。首先要提出的是前人已经通过考察得出的一些结论。梅恩斯和沃尔夫森对美国中产阶层中的表扬言语总结之后发现，96%的数据表明，形容词和动词承载着表达积极意义的任务。而广西师范大学的陈成辉在其论文中所得出的结论是：在中国教师当中，“实施表扬言语行为时，相对于动词、名词而言，形容词被更多的用来表达积极义项。”由此可见，英汉表达表扬言语行为的典型词汇存在词性上的差异。

在以上所举例句当中“有意思”“好”“争气”“亲切…‘棒”“可爱”“漂亮”“不错”“纯美”“雄壮威武”“炯炯有神”“名列前茅”等词是直接用来表示积极评价的；而“爽快人”“最诚恳的白色山茶花”“优秀的老戏骨”虽是名词词组，但表积极意义的仍然是“爽快”“诚恳”“优秀”这些形容词。另外，“有这水平”“白色的山茶花”“特别的天分”中的“水平”“山茶花”“天分”虽是名词，但其积极意义，要结合上下文才能得出。只有“优点”是直接表示表扬的名词。“我很看中你”的“看中”是动词。由此可见，“形容词在表扬言语行为中占据优势”。此次被调查的材料数量有限，但涉及的范围比较广，因此，我们不能否定这一结论的真实性。

（三）其他表达方式

除“典型句式结构”和“典型词汇”之外，表扬言语行为还有很多其他的表达方式。在某些表扬言语行为中，表扬意义并不是通过某个特定的词语来表达，而是通过使用某些关联词或典型话语标记，根据上下文意思体现出来的。

1.用关联词“只要……就”组织语句

例 1：小崔就是这样，做什么事只要一开始做就必须做到某种极致。（《杨澜访谈录》）

例 2：服务员打扫卫生忙不过来，他只要有空就帮上一把……（北京大学中国语言学研究中心语料库）

2.用副词“从来”强调行为

例 1：你……从来不穿防弹服，为的是省下钱让我穿。（《奋斗》）

例 2：她吸引我，叫我总想为她做些什么，但她从来不让我为她做任何事。（《奋斗》）

这四句话要表达的意思分别是：小崔做事很认真；“他”很热心；“你”

有替别人着想的精神；“她”很独立。“认真”“热心”“替人着想”“独立”等词语却没有出现在语句中。

通过对以上表扬言语行为的归纳和分析，再结合汉语国际教育来考虑，我们发现由于能用来表示“表扬”的典型词语数量繁多——几乎所有褒义词都能承担这个任务，而某些表扬言语的句式结构却很有代表性和规律性。因此在教学内容上，我们可将“典型句式结构”作为教学重点，让学生们掌握基本的典型句式，并能灵活应用。例如，“受话者+副词+形容词”（及其省略形式）、“受话者+有……+名词”“受话者+是……+名词”“某人/某事+动词+得（+副词）+形容词”等。这样可以使教学更有条理，也可以使学生学起来感觉比较轻松。

三、汉语国际教学中表扬语的语用类型

目前我国教育教学和心理学界对表扬语的研究多集中在中小学和幼儿教育教学领域。因为中小学，特别是幼儿园阶段是少年儿童身心成长发育的重要时期，他们最需要得到别人认可和表扬以增强自信感，需要用不同方式来证明自己。教师如果能恰当地运用好表扬和批评，对学生的健康成长将会产生很大的影响。这就使得教师表扬和鼓励语在中小学教学研究中受到高度重视，有关教师教学研究的书籍都要谈及它。“要不断激励学生前进”成为优秀教师最重要的标准之三。与国内中小学生不同的是，在各高等院校学习汉语的外国留学生都是成年人，他们的心智都已健全成熟，自我效能感和评价能力也很强，其人生观、价值观、思维方式也趋于定型，因而教师们往往会忽略育人的工作，很少用表扬和鼓励的话语去激励学生。然而，第二语言习得研究证明，学习者在汉语学习的初级阶段，由于还没有足够的能力讲话，会经历很大的心理压力和情感焦虑期，有些人会缺乏自信感，因为害怕说错话而陷入长期沉默不语的状态。例如，有些日本学生不仅上课沉闷，甚至也不主动与班里其他同学说话，“因为听不懂对方说什么，不想主动说话出洋相。说错就是耻辱、屈辱。别人是会笑话我的。”这就需要国际汉语教师充分了解留学生的第二语言学习心理，在课堂上能够真诚地表扬和鼓励他们，帮助留学生克服心理障碍和学习困难。

我们通过对汉语中级会话和读写课全体教师的课堂提问和教学语言研究发现，在学生正确回答问题后，教师最常用的反馈方式是重复学生的答案或重复加表扬。这种方式所占比例最高为35.2%。其次是点评或表扬加点评。例如，“对，很好，这是我们学过的一个结构。”这一反馈方式的比例最高达到19.5%。再次是无反馈。教师没有给予反馈，除了疏忽的原因以外，部分教师认为问题很简单，学生回答正确是不言自明的；最后一类是简单地表扬，如“对”“很好”“好”等。学生已经习惯于教师这种简单的表扬，在接受表扬时就感觉不到成就感。同样的研究结论在后来的研究生论文中也得到证实。可见，很多国际汉语教师在表扬和激励学生方面还做得很不到位，没有意识到应该充分利用表扬和鼓励语对留学生进行激励和诱导，以活跃课堂气氛，沟通师生情感，增强学生汉语学习的信心和战胜各种困难的勇气。

鉴于目前汉语国际教学界对表扬语的研究尚属空白，本节拟参照我国教师表扬语功能类型的 6 类划分：肯定性表扬、启迪性表扬、激励性表扬、批评性表扬、礼貌性的表扬、发自内心的表扬，结合汉语国际教学的实际，把表扬语也划分为 6 类：肯定性表扬、点评性表扬、激励性表扬、预言期望类表扬、贬己尊人类表扬和先扬后抑类表扬。

（一）肯定性表扬

肯定性表扬大都是教师对学生的言语、思想、行为以及成绩热情地给予及时性的肯定的反馈。善于肯定别人是一种美德，希望被别人肯定也是人之常情。尤其是在外语学习的初、中级阶段，留学生的汉语能力和跨文化交际能力都处在模仿和发展时期，积极的肯定能使他们体验到成功和满足，能激发兴趣，调动学习积极性。我们根据肯定程度的不同，分为表扬和鼓励两类。

1.用形容词简短有力地表扬

对、好、很好，不错或用像正确、准确、仔细、认真、清楚、勤奋、刻苦、用功等表积极肯定的形容词。通过这些具有较强感召力的短语，教师正面肯定学生的良好表现和取得的成绩。

例 1：好，你汉字写得很漂亮。

例 2：对，很好，这是我们学过的一个结构。汉语中有很多。

2.使用程度副词太、真、非常和了不起、真棒等表示赞美，可辅之以夸张的表情、手势语和感叹词。

例 1：哎呀！你汉字写得可真漂亮！

例 2：啊！一个人（玻利维亚女大学生）会五门外语，你真太了不起了！

（二）点评性表扬

据我们调查，点评性表扬在对外汉语教师反馈语中占第二位。高水平的教师能够画龙点睛地对学生的发言做出恰当的点评，也能挖掘其一些不为人知的“闪亮点”加以表扬，令学生们心服口服。我们可以用最高级称赞学生的长处和进步，也可用比喻描写句予以点评。

例 1：凯文儿，你是我教过的最用功、最聪明、最会写文章的英国学生了。

例 2：回答正确，你的理解能力很强。

例 3：这个问题连老师都没有注意到，而你注意到了，你真是个会动脑筋的人。

例 4：浩二的声音很美，好像播音员一样啊。

例 5：玛丽皮肤白白的，头发金黄色，真像我心目中的白雪公主呀！

（三）激励性表扬

激励性表扬在教育教学过程中运用的较为广泛，它的主要功能是教师通过表扬加鼓励，树立学生的刻苦学习，不断进取的信心。这类表扬鼓动性、激励性强，效果明显。例如：

例 1：学汉语贵在坚持，要学好语言非下苦功夫不可！

例 2：回答问题不在对与错。最重要的是大家要有说话的勇气！

例 3：我才发现原来我们班有这么多“中国通”啊！

例 4：你们的儿话音说得真棒，闭上眼我还以为你们是北京人呢！

例 5：这个学期每个人和自己相比，都有了了不起的进步。

（四）预言期望类表扬

留学生在读期间需要教师给予学能的不断肯定、在工作和人生道路的选择上也常会咨询教师的意见，而教师根据自己的经历和学生的个性特点，可以给学生指明专业发展的道路，并对学生的未来做出预测，教师的这类建议甚至能够影响学生人生道路的选择。

例 1：你的头脑很清楚，人也长得阳光，又爱交际，做公司的管理工作一定没问题！

例 2：我敢说，以你的能力不仅能考上研究生，如果愿意的话还能继续读博士。

例 3：我相信，照现在这样学下去，你一定能通过 HSK 高级。

（五）贬己尊人类表扬

汉语语用礼貌准则的第一条就是“贬己尊人准则”，指自己或与自己相关的事要“贬”和“谦”，听者或与听者有关是事要“抬”和“尊”。在中国人的言语交际中，贬己抬人、自谦尊人成为一种自觉的言语方式和习惯。在汉语国际教学中也会经常用到。

例 1：“你的汉语说得挺好的，比我说英语强多了！”

例 2：你们说的汉语比中国的南方人好多了！

（六）先扬后抑类表扬

汉语在表达自己的真实想法之前，常常会使用“先扬后抑”的婉转表达方式，最典型的是“她漂亮是漂亮，可是不太聪明”。外国留学生也很喜欢这种表达方法，美国汉语教师让中国教师提意见时常提醒说：“请从‘但是’以后说起……”。在汉语国际教学中直言批评学生是一大忌讳，但是教师可以通过这种委婉的方式，在不损害学生的面子和自尊的前提下，表明自己的态度和意见。因为先肯定、表扬学生，能制造友好的气氛，可以使学生的情绪安稳、平静下来，才能听进教师的意见。而且先对学生取得的成绩进行肯定，也有利于防止教师片面、偏激地看待问题。同理，“先抑后扬”也属于礼貌得体的表达方式。

例 1：你说得很流利，要是写得跟说得这么流利就更好了。

例 2：你的发音虽然还不太地道，但比以前有了很大进步！

例 3：你的汉字写得虽然不算漂亮，但却非常认真工整。

由于中外文化的差异，中外教育教学理念和师生关系的不同，使得汉语国际教学中表扬语的运用与国内中小学教学存在一定的差别。但无论怎样，表扬语在各自教学中的地位和作用都是十分重要、不容忽视的。国内对“表扬语”功能的划分还不甚科学，值得进一步研究。

四、汉语表扬语的特色话语模式及跨文化语用策略

从跨文化语用差异的角度考虑，中国人表扬的方式有着一定的社会文化背景和民族特色，在汉语国际教学这样的跨文化交际课堂上，应该注意其语用的得体性，以免造成不必要的误解和交际障碍。

首先，树立榜样原则，用“向……学习”来表达对某人或某事物的表扬。

例 1：人事部、国防科工委、总装备部号召全体参加中国载人航天工程研制、建设和试验任务的单位和个人，向中国载人航天工程突出贡献集体和突出贡献者学习，为促进中国载人航天事业的发展而努力奋斗。（北京大学中国语言学研究中心语料库《解放军报》）

例 2：我希望包括上海造船工人在内的全国产业工人都能积极投身到向许振超和李斌同志学习的活动中来，以他们为榜样，努力向“四个一流”的目标奋进。（北京大学中国语言学研究中心语料库）

例 3：我们要向民营公司学习，拿出受到观众欢迎，也经得起时间考验的优秀影视作品。（北京大学中国语言学研究中心语料库《中国文化报》）

“树立榜样”这种话语模式在各国语言中都不同程度地存在着，但在现代汉语中以“树立榜样”的激励法来表达表扬和赞美的话语模式，则是中国当代

文化的一大特色。其主要源自 1963 年 3 月 5 日，毛主席亲笔题词，并号召全国人民“向雷锋同志学习”。从那以后，“向……学习”话语模式便开始被人们广泛运用。然而，在跨文化交流中，我们应该注意跨文化语用差异，由于现代教育重视学生个性的培养，贯彻平等和尊重的原则。在欧美国家或地区的文化中，人们对个体和自我的重视与尊重程度相当高，他们并不常用“某某是我们的榜样”“向……学习”的方式来表达表扬。假设 A 同学某事做得不如 B 同学好，如果言语实施者是想对 A 同学进行督促，那么他不应该对 A 说“你应该向 B 学习”这种批评性表扬言语行为；如果言语实施者是想表扬 B，那他也也不该用“大家应该向 B 学习”来表示。因为这两种情况都可能会使 A 或 B 感觉到不被尊重，尽管这种表扬方式在中国文化中是可以理解或接受的。

其次是留学生对“继续努力”的误解。例如，教师说“回答得很不错嘛，可见你在课下认真预习了课文，以后要继续努力！”原本最后是句鼓励语，但欧美学生认为，教师这样说是觉得他不够努力，感觉是在“警告”自己。类似的还有作业的评语：“作业认真，继续努力！”因此，教师应在开始时解释一下评语的意思。像第一例句，原本作为评价式表扬已经很好，无须再画蛇添足，反而会引起留学生的不快。

最后是在对比中通过自谦或自贬的言语方式，主动承认“做不到”或“比不上”来表扬对方的出色、能干和了不起。

例 1：“他的这种宽容大度，我是做不到的。”（《杨澜访谈录》）

例 2：鸿渐不由惊奇地问，“我佩服你的精神，我不如你。你对结婚和做事，一切比我有信念。”（北京大学中国语言学研究中心语料库《围城》）

谦辞的使用既能表示对他人的尊敬，也能体现中国传统礼仪文明，如《诗经》中的“谦谦君子，卑以自牧”；又如孔子儒家思想的“三人行必有我师”。这种话语特色也一直延续至今。而在欧美的国家或地区，很少使用此类“贬己尊人”的言语方式来表示礼貌，如在英语文化中“谦虚就是减少对自己的表扬，而不是根本不要自我表扬”。有学者认为产生这种差异（英语中的敬语谦辞远少于汉语）的原因，一是中国封建社会等级森严的宗法制度。它要求人们跟长辈或上级说话时，有时甚至跟同辈说话时，要用敬语，否则就认为用词不当而失礼，甚至显得高傲；谈及自己时要用谦辞，不然也被认为没有礼貌；而西方国家自资产阶级革命以后奉行自由、平等政治制度，追求人人平等、讲人权人道。二是几千年来中国人在人际交往中奉行“群体主义”原则，个人的利益要服从群体利益，形成了卑己尊人的言语行为方式；而西方的个人主义文化强调尊重个人价值，乐于表现自我、突显个性，从而形成了喜欢鼓励和乐于接受表扬的言语表达习惯。为使外国留学生正确地理解和掌握汉语的礼貌原则，汉语中常见的这种贬己尊人的言语表达方式应该特别加以说明。

为了更好地指导国际汉语教师有效合理地运用“表扬语”，我们提出以下五条建议。

第一，表扬时要伴以亲切的微笑。笑容是人类最甜、最美、最动人的表情，它是缓解学生紧张焦虑情绪和打消说话顾虑的良方。教师在学生面前一展微笑，胜过万语千言，显示出教师平易近人、平等尊重的态度，使学生感到亲近，愿与教师交谈。

第二，对发言的学生应及时予以表扬。只有这样才能鼓励学生多说话。通过与学生的交谈中，可以了解他们的真实想法和心态，找到学生感兴趣的话题，可以提高课堂互动效果，同时也有利于改进自己的工作，反思我们的教学方法是否得当，课堂提问是否恰当。

第三，给出具体而非笼统的表扬。明确具体的表扬能给学生指明努力的方向，再现和巩固自己的正确做法。比如，应该说“你今天的作业很认真，字也写得很好”，而不是笼统地说“今天你的表现很好”。像“继续努力，争取更好的成绩”这样笼统评语，不仅会引起外国学生的误解，也无法达到表扬的效果。

第四，善于发现和表扬学生细小的进步。因为学生都希望与别人，尤其是教师分享自己的进步，如果教师能及时发现学生的哪怕是细小的进步并加以表扬，都能不断增进师生之间的感情和信任，使学生不断追求进步。

第五，采用正面评价表扬而不采用批评责备的方法。批评成年留学生是危险的，因为它可能伤害学生的自尊心，引发学生的愤恨和抗拒情绪。笔者多次看到留学生跟课任教师发生争执，只是因为教师当着全班同学的面批评他没完成作业。留学生们认为他们是成年人可以为自己的行为负责，无须教师批评教育。因此，教师要与缺课或不完成作业的学生单独谈话，问明情况给出合理建议，让学生有回应与澄清的机会。因此，公开的批评应当尽量避免。

总之，教师对学生的表扬应该是发自内心的，是礼貌真诚、恰如其分的；虚假夸大的表扬和称赞往往会起到相反的效果，会损害教师的威信和形象。最新研究表明，“表扬对学生学习动机的影响受多种因素的制约，如表扬者是否有真诚的态度；表扬能否增强受表扬者的胜任感和自主感，能否促进受表扬者正确的归因方式的形成；表扬者传达的行为标准或期望是否恰当等。”表扬不当会适得其反，学生对教师的表扬不仅无动于衷，甚至产生逆反心理的现象时有发生。而真诚的表扬和欣赏是激励人的最佳动力，在现实生活中，有效的表扬甚至能够改变学生的一生。因此，我们要科学有效地用好表扬语。

第二节　汉语鼓励语的跨文化语用策略

汉语鼓励性言语，无论在人们的生活用语中，还是在对外汉语课堂教学中都占据着重要的位置。一句激励的话语往往会使人精神振作，信心倍增。特别是对外汉语教师在课堂教学中，掌握并得体地使用鼓励用语十分必要。然而，如何说好鼓励的话，在什么样的情境下应该选择怎样的鼓励话语方式，却未必为我们所熟知。很多教师课堂反馈语中仅限于“好，很好，很不错”之类表扬性的话语，连“加油、我支持你”这类简单的鼓励性用语都很少用到。《对外汉语教学中高级阶段功能大纲》（赵建华主编）中对“鼓励”这类属“理性认识表达”的言语形式概括得十分简单，而事实上，汉语鼓励语的话语模式和语用类型非常丰富。

一、汉语鼓励语的语用类型与话语模式

汉语鼓励语的语用类型大体可分为以下八种：完全确信型、指导劝说型、号召期望型、提醒要求型、先抑后扬型、称赞欣赏型、许愿承诺型和命令暗示型，每种类型下又有话语模式若干。下面将逐条列出分析。

（一）完全确信型

表示说话人对听话人做某种行为有十足的把握，鼓励的程度在这几种策略中最高。在完全确信型的语用策略中，确信副词的使用是鼓励性言语行为明显的特点。除此之外，还有一些固定的句式或短语也常常用在鼓励句中。

1.确信副词的使用

在汉语中表示确信的副词有很多，而在鼓励性言语中，这些副词的使用频率非常高，有些副词在一定程度上更是成了鼓励性言语行为的标记。这类句子中，说话者态度中肯、语气坚定，鼓励性强，可以说，确信副词的出现使鼓励的语义程度在原来的基础上大大加深，起到了强调作用。

例 1：真令人感动！

例 2：你真棒！

例 3：你太了不起了！

例 4：你一定/肯定会成功的！

例 5：相信你能行，再认真想一想，别着急，你一定行。（以上例句均来自北京大学中国语言学研究中心语料库）

例 6：不会的，你一定能招回来，只是——迟早的问题。（《山楂树之恋》中女主人公静秋担心被下放到农村，老三鼓励静秋，坚信她一定会被招回城里，态度坚定）“真”“非常”“太”“一定”等表示确信意义的副词经常被用在句子中“毫不吝啬”地鼓励听话者，鼓励意义程度很深。

2.固定表达句式的使用

在鼓励性言语中有一些出现频率和鼓励程度很高的句式或短语，它们或搭配确信副词，或使用其他表达方式，比较固定地表达鼓励意义。

（1）我相信你……

例 1：我说我们是好朋友了，我相信你一定能做到。

例 2：答应我，一定要画下去，我相信你会成为一个了不起的画家。

（2）我确信……

例 1：那些最新的天文仪器又使我确信我们真可以亲见天外星球的秘密。

例 2：我确信你在前线的时候，一定过得非常愉快，而且我希望你会觉得，变换环境是最好的一种休息。（以上例句均来自北京大学中国语言学研究中心语料库）还有一些比较固定的短句，如“加油！”“你能行！”“我相信你！”“你真了不起！”等。

在句类来看，除了陈述句、感叹句外，反问句的使用也可以表示鼓励的意义，而且鼓励性质更明显，鼓励程度也比较高。

例 3：“你不认为你比自己原本想象的要能干得多吗？”钱钱认真地看着我说。（《小狗钱钱》）（在反问中，钱钱鼓励自己的主人相信她可以比自己想象得更能干。）

确信鼓励式具有十分强烈的鼓励意义，这种语用策略不仅可以单用，而且也可以嵌套在其他策略中，增加鼓励意义程度，具体语境可以在下文中看到。

（二）指导劝说型

这一语用类型使用的语境为：听话者畏惧做某事，或因为失败、挫折等不如意的事情而受到某种消极情绪的影响，说话者的目的在于通过提供建议、进行善意的预测、陈说自己和他人的相关经验或引用流行说法、他人话语，指导劝慰其克服眼前的困难，鼓励听话者继续努力，积极面对现实状况。具体来看，我们分为三种形式：

1.建议劝说式

说话者给予听话者一定的建议，这些建议或具体或概括，目的是鼓励听话者看到继续实施某种行为的可能。具体又可分为 A、B 两类。

A 类为概括性建议劝说。建议鼓励的内容没有具体指向，比较空泛，旨在调动积极性。

例 1：别害怕！我们支持你！

例 2：这不一定是你的错，你再试试。

例 3：错了，没关系，下次努力。（例 1、例 2、例 3 来自网络版教师鼓励学生的话）

例 4：这就不低/差了，继续努力就行。（例句 4 来自北京大学中国语言学研究中心语料库）

B 类为具体性建议劝说。建议鼓励的内容比较明确，目的性强，针对性强，听话者容易获得更多鼓励信息。

例 1：今天的画比昨天有进步，只要多画多练习，就会越画越棒的。

例 2：不要紧张，放从容些，把台下的人当成是南瓜，跟他说话不要大声，那样容易心情紧张。

例 3：“蕴华，我相信你不是没有勇气的女子。你不记得你说过我们应该不顾一切，坚决地奋斗，给后来的姐妹们开辟一条新路吗？”（以上例句来自北京大学中国语言学研究中心语料库）

例 4：吴老：……您甭那么紧张，你放松点儿，那脚别丁字步……那一前一后自然点儿就行。

傅老：哦，好的好的……（《我爱我家》）

2.经验劝说式（说话者自己的经验和他人的经验）

（1）通过陈述自己的经历或经验，劝慰并鼓励对方做某事

例：他用一种恳切的目光望着我，说：“我生命中最美好的事物的出现，是因为我做了我不敢做的事。”汉内坎普太太补充说：“最珍贵的礼物是我们自己争取来的。克服了丢面子的恐惧，世界就会向你敞开大门！”（《小狗钱钱》）

（2）通过陈说别人的经验或者自己看到的、听说过的情况，安慰鼓励对方克服消极情绪，继续鼓起信心从事某事

例 1：别想那么多，别想那么远，这世界每天都在变化，说不定到你下农村的时候，政策就改变了，就不用下农村了。（《山楂树之恋》）

经验劝说型中还有一类比较特殊的情况，即引用他人话语，增加鼓励的形象性和说服力。

例 2：爱情不分老少，人生没有单行道。（《我爱我家》中圆圆引用当下流行的话语，鼓励爷爷考虑配偶的事情）

例 3：陈大妈：嗳，这就对喽。唱好唱不好那是水平问题，唱不唱那可是态度问题。人家萨马兰奇讲话，重在参与！（《我爱我家》中陈大妈引用萨马兰奇的话鼓励老傅参加歌唱比赛）

（三）号召期望型

一般多为上级对下级、长辈对晚辈有所期待而鼓励，也有同辈之间的期望式鼓励，希望包括自己在内的各位能努力做某事。为了清楚展示将分为三类讨论。

1.上级对下级的号召式

上级向大众发出动员，说明做某事的积极意义，并要求他们踊跃去做好这件事。

例 1：希望各位好好地加强自己的工作，以便争取更大的价值。

例 2：鼓励他们好好学习，学成本领，为中国足球事业贡献力量。

例 3：李鹏希望各位老先生多多保重身体，量力而行，更好地把精神财富广泛地传授给广大的人民群众。（以上例句来自北京大学中国语言学研究中心语料库）

2.长辈对晚辈的期望式（教师鼓励用语归于此类）

长辈对晚辈往往有很多期许，比如鼓励其能继续发挥长处，改正某种现存的错误，或者鼓励其尝试新的事物、铭记践行某些真理，态度方面较前者更诚恳亲切，内容也更具体而贴近生活。

例 1：你唱歌真好听，希望以后能经常听到你的歌声，好吗？（疑问句）

例 2：宝宝今天没有要老师喂，自己吃饭，真能干，要是在家里也自己吃饭，就更能干了。

例 3：希望你这次考试啊，能取得更好的成绩！（以上例句来自北京大学中国语言学研究中心语料库）

3.同辈之间的期望式，这类鼓励言语的主体一般会包括说话者在内。

例 1：姚明说，中国男篮的队员都是精英。我希望大家回到地方队之后，能把自己当成一颗“种子”种到各自的球队中去。

例 2：今天中国队的节奏很快，尤其是在中场，我期望着我们的下一场比

赛。（以上例句来自北京大学中国语言学研究中心语料库）

（四）提醒要求型

往往在对话中提醒听话者目前的表现还不够，要再接再厉；或者提出更高、更“苛刻”的要求，或者为听话者列举出比较恶劣的条件与后果，提醒鼓励听话者不得不努力。

例 1：这只是走向成功的一小步，要好好加油！（指出听话者目前取得的成绩只是达到目标的一部分，鼓励其要想获得全部成功，必须要继续努力）

例 2：你得好好干，别人可没有责任理会你。（提醒听话者从事某事的环境并不好，“好好干”才是唯一正确的做法。）（以上例句来自北京大学语料库）

例 3：和平：您别老一辈子一辈子的行不行啊？您要是再这样儿您这一辈子可就这样耽误过去了。（《我爱我家》）

（《我爱我家》中儿媳和平提醒父亲固执己见的后果——“一辈子可就这样耽误过去了”，鼓励其不要犹豫、抓住机会）

例 4：你今天吃饭真快，有进步，可是米饭却撒了一桌子。明天要吃饭快，桌子也干净，老师相信你是能做到的。（以上例句来自北京大学中国语言学研究中心语料库）

（这段话的语境是幼儿园里，小朋友吃饭时把米饭洒在了桌子上，教师用委婉的语气提醒并对其提出要求，鼓励小朋友下次做得更好。）

（五）先抑后扬型

往往首先向听话者呈现事实中不利的方面，然后出现转折，鼓励听话者去发现事物积极有利的一面，或者鼓励听话者总是可以通过其他途径使事物朝着好的方向发展。

例 1：你不能改变天气，但可以改变自己的心情，生命是宝贵的，活着是幸福的。（北京大学中国语言学研究中心语料库）

例 2：我们每个人虽然不能青春永驻，但是只要有蓬勃向上的精神，就会永远年轻，永远有写不尽的爱歌！（北京大学中国语言学研究中心语料库）

例 3：虽然这句话读错了，但老师和同学们都很佩服你的勇气，下次努力！（网络版教师鼓励学生的话）

通过和天气的对比，鼓励听话人要保证自己心情一直“晴朗”，享受生命和活着的幸福；“青春”不可能“永驻”，但是我们应该激励自己拥有蓬勃向上的精神，保持年轻的心态；“这句话读错了”是不好的状况，但教师转而赞赏听话者的“勇气”，鼓励其继续努力。

（六）称赞欣赏型

目的不是单纯的表扬，而是通过这种称赞激发听话人对自我的充分肯定、认识到自身存在的优秀条件，鼓励其凭借此条件去做某事，或意识到自己有做某事的能力。

例 1：以你的聪颖细腻、外柔内刚的性格，我相信你会成为生活的强者的。（北京大学中国语言学研究中心语料库）

例 2：可慧，坚强一点，你这么善良，我相信你会掌握住你的幸福。（北京大学中国语言学研究中心语料库）

例 3：你现在像真正的 NBA 球员了，能做任何事！（北京大学中国语言学研究中心语料库）

例 4：你很好，不要放弃。

例 5：瞧，你已经有多领先了！（继续加油）

例 6：你正在进步！

例 7：你真令人感动。你真了不起！你非常重要！

例 8：你的声音真好听，你能大声读一遍吗？

例 9：你真了不起，能想出这么好的方法，很有创意，我们用掌声鼓励他。（以上例句来自网络版教师鼓励学生的话）

例 10：陈大妈：“今几个可是您老做主把她给选下去了，也是您老人家做主让我挑起了这副重担，您不参赛谁参赛？您不支持谁支持啊？”（反问句）

傅老：要不，我就先试试？（《我爱我家》）

这些句子表面看来都是单纯的表示赞美，结合语境来看，是朋友之间的鼓励。这些是教师或家长鼓励学生的常用语，他们的目的不仅是对当下孩子的行为予以充分肯定，还希望能通过这种言语激励孩子取得更大的进步、更好的成绩，或者鼓励孩子意识到自己的价值，让其充满信心地继续生活学习。

最后一个例句中，陈大妈通过赞美老傅的工作能力和重要的声望地位，用两个反问句鼓励其参加歌唱比赛。需要注意的是，这里反问句的使用效果非常好，类似于“激将”的言语使鼓励的意味更加明显。

（七）许愿承诺型

这种鼓励性言语往往会给说话者或听话者带来莫大的鼓励，促进其取得更大的进步。

1.鼓励自己

这一语义类型多用于鼓励自己或包括自己在内的一个群体，通过陈说愿望或发誓，保证信守承诺，达成目标。

例 1：阿姨，我一定好好学习，将来考上大学当医生，一定治好你的病。

例 2：我一定会努力，我一定会幸福——我永远也不会放弃！

例 3：我不一定不行啊，你看着吧，两年之后，我一定让你刮目相看。

例 4：希望大家继续支持女排，我们一定再创佳绩，感谢香港同胞的支持！（以上例句来自北京大学中国语言学研究中心语料库）

例 5：“我们一定会快乐！”两个紧紧地抱在一起。（《奋斗》）

2.鼓励他人

给予他人承诺，以鼓励其实现某种目标。

例 1：只要/如果你能得到全班第一名，我就买一辆（车）给你。

例 2：陈文英急了，说：“只要你嘴里说一声爱我，我就跟你一道走。”（以上例句来自北京大学中国语言学研究中心语料库）

（八）命令暗示型

说话者往往给出一些命令，并通过这些命令暗示听话者要完成或到达某个目标，这一语用策略，说话者往往带有一定的威严。

例 1：陆涛做不动了：“我不行了。…‘不要停！跪着做！接着做下去！”徐志森有力的声音传来。（《奋斗》）

例 2：没等我说完，钱钱就又打断了我的思路：“不是试试看，而是去行动！……”（《小狗钱钱》）

徐志森是陆涛的父亲，严厉的父亲并没有使用具有明显鼓励色彩的词语告诉陆涛要继续坚持下去，而是通过 3 个无主短句，3 个命令，要求其继续做下去，简洁严厉之下暗含的是鼓励的意思。

在总结这几种鼓励言语行为语用类型的过程中，我们发现，这些策略的使用并不单一，即人们的鼓励言语往往同时蕴含着几种语用策略，这样使内容丰富充实，也能很好地达到鼓励效果。例如：

1.称赞表扬与建议规劝式的交叉使用。

例：你很聪明，不要满足安安静静地上班下班，居家过日子。你可以写作。

2.称赞表扬与号召期望式的交叉使用。

例：姚明说，中国男篮的队员都是精英。我希望大家回到地方队之后，能把自己当成一颗“种子”种到各自的球队中去。

3.提醒要求型、完全确信型以及号召期望式的交叉使用。

例：你今天吃饭真快，有进步，可是米饭却撒了一桌子。明天要吃饭快，桌子也干净，老师相信你是能做到的。

关于鼓励言语的回答语，根据具体的语境来说，比较常见的是“谢谢！”“谢谢，我一定会努力。/我一定不会辜负你的期望！”“好的好的。”“要不，我就先试试？”“我再试试。”等。相对来说，鼓励言语的回答语不太固定，常常根据语境（具体事实）做出回答，主观性和灵活性很大。

总之，不论是什么课堂，教师鼓励用语是必不可少。作为对外汉语教师，我们不仅应了解不同鼓励言语类型的使用场合和语用策略，更应该重视课堂鼓励言语对学生学习异文化和第二语言的重要性。由于中外鼓励性言语的跨文化语用差异，基本上是彼多我少；还有的像汉语中一次努力、继续努力”这类“指导劝说式”鼓励语，放在西方文化的语境下会被误解为“教师认为自己还不够努力”。因此，跨文化互动交流的课堂语境对国际汉语教师使用鼓励语提出了特殊的要求，即应以不同国家的鼓励语使用特点为参照，调整汉语鼓励语的语用策略，包括对日韩及东南亚留学生，适当多用汉语鼓励语，以利于激活课堂教学的气氛和师生互动的情绪，激发留学生学习汉语的热情。

第三节　汉语“语用否定”的跨文化语用策略

人们在人际交往中，为了保持和维护良好的人际关系，一般都要采取适当得体的言语行为和礼貌合作的语用原则。这是人类共同的意识和规范，只是在不同语言中的表现形式有所不同。在汉语口语中，有这样一种现象，在

表达否定义时却很少用否定词“不……、不对……、没”等，而代之以“怎么…什么”“哪儿”这样一些疑问词，抑或是使用反问句。虽不止一个“不”字，但其所表达的否定语义或语气并不弱，有时比有“不”和“没”的陈述句表达怀疑否定的语气更为强烈。本节要研究分析的汉语反问句的“语用否定”问题。这也是汉语二语或外语教学的重点之一。

一、“语用否定”术语的界定

“语用否定”不仅是语用学、语言学.也是跨文化交际学研究中的重要课题之一，20 世纪 90 年代随着语用研究在中国的兴起而受到重视。1993 年，由沈家煊先生最早使用“语用否定”这一术语，随后形成了两派观点，即“非真值

条件”派和“无否定词”派。以沈家煊为代表的“非真值条件”派认为：语用否定不是否定句子的真值条件，而是否定话语的适宜条件，包括语音和语法上的错误等；是一种外部否定，一种标记否定，其否定内容大多是会话含意或者预设。而“无否定词”派的“语用否定”相对简单，即在形式上不能含有否定词。已有硕士论文开始研究这种情况，主张把以肯定形式表示否定意义的句子命名为“隐性否定句”或“隐性否定式”。这种说法对于外国留学生来说过于抽象难解。“隐性否定句”范围太广，既包括语义否定，也包括“语用否定”，因此，本节从“语用否定”的角度来考察对外汉语会话教材中的运用情况，以便有效地帮助留学生理解和掌握。

以往关于语用否定类型的划分往往是从否定的对象出发进行区别的，如元语否定就以否定“违背量的准则”“语序”“预设”“风格色彩”等带来的隐含义，或者“适宜条件”进行分类。这样的分类有一定的积极意义，主要是表明了否定的对象和所要否定的话语意义的来源。但存在的问题是除了范围过于狭窄，既无法包括语用否定的多数基本形式，也不能从形式上有明显的标志，不利于识别和实际的教学与运用。之外，在形式上也会有其共同的规则。

任何一类话语，除了在意义上有交集语言中的具体形式以及从形式中抽象出来的规则是为表现意义服务的。“……无限的句子中包含着有限的词语和为数不多的规则，学话就是要掌握这套材料和规则”。在语言规则形成以后，就可以利用它来表达一定的意义，成为表达所需的手段。同时，这些规则也会对意义形成一种制约。无序的、没有规律可循的话语形式不利于交际。从这些形式和规则出发有助于对意义的理解和话语类型的划分。反问句用于语用否定要借助反问语气和句末的语调，有时还会加上一些“难道”之类的语气加强成分；反语是用特殊辞格表达语用否定，并且有逻辑重音；违背事实的假设句型通常会有“如果”“要是”等词语引领句子，或者在具体语境中可以补全这些成分。这些都是话语的形式标志，具有规律性。这些表达手段及其形式标志一方面具有区分和归类作用，另一方面是表达和理解意义的形式依托。

二、反问句类“语用否定”的功能含义

反问句是现代汉语中常见的语言形式，由于特殊的意义表达方式和强烈的修辞效果，在现实交际中反问句使用的情况较多。在语法研究中，反问句同样得到很多学者的关注，研究成果非常丰富。

（一）反问句能够表达否定意义

运用“反问句”来表达否定语义的情况在现实口语交际中屡见不鲜，使用频率甚至超过有标记否定句。反问句定义和性质的研究历史久远，而且观点多样。吕叔湘在《中国文法要略》-书中指出："反诘实在是一种否定的方式，反诘句里没有否定词，这句话的用意应在否定；反诘句里有否定

词，这句话的用意应在肯定。"王力认为"反诘语可以当作否定语用，这是很自然的道理，不过反诘语的语意更重罢了"。黄伯荣、廖序东在《现代汉语》中认为"反问也是无疑而问，明知故问，又叫"激问"，书中进一步明确指出否定句用反问语气说出来表达肯定的内容；反之亦然。刘月华指出，"陈述句和疑问句都可以加上反问语气构成反问句"，反问句的特点是以否定形式加强肯定表述，以肯定形式加强否定表述。上述对反问句的定义和性质的分析有相似之处，也有差异。差异主要在于分析的角度和侧重点不同。但不可否认的是，这些观点都认为反问句可以表达否定意义，而且是用陈述句或疑问句的肯定形式来表达否定意义。

关于疑问与否定的关系，学者们也曾做出论述。沈家煊指出，假设句、是非问句、否定句是相通的，特指问与否定句的相通更加明显。这说明疑问和否定之间有互相转化的语义基础。还应该看到，疑问虽然与否定相通，但只是提供了一种转化的可能性，并不必然发生转化。也就是说，这种转化的潜质是疑问表达否定时在语义上的必然条件，而非充分条件。比如，你是中国人吗？这句话既可能是一般疑问句，又可能是反问句，表达否定的意义。

真正帮助实现疑问与否定之间的语义转化的是反问语气，主要表现为句末的上升语调。反问句要借助反问语气表达语义，在疑问与否定相通的基础上加上反问语气，否定意义就会明显地表达出来。反问语气在否定意义的表达中起否定标记的作用，有无反问语气构成了有标记和无标记的对立，也就是否定与非否定的对立。

在有些文章中，不仅将反问句用肯定形式表达否定看作一种"否定"，而且用否定形式表达肯定也当作一种"否定"，即认为反问句都是表达否定的。这样的观点有其语义及逻辑基础，但笔者认为，是否表达"否定"主要看反问句最终要呈现的话语意义，也就是吕叔湘先生所说的"用意应在否定"，而不是反问句话语意义的逻辑推理中体现的"否定之否定"的过程。因此，本节将研究的对象确定为"以肯定形式表达否定意义"的反问句。

（二）反问句表达否定意义属于"语用否定"

反问句表达否定意义不是一般的句法否定，而是"语用否定"。这种观点在一些论述"语用否定"的文章中有所提及。常瑛华、兰成孝在《反问句语用

否定功能论》一文中明确提出这一观点。反问句表达否定时具备了语用否定的四个主要特征，是典型的语用否定。以下结合实例，分别说明反问句在这些语用否定特征上的具体表现，并分析其类型特点。举例说明如下：

例:“这……”我小心翼翼地说,“通过检查,发现李宁玉身上没藏情报……”“……”老人家一阵冷笑，“什么检查？就你写的那种检查吗？那种检查能证明李宁玉身上没有藏情报？笑话！她身上可以藏情报的地方多着呢……”（麦家《风声》）

1.语境依赖性

“老人家”对“我”的判断连续用了三个反问句来做出反应。如果单独出现，这三个反问句都可以是一般疑问句，只是在询问不了解的情况。在“我”已明确告知所发生的事情的情况下，“老人家”依然这样问，就显然不是简单的询问，而是反问，分别表达了“那不是检查”‘你写的不算是检查”“那种检查不能证明李宁玉身上没有藏情报”的否定意义。这些反问句在表达否定意义时依赖的不仅有上下文语境，还有现实交际语境，即“老人家”知道关于情报检查的细节，而且认为“我”也应该知道这些情况，因为文中的“我”做情报工作已有很多年，具已有相当丰富的经验。因此可以看出，反问句表达否定意义需要依赖语境，获知意义同样需要依赖语境。

2.否定标志

否定与肯定相比是有标记项，语用否定与一般否定相比是有标记项。反问句作为语用否定的一种类型同样属于有标记项，其具体的形式标志就是“反问语气”。上述的例句中，“什么检查？”一句中有疑问代词“什么”，句末还有表示疑问的标点符号“？”；“就是你写的那种检查吗？”一句中有疑问语气词“吗”和表示疑问的标点符号“？”。但这些词语和标点符号不足以说明这是一个反问句，也不足以表达否定意义。没有反问语气时，它们仅仅是一般疑问句。“那种检查能证明李宁玉身上没有藏情报？”一句中只有表示疑问的标点符号“？”，没有其他表示疑问的词语。在有些表达更强烈语气的反问句中，甚至可以用感叹号做句末标点符号。这些情况说明，表达疑问的代词、句末语气词和标点符号并不是反问句的充分条件，甚至不是必要条件。在反问句中，要想表达反问语气和否定意义，反问语气是充要条件。反问语气通常以上升的句末语调来表示，这也应看成是反问句表达否定意义时的一种标志。

3.意义推理

肯定形式表达否定的反问句通常由陈述句或疑问句加反问语气构成。但从字面上看，这些句子仅仅是表示询问或者陈述一件事情，不能直接看出其否定意义。与“那不是检查…‘你写的不算是检查”和“那种检查不能证明李宁玉身上没有藏情报”这样的一般否定句相比，上述三个反问句的否定意义表达和理解过程更加“曲折”，需要依靠语境，经过相对较多的语用推理努力才能理解句子的话语意义。如果没有这个推理过程，那么它们表达的意义就仅限于句子意义，也就是一般的疑问或者是陈述。因此，与一般的句法否定句相比，反问句表达否定意义不是直接呈现，而要经过推理过程，符合语用否定的意义推理特征。

4.特定隐含义

反问句表达的意义可以分为两个大的层次：句子意义和话语意义。上述例句中的句子意义是一般的疑问或陈述；话语意义都表述了否定。正如上文所述，如果语用否定只是用一种曲折的方式表达了否定，那么这与语言的“经济机制”不相符合，因为这样的否定意义用句法否定就可以完成，而且表达和接受更省时省力。观察上述例句就可以发现，“老人家”之所以用了一系列的反问句对“我”的话进行回应，除了否定以外，还表达了特定隐含义——“作为一个有经验的情报工作人员，你不应该做出这样轻率的判断和行动”。正是出于表达这种特定隐含义的需要，表达者才选用了反问句这种形式去表达否定意义。

肯定形式的反问句表达语用否定时体现的四个特征同样是互相关联的。语境是意义推理和特定隐含义的基础；特定隐含义是依赖语境进行推理的终极目的；推理是实现语境和标志的价值以及隐含义的必要手段。因此，肯定形式的反问句是语用否定的典型类型之一。

三、反问句类“语用否定”的主要形式

反问句通常有四种形式：是非问、特指问、选择问和反复问。这四种形式的肯定形式都可以用来表达反问，并具有否定语义。吕叔湘（1982）指出：“特指问和是非问都可以作反诘句，而以是非问的作用为最明显。……抉择式和反复式是非问句因为都是两歧的形式，反诘的语气不详。”①本节以“作用最明显”和避免“两歧”为原则，在研究反问句类“语用否定”时以特指问和是非问形式的反问句为主要研究对象。

（一）是非问形式的反问句类语用否定形式

是非问句一般是对一句话的疑问，回答是非问句需要对整句话做出肯定或否定答复。用是非问形式的反问句表达语用否定主要有以下几种形式。

1.一般是非问句加反问语气

例 1：不是他劝大家不能 5 万元就贱卖了自己，会给乐队带来这么大的损失吗？（北京大学中国语言学研究中心语料库）

例 2：无房出租，还写广告吗？（北京大学中国语言学研究中心语料库）

例 3：看了看说：“画得不错，可是将我画得太纯洁的样子，我有那么纯洁吗？”（北京大学中国语言学研究中心语料库）

2.陈述句加反问语气

例 1：李三：老伙计，二十多年了，他们可给我长过工钱？（老舍《茶馆》）

例 2：王利发：这个年月还值得感谢？（北京大学中国语言学研究中心语料库）

3.“难道”类反问句

例 1：能在这儿做自己喜欢的事，是我多年的梦想，这种追求难道是一件值得被人同情的事吗？（北京大学中国语言学研究中心语料库）

例 2：难道你说的就有道理吗？

“难道”类反问句是较为典型的反问句。通常认为“难道”是反问句的标志，但从上述例句来看，表达反问主要还是靠反问语气，因为这些句子中没有“难道”时也可以用反问语气来表达反问。反之，如果没有了反问语气，且即使句子中有“难道”，也不一定表示反问，整个句子可能只是表示一种猜测。“难道”的作用只是加强反问的语气。所以，从构成上来说，“难道”类反问句应属于一般疑问句或陈述句加反问语气表达反问的形式，但考虑到“难道”有加强反问语气的作用，将这类反问句单独列为一类。

“难道”类反问句有时会在句末加上“不成”加强反问的语气，有时没有“难道”，只有“不成”。

例 1：党的农村经济政策难道变了不成？（北京大学中国语言学研究中心语料库）

例 2：难道我们坐着等死不成？（北京大学中国语言学研究中心语料库）

例 3：还指望他辛辛苦苦跟我去了不成？（北京大学中国语言学研究中心语料库）

另外，“岂”作为文言虚词可以帮助表达反问语气。这种用法在现代汉语中经常出现，可以归入“难道”类反问句。

例 1：面对这一巨大诱惑，美国又岂能无动于衷？（北京大学中国语言学研究中心语料库）

例 2：如此毫无诚信，岂能取信于两岸广大同胞和国际社会？（北京大学中国语言学研究中心语料库）

（二）特指问形式的反问句类语用否定形式

特指问是指用疑问代词或由它组成的短语表明疑问点，并希望对方对疑问点做出答复。根据疑问代词的种类，可以把用特指问形式的反问句表达语用否定归纳为以下几种形式。

1.“谁”类

例 1：调整产业结构，反对一哄而上重复建设，可喊来喊去，到末了敢对谁动真格的？

例 2：齐桓公趾高气扬地对屈完说：“你瞧瞧，这样强大的兵马，谁能抵挡得了？”

例 3：连盟主袁绍都不想动，谁还愿意先动手呢？

2.“哪”类

这一类包括“哪”“哪儿”“哪里”等。

例 1：他们选我当生活干事，我哪成呢？

例 2：没有听你们父亲的劝告，害得你们打了败仗，哪儿能怪你们呢？

例 3：虽出身小家碧玉门第，但享受的却是大小姐的待遇，哪里受过这样的苦？

3.“怎”类

这一类包括“怎样”“怎么”等。

例 1：这是你的地盘，我一直在这待着的呀，怎么会是你的地盘？

例 2：但不去做点什么，又怎么能在北京生存下去呢？

例 3：工作得不到更大的成绩，我们怎么能得到群众的谅解，我们又怎样能安心呢？

4.“什么”类

“什么”类包括“什么”“为什么”“有什么”“干什么”等形式。

例 1：连吃饭都成问题的人还谈什么艺术？

例 2：如果您都不为自己兴奋，那别人又为什么为您激动呢？

例 3：这有什么好笑的啊？

例 4：你干什么这么着急啊？

参考文献

[1]白洁.浅析地方高校汉语国际教育专业人才培养建设路径[J].陕西教育（高教）,2018（07）.

[2]崔希亮.汉语国际教育与人类命运共同体[J].世界汉语教学,2018,（04）.

[3]陈娟.语言与文化视角下文化词汇教学研究——以红色文化词汇为例[D]，苏州大学，2013.

[4]蔡武.汉语国际教育硕士的研究回顾与展望[J].云南师范大学学报（对外汉语教学与研究版）,2018,16（04）.

[5]程芳颖.汉语国际教育初级口语课趋向补语的教学设计[J].科学咨询（科技•管理）,2018（08）

[6]陈宝琳,周宇澄.MOOC 在汉语国际教育专业教学应用中的问题导向性探讨[J].教育观察,2018,7（17）.

[7]金露.汉语国际教育专业跨文化交际课程教学现状调查研究[D]，黑龙江大学，2014.

[8]何洪霞.汉语国际教育发展对策研究[J].黑龙江教育（高教研究与评估）,2018（09）.

[9]郭玉贤.国际汉语教师人才培养视域下的茶艺教学探索[J].福建茶叶,2018（08）.

[10]]李娜.基于汉语国际教育的辽宁地域文化教学模式探析[J].现代交际,2018（17）.

[11]李坤娜.基于情境创设法的汉语国际教育口语教学模式管窥[J].教育现代化,2018,（34）.

[12]李琳,李远霞.汉语国际教育专业实践教学的校本探索[J].当代教育理论与实践,2018,（04）.

[13]刘荣.对外汉语教学论丛(第三辑) [M],四川大学出版社,2016.

[14]刘学蔚.在文化间性视角下再议对外汉语文化教学[J],湖北社会科学,2016（06）.

[15]刘婧.对外汉语课堂教学与评估测试[M],经济日报出版社,2014.

[16]陆俭明.现代汉语语法研究教程[M],北京大学出版社,2013.
[17]刘顺.国际汉语教育背景下的汉语研究与教学[M],世界图书出版公司,2012.
[18]刘亚科.汉语国际教育专业“中国文化概论”课程教学改革与实践的案例研究[J].兰州教育学院学报,2018,（07）.
[19]廖继莉.汉语国际教育本科专业教学资源语料库的构建[J].科教文汇（下旬刊）,2018（09）.
[20]贾凤蓉.对外汉语教学中汉英成语对接研究[M],四川大学出版社,2014.
[21]马晓莹.跨文化交际理论与实践研究[M],河北科学技术出版社,2013.
[22]孟国.对外汉语教学求索集[M],电子科技大学出版社,2014.
[23]马冲宇,闫小丽.基于网络虚拟世界的汉语国际教育发展对策研究[J].科技风,2018（24）.
[24]聂仁发.现代汉语语篇研究[M],浙江大学出版社,2009.
[25]齐沪扬.现代汉语虚词研究与对外汉语教学(第二辑) [M],复旦大学出版社,2008.
[26]仇鑫奕.目的语环境优势与对外汉语教学的新思路[M],世界图书出版公司,2010.
[27]钱玉莲.现代汉语词汇讲义[M],北京大学出版社,2006.
[28]肖启迪.基于茶文化视角汉语国际教育教学模式的构建[J].福建茶叶,2018（09）.
[29]沈晓梅.汉语国际教育专业国际化课程建设的探索与实践[J].江西电力职业技术学院学报,2018（06）.
[30]王天佑,张文国.关于汉语国际教育的几个焦点问题[J].枣庄学院学报,2018,35（04）.
[31] 王澧华.汉语国际教育专业“中国古代文学”课的教学转型[J].高教论坛,2018（07）.
[32]吴为善.跨文化交际概论[M],商务印书馆,2009.
[33]肖仕琼.跨文化视域下的外语教学[M],暨南大学出版社,2010.
[34]邢欣.语篇衔接与对外汉语教学[M],世界图书出版公司,2011.
[35]辛平.面向对外汉语教学的常用动词 V+N 搭配研究[M],世界图书出版,2014.
[36]徐可.跨文化交际视野下泰国汉语国际教育研究——以泰东北那空孔敬中学为例[D],四川师范大学,2015.
[37]易娜伊.社会文化理论视角下汉语国际教育硕士课程实施的个案研究[D],东

北师范大学,2014.
[38]杨辉,王敏.汉语国际教育背景下“拿X说事”结构研究[J].嘉应学院学报,2018,（07）.
[39]袁嘉.对外汉语教学的汉语本体研究[M],巴蜀书社,2010.
[40]杨绪明.面向东盟的汉语国际教育人才培养模式研究——以广西师范学院为例[J].钦州学院学报,2018,（07）.
[41]杨恬,郭莉莎,郑颖琦,贾凤蓉.跨文化适应与对外汉语教学研究[M],四川大学出版社,2015.
[42]郑晓泉.跨文化交际[M],浙江大学出版社,2010.
[43]周小兵.对外汉语教学导论[M],商务印书馆,2010.
[44]张合生.对外汉语教学示范教案[M],北京师范大学出版社,2009.
[45]朱婧.跨文化视野下的对外汉语教学[J],语文建设 2017（03）.
[46]张冬梅.从跨文化视角解读语用移情对对外汉语教学的启示[D],西安外国语大学,2013（06）.